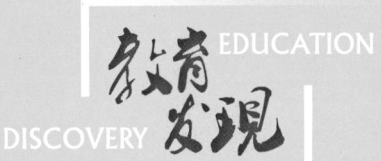

做新教师，从教育发现开始

教育发现

GAOXIAO KETANG LILUN YU SHIJIAN:WOMEN DE JIAOYUXUE

高效课堂理论与实践
我们的教育学

李炳亭 著

山东文艺出版社

中国教育需重构"新教育学"
——"教育发现"对话作者

刘　文　教育发现书系总策划

杨　智　教育发现书系执行策划、本书责任编辑

刘　文：2008年《高效课堂22条》出版标志着高效课堂教育实验大幕的开启。今天,高效课堂已然成为深刻影响中国基础教育改革的教育流派。我想请您简单介绍一下高效课堂实验的成长历程,其间有怎样的节点,又造成了哪些影响?

李炳亭：高效课堂从"树帜"开始就引发了很大的争议,也产生了广泛的影响,它的确是直击了传统教育教学的弊端和软肋。如果仅仅从字面上揣度和理解"高效课堂"显然是对我们的误读,但高效课堂却也实实在在地提升了课堂教学的效率、效益。我们主张的高效课堂其实是一个完整的"教育概念",它有三大系统作支撑,其核心思想是"以人为本、尊重生命"。

用"课堂"的词汇言说"教育",则自然难免引发字面上的误读。但我们的教育指向,却也恰恰是从课堂"切入"的,切入课堂又是揪住了教学关系中的"学中心"建设,再用"学中心"撬动教学评价,教学评价又带动教育教学观念和思想的变革……就是沿着这样的脉络,层层深入做下来的。

高效课堂的发轫始于山东杜郎口中学,从杜郎口再到当年的兖州一

中、昌乐二中、江苏灌南县新知学校、河北围场天卉中学、沈阳辽中立人学校等等。这最初的几所学校作为发起单位，筹划组建"中国名校共同体"。客观地讲，这些学校在那时没有一所是真有名气的学校，硬件条件都很一般，有些还是农村学校，是不太符合一般意义上的名校标准的，但现在他们几乎成了中国课改的"符号"。我们当初的基本意图就是"用课改培植和催生真正有内涵、有良知的名校方阵"，改写"名校"概念，再以此来引领一场教育的思想观念变革。

要引领教育本质的变革很难，如果没有一点教育的宗教献身精神不可能坚持到今天！这中间的误解、委屈很多，但很正常，因为课改说穿了就是教育观念、价值、利益、格局的重组，更何况传统教育本就根深蒂固呢，改革不是改良，改革会触及更多的东西，绕不过去的。从改课到课改，再到改观念、改思想、改文化、改传统乃至于"改人"，这一路"改"来，真是百感交集，但我们认为天降大任，总得有人去做！我欣赏台湾高振东先生的一句话：天下兴亡，我的责任。"从油锅里捞孩子"，不改不行！

从发展的角度看"节点"，我认为有三大标准事件可写进我们自己的课改史里：一是中国名校共同体的成立；二是高效课堂九大教学范式的发布；三是区域课改共同体的成立，或者说，用课改拉动区域教育均衡发展，真正实现了从"一校"到"一区"的巨大飞跃，使课改更加具有了重大意义和价值认同。

杨　智： 近几年，您相继推出了《高效课堂22条》《我给传统课堂打0分》《高效课堂九大教学范式》等教育专著，掀起了声势浩大的"课改旋风"。今天，这本《高效课堂理论与实践——我们的教育学》又即将问世。作为责任编辑，我想请您为读者阐释一下以上作品各自的定位意义在哪里，这本《高效课堂理论与实践——我们的教育学》本身又承载了什么样的主张和期望？

李炳亭： 我的写作都是基于课改学校不同时期的实验需求，针对"问题"的有目的的表达,它首先不是学术著作,更多的是类似于"解决方案",或者说是我们团队的"行动研究"记录。

《高效课堂22条》是一本实用主义者的"方法"指南;《我给传统课堂打0分》是提供给课改人的基础性"教育观"读本;《高效课堂九大教学范式》是对当下风起云涌的学校课改的"实践"概括;而这本《高效课堂理论与实践》是我的"新教育学",是基于多年思考、实践之后,对高效课堂教育体系的集成总结与全面展望。

刘　文:您在《高效课堂22条》《我给传统课堂打0分》中曾经反复解读过高效课堂的十六字"箴言"——相信学生、解放学生、利用学生、发展学生,在本书中也反复提及,我以为这不仅是高效课堂的灵魂,也是实实在在的方法论。关于这十六字的解读在本书中有了怎样的提升?

李炳亭:信仰学生。教育的最高境界是信仰。教育者要树立怎样的教育信仰?从中外教育的实践和智慧源泉里寻找,我们定会惊奇地发现,教育其实很简单,简单到就两字"人学"。但教育做起来又不简单,不简单在我们很难真正把"人学"做到位。我们很多人甚至以为把学生当成人是一种"施与"与"同情",而认识不到"教师"这个"角色"的基本内涵是什么、要求是什么、任务是什么、作用是什么……或者说他到底是个干什么的。

教育是一种简单粗暴的管制、控制吗?从"控制"到"自主"有多远的路要走?它是简单的可以由时间引发的量变吗?如果不是,那我们需要什么样的教育教学观念?信仰学生要求学校能为学生做什么、如何做?教师能否真正领悟这个词语的核心内涵?因此,需要不断解读这十六个字。其实,真正领悟了这十六个字,你会发现教育真的不难!

杨　智:您喜欢说课改很简单,无非四步:理念变观念,观念变方法,方法变文化,文化变信仰。我的疑问在于,面对当前课改大势,有的为什么没有行动起来?一些行动起来的为什么做不好?您的建议是什么?

李炳亭:观念决定行动。认识的局限性必然导致行动的迟缓或者谬差。

观念不变课难变,观念一变一重天。我一直在讲,课堂的背后其实是三种东西在支撑:一是教师的教育教学思想观念;二是对学生生命成长方式的认知;三是教师的基本知识能力。因此,课改必须把教师观念的转变作为"基础性"工作做扎实!

刘　文:高效课堂推崇行动研究,成功的案例很多,比如河北围场天卉中学、江苏昆山前景教育集团等等,您认为他们成功的必然性是什么?

李炳亭:还有河南卫辉高中、陕西宜川中学、湖北樊城前进路小学、河北清河挥公实验高中等等,这些学校都是我常去的学校,他们有很多相似的地方,比如:首先是校长对课改的认识深刻、到位、通透,他们都有很强的使命感,有追求好教育的魄力,学校有很大的"气场"在;其次,他们都能抓住高效课堂的精髓,秉承"人本"教育思想,本着"教师为本、学生第一"的理念,成就学生、发展教师,可以说他们的学校是"学生的学校"、"教师的学校";再次,他们都是长于行动的人,立说立行,又特别注重细节,善于总结,更重要的是始终有一种"怀着教育良知、向着理想教育"自我超越的精神。

我知道很多人在抱怨体制,其实,校长就是"体制"本身,这些学校已经证明了这一点。

杨　智:本书以"我们的教育学"为副书名,"我们的"和"教育学"都打上了与众不同的底色,其中包含了您怎样的感情和期待?《中国教师报》倡导的"四新"(新学校、新教师、新课堂、新学生)又在"我们的教育学"中扮演什么样的角色?

李炳亭:课改显然不仅仅是改课,也不仅仅是重写教学关系,而是在书写全新的人本"教育学"。我一直认为,支撑"新教育学"的其实就是四个基本概念,即"新教师"、"新课堂"、"新学校"、"新学生",而基础概念是"新教师"。如何看待"四新"之间的关系?如果说教育是一种任务,那么教学则是一种手段,课堂是载体,教师当然是具体完成这个任务的责任人。因此,鼓励、培养教师超越则成为关键中的关键。新教师"族群"的多寡决定了教育最终的成败。当然,教师的自我超越则不仅需要勇气,还考验着我们很多相关部门的工作,但教师需要有"新教育学"的引领也是一个客观事实,因而我的这部书,我很想再加一个标题——献给有志于教育的同路人。

我们的教育学
——写作意图

这是这本新书的副书名。

可惜的是,我已经很难坐下来静心写作了。一是报社的工作占用了我太多的精力,二是外出的培训讲座耗费了我几乎全部的"业余"时间,岂能是一个"忙"字所能概括的。

从去年到现在,我发现我的文字是锈蚀的,可我一直从未停止过对教育的观察和思考。纵然是怎样的疲惫劳顿,但高效课堂所呈现的发展态势,令我欣喜若狂。如果说前几年还只是星星之火,代表着的是一种期望,那么,它今天的摧枯拉朽、席卷全国,锐不可当,则已是有良知的教育人的必然选择了。我觉得这是教育人送给这个伟大变革时代的最好礼物,能够慰藉我的是,我终于可以告知我的那帮课改兄弟们:瞧呀,我的预言得到了验证!其实,远不止此,课改的最真实的目的,不是为了验证我们当初曾经的预言和判断,而是为了千千万万个中国的孩子,为了我们这个国家的未来,现在我们可以大胆再重复一句:孩子们真的有救了,中国的教育有救了!

其实,做课改的真实用意,恐怕不只是因为传统课堂的低效、无效甚至是负效。这比较没"高度",仅仅盯着课堂效益,影响的不就是点升学率吗?高了如何,低了又如何?我甚至越来越发现,凡是升学率高的学校,往往离教育较远！这样说，或许是我的谬见、偏见。那么，我就在前面加上"有些"字样以示区分。但，课改显然可以把课堂效益"改高"，你不能阻止效益的增长，这就是国情，在中国你要想成就点事情，你必须建立一种"世俗"哲学，也就是首先"满足眼前"，否则，他们马上会指责你异想天开，尽管异想天开在我看来是一个多么伟大的词汇，可很多人视异想天开为不切合实际的代名词。中国教育所谓的"切合实际"其实就是"升学率"，尽管我多么讨厌升学率这个被应试教育异化的"毒"词，可在当下，你却无法回避，回避了便会被很多人认为你有"破绽"，他们会刻意放大，然后一棍子抡死你，更可怕的是，就会有越来越多原本就不思考教育的人更加明目张胆排斥你，那等待你的结果只能有一个：你丧失了阵地，你被人"玩死"。那么，就从国情出发吧，如果你真正理解高效课堂，或者认识我们这帮人，你就应该知道，高效课堂在推广过程中是颇讲究了些谋略的，我们是在"曲线救国"，属于"迂回战术"，通过改变课堂形态，提升课堂效益，名之曰"高效课堂"，实则是在推进"以人为本"的教育！我必须声明，高效课堂是真实的效益高的课堂，但绝对不是为了效益而效益的课堂，"一切为了效益"的课堂很多仍然是应试教育的变形，因而有些同样宣扬也在做"高效课堂"的学校，其实无非就是一场应试的"变形记"，他们在混淆和损毁我们高尚的事业。我们从未回避升学率，但我们历来的主张是：好的教育从不会为了升学而改变，当然更不会在升学中败下阵来！所以我希望大家能够甄别，教育的"火眼金睛"是只需要对他的教育作如下判断：看他的教育是否属于"人学"，是"升学"的，还是"人本"的。

高效课堂的理论支撑是马斯洛的自我实现论、罗杰斯的自我理论和卢梭的自然教育、杜威的儿童中心论。

马斯洛的自我实现论认为：人的需要分为两大类、七个层次，好像一座金字塔，由下而上依次是生理需要、安全需要、归属与爱的需要、尊重的需要、认识需要、审美需要、自我实现需要。人在满足高一层次的需要之前，至少必须先部分满足低一层次的需要。第一类需要属于缺失需要,可引起匮乏性动机,为人与动物所共有,一旦得到满足,紧张消除,兴奋降低,便失去动机。第二类需要属于生长需要,可产生成长性动机,为人类所特有,是一种超越了生存满足之后,发自内心的渴求发展和实现自身潜能的需要。满足了这种需要,个体才能进入心理的自由状态,体现人的本质和价值,产生深刻的幸福感,马斯洛称之为"顶峰体验"。马斯洛认为人类共有真、善、美、正义、欢乐等内在本性,具有共同的价值观和道德标准,达到人的自我实现关键在于改善人的"自知"或自我意识,使人认识到自我的内在潜能或价值。人本主义心理学就是促进人的自我实现。

罗杰斯认为:刚出生的婴儿并没有自我的概念,随着他(她)与他人、环境的相互作用,他(她)开始慢慢地把自己与非自己区分开来。当最初的自我概念形成之后,人的自我实现趋向开始激活,在自我实现这一股动力的驱动下,儿童在环境中进行各种尝试活动并产生出大量的经验。通过机体自动的估价过程,有些经验会使他感到满足、愉快,有些却相反,满足愉快的经验会使儿童寻求保持、再现,不满足、不愉快的经验会使儿童尽力回避。罗杰斯主张让儿童"变回自己","从面具后面走出来",只有这样的人才能充分发挥个人的机能。人本主义的实质就是让人领悟自己的本性,不再倚重外来的价值观念,让人重新信赖、依靠机体估价过程来处理经验,消除外界环境通过内化而强加给他的价值观,让人可以自由表达自己的思想和感情,由自己的意志来决定自己的行为,掌握自己的命运,修复被破坏的自我实现潜力,促进个性的健康发展。

卢梭强调教育必须顺应儿童天性发展的自然历程,即遵循儿童身心发展的特点,同时还要尊重儿童的个性特点。卢梭对此进行了论证,他将教育理解为"自然的教育"、"人的教育"和"事物的教育",后二者在遵循前者的基础上实现三者的协调一致。卢梭认为让儿童学习的知识要有用处,应是儿童的智力所能理解的;在他看来,教学的基本任务在于发展儿童获取知识的能力、培养好奇心和兴趣；他提出的教学方法包括直观教学、发现式教学等。

　　杜威提出："儿童是起点，是中心，而且是目的。儿童的发展、儿童的生长，就是理想所在。""以儿童为中心"，体现在教育过程，它要求教师应考虑儿童的个性特征，使每个学生都能发展他们的特长，尊重儿童在教育活动中的主体地位。杜威认为，"传统教育"就是一种"静听"的教育，学校里的一切都是为"静听"准备的，消极地对待儿童，机械地使儿童在一起，课程和教学方法划一，概括地说，重心是在儿童以外，重心是在教师、在教科书以及你所喜欢的任何地方和一切地方，唯独不在儿童自己的直接的本能和活动。针对传统课程编制的弊端，他提出要改造课程，使之能真正适于儿童的生活，并特别强调了两个观点：第一，儿童和课程之间不是互相对立，而是互相关联的，"儿童和课程仅仅是构成一个单一过程的两极"，儿童是起点，课程是终点。只要把教材引入儿童的生活，让儿童直接去体验，就能把两点连接起来，使儿童从起点走向终点。第二，"学校科目相互联系的中心点，不是科学，不是文学，不是历史，不是地理，而是儿童本身的社会活动"。

目　录

中国教育需重构"新教育学" / 1

我们的教育学 / 7

第一章　概　论

"高效课堂"概念解析 / 3

高效课堂的三大支撑 / 8

第二章　"四新"标准

教育的四个基本支撑 / 21

关于教育学 / 25

"新学校"标准 / 29

"新教师"标准 / 31

"新学生"标准 / 34

"新课堂"标准 / 36

第三章　学　校

　　关于学校 / 43

　　学校的服务 / 47

　　团队文化 / 52

　　学校行动力 / 57

　　如何当校长 / 62

　　关于学校文化 / 66

　　给学校的 22 个建议 / 68

第四章　学生 vs 教师

　　关于学生 / 73

　　关于学习 / 80

　　说给教师们的"三个比喻" / 85

　　关于教师 / 88

　　教师主导 / 95

　　关于专业化 / 99

　　教师发展建议书 / 103

　　制造"差生"的 10 条最佳途径 / 109

　　关于教师的 22 条答问 / 112

第五章　课　堂

　　好课堂的共性 / 119

　　关于课堂流程 / 124

　　关于课堂模式 / 129

"五步三查"模式的基本解读 / 135

关于评课 / 142

课堂心理学 / 144

班本课程 / 147

课堂文化 / 152

课堂教学技术 / 157

22条课堂注意事项 / 164

第六章 课 改

2012,得课堂者得天下 / 169

学生是教学质量提升的关键 / 175

课改四步路 / 184

从课改出发 / 193

区域课改推进"三部曲" / 201

第七章 对 话

答问 / 219

沙龙 / 228

书信 / 245

第八章 鼓与呼

享受教育 / 259

课堂之道在学 / 262

"认识"教育 / 264

教育原本很简单 / 267

课堂是什么 / 270

渡船这个意象 / 273

学习是一种品格 / 276

一个区域教育的实践样本 / 278

附 录

高效课堂的 22 个基本概念 / 283

22 个视角看"教育" / 288

第一章
概 论

全天下课改人联合起来!

"高效课堂"概念解析

"**全**天下课改人联合起来",我们必须团结一切课改的力量,去敢于推翻旧教育、打造新课堂、培养新人类。但我同时要批评那些带引号的"高效课堂",因为它们正以扑朔迷离的各种幻象,打着素质教育的大旗,披着高效课堂的外衣,大兴应试教育的"妖风",蛊惑着许多不明教育本真的人舍本逐末。

我当然一直在为了课改而不遗余力地摇旗呐喊,不改,教育就没有出路。基于对中国教育现状的基本诊断,我们认为教育的问题集中在课堂上,或者换个说法,当下的教育患的是"课堂并发症"。因此,揪住了课堂,牵一发而动全局,解决了课堂问题,其他问题就会迎刃而解,这和找准了支点,便能撬动整个地球的道理差不多。为什么要坚决瞄准课堂动手术?我比较偏颇地认为课改实在不仅是为了提高课堂"效益",而是"从油锅里捞孩子",改首先是为了让孩子们不痛苦、不厌学、"不跳楼"。为什么课改能从油锅里捞孩子?那是因为倡导教育要"遵循儿童的方式",一切"从儿童出发",彰显儿童的天性和主体地位。我天真地想,一旦能让儿童在课堂上收获快乐、找到感觉、获得尊重、激发出对生命的热情,那么跳楼的几率是否会降低?如果连"人"都没了,岂会有"人才"?更何况,课堂的目的好像不单纯是为了让学生考上大学,除此外,它还应该给予孩子未来生活所需要的合作、实践、动手、思维等能力,然而,传统的课堂教学无法给予这些,我们很多人甚至也鄙薄这些东西,在我们的教育认知里似乎只有知识,这样"唯知识"的教育能培养我们所需要的人才吗?在今天,儿童还是祖国的未来吗?如果是,课改显然就是对未来负责;如果不是,那我们继续对应试教育听之任之好了。我之所以批评那些"引号",是因为在今天,那些"引号"们也在"课改",可那些加引号的课改,不以解脱和改变学生的"状态"为要旨,反而越发加剧着学生的厌学甚至厌世情绪,"变形"的应试教育正日益危害着我们的教育,如果任由它们存在而不予戳穿"打假",那么教育就会犯祸国殃"人"的错误,仍然会有更多的孩子选择以牺牲来抗暴!即使今天不跳楼,可后天呢,即便不自杀,可杀他呢?

因此,课改是在"放生",这是一份有良知的、关于"人"的事业。有人说我们是在重新建构中国教育,那么这种重构也是循着新课改理念进行的。什么叫重构?如果教育回到一个"人"字上就被叫做"颠覆"的话,那只能说明我们曾经的教育实在是谬之千里、离人太远!

有人说课改很像旧城改造,如果你觉得推倒重来可以尝试,那也该准许教育去"重构"才对,否则今天换门,明天换窗子的修修补补,可能真的于事无补。因此,在我看来,课改从来不应该是改良,而是改革。它到底改什么?显然不仅是改教材、改教学方法和教学手段,否则,这只能是停留在"术"层面上的改良,它实在是在改教育观念、改教学思想,说穿了本质上是改人!

从教育学的角度解读,高效课堂具有三大特性:主动性、生动性、生成性。从教学目标上解读,高效课堂是把新课改的三维目标加以实化,即实现从知识到兴趣、再到能力、抵达智慧的飞跃,简单地说,是立足于"学会、会学、乐学、创学"。高效课堂是在追求"四维目标",即超越原有的知识与技能、过程与方法、态度情感价值观,而上升到通达智慧的层面。人类文明的传承和推动社会进步的力量,严格说来,靠的正是智慧,假如课堂只能给予学生知识却最终形不成智慧,那课堂即便能够满足"三维目标",我以为仍然是有缺陷的。

因此,高效课堂绝对不是从字面理解的"高效益"的课堂,这样的"高效课堂"是肤浅的、低层次的、功利的、应试的,真正高效课堂的内涵十分丰富。高效课堂把"自主、合作、探究"当成课改的"六字箴言"加以行动阐述并予以发展,在课堂环节上"落地"为"预习、展示、反馈",在学习方式上转化为"独学、对学、群学"。

高效课堂的核心是人本,是从儿童出发,"认识"儿童。在我们看来,儿童是天生的学习者,他具有好奇心、展示欲,教育就是设法满足儿童的好奇心、展示欲。这符合新课改理念的要求,儿童是学习的主体,把课堂还给学生是天经地义的事,任由学生去自学(自主学习的简称)。我们认为,唯有认识儿童才能发展儿童。

高效课堂围绕着"人本"建构教学关系和师生关系。在教学关系上,主张"学本",在师生关系上主张"生本"。高效课堂的"三个本"支撑起自己的"教育学"。"学本",即教服务于学,课堂教学的重点是变"教中心"为"学中心";"生本",即按照学生学习、认识和成长的规律,把"学生的"原原本本地交付学生,呵护学生的天性,让每一个生命自然成长。

高效课堂的灵魂是"相信学生、解放学生、利用学生、发展学生",围绕这个灵魂重构两个关系,即变传统教学关系中的"惟教"为"惟学",变传统师生关系中的"惟师"为"惟生",认为课堂最宝贵的教学资源是"学生","两惟"的核心是"学和学生",主张"让学习发生在学生身上"。

高效课堂的理念承载在高效课堂模式之中。以杜郎口中学为例,课堂模式是10+35,规定教师讲的时间不能超过10分钟,有人质疑说课堂教学岂能限制教师讲,这样的质疑应该说不是没有道理,但却没有明白另外一个道理,课堂仅仅有限的45分钟时间内,不限制"讲"岂能保障学生的"学"？这道理朴素到和"红灯停、绿灯行"没有差别。高效课堂的普适性模式即"五步三查"，这套模式较之于一般的"教学模式"不同，它显然不是从学科教学的知识规律本身出来的，而是基于"学习者"对学习、生活的认识和成长规律总结出来的，因而适用于所有的学科和所有学段。

高效课堂的关键是"学习能力"。因而高效课堂认为素质教育的"素质"主要内涵正是学习能力，课堂一旦仅有知识本位而离开对学习能力的培养，这样的课堂是低层次的甚至是应试的。我们固然可以承认知识能够通过灌输获取，那能力呢，智慧呢，可以靠灌输得来吗？离开了"在经历中体验"这一过程，死记硬背和知识灌输则显示出必然的劣势。传统教学方式太过原始，由此而导致传统课堂"配置"过低，我甚至怀疑传统课堂的"立意"是错误的，方向也是错的，它无法承载素质教育的需要，这样的课堂学习能力从何而来？得舍弃"马车"换乘"汽车"，尽管有些不情愿，试着"心一狠"吧，舍得舍得，有舍方有得。

高效课堂的原则是捍卫"学"的神圣。我们依照新课改转变教的方式、转变学的方式、转变评的方式这一理念，坚决要求"把学习还给学生"，这是"事归原主"。尤其是关于"教"和"教师"，我们以为传统的教学方式是把教师定位在"二传手"上，教师的职业倦怠和压力其实更多就来自于这样的定位，而发展教师"专业化"其实就是在培养"二传"技艺，问题是即便"二传"的技艺达到登峰造极了，那今天的课堂是否会因为教师的情绪不高、愿望不强而技艺发挥不好呢？高效课堂正是基于这样的怀疑，从培养学生的学习能力出发，放手发动、锻炼学生的"一传"——让学生动起来，和知识直接对话。这个对话的过程就是"学习"。学习即经历，学习即失败、反馈、矫正，学习即创造、成长、收获，知识一旦离开了应用，课堂一旦拒绝生成和生长，教学一旦变成了灌输和填充，那么学生得来的则只能是"死知识"。"活知识"必须生根、开花、结果，能够让学生一生"带得走"、"用得上",因此我们必须站在一定的高度上认识学习能力,我们主张:唯有致力于对学生的学习能力的培养,才能生成他们的终身发展能力。

高效课堂始终追求"立人"、使人成为人,因而它是一个真正的"教育"概念。

高效课堂的三大支撑

"**高**效课堂教育"有三大系统。

首先是文化系统,其次是评价系统,然后才是课堂教学系统。

高效课堂文化系统

课改改到深处是课堂,而课堂的深处是文化。在我们看来,传统课堂背后也有文化作支撑,但这种文化是什么形态和性质的?我们把它叫做"不相信学生文化",因为太多的"不相信",才导致不放手、不放心、不信赖、不归还……才有公然的"替代和包办",才有命令、指责、干预、统一、惩罚……说到"根",是陈腐的专制在作祟!

一个专制而冷酷的课堂岂能有学生的开放、创造、狂欢?难道他会乐在被奴役、沉迷于被压抑、陶醉于被囚禁?教育即解放!解放什么?简单说,解放时间和体力,解放智力,解放观念。联合国教科文组织在1972年发表的著名报告《学生生存》中谈道:教育能够而且必须是一种解放。解放学生的主体性,解放学生的潜在能力、创造能力和开拓探索精神,促进个性的发展,让学习者成为"他们获得知识的最高主人,而不是知识的接受者"。

当下中国的教育学实在应该是"教育解放学",解放的主体是学生,其次是教师。因此课改又哪里是牺牲教师权益呢？相反,高效课堂一直在主张教师权益,维护教师的合法利益,捍卫教师的尊严,教师理应享受到尊崇、自由、快乐,享有发展的自在的幸福的生活。

如果一种教育是以牺牲教师"成全"学生作为代价,那这样的教育一定不是好教育。如果不能认识到唯有教师的解放才能带来学生的解放,唯有幸福的教师才可培养出幸福的学生,那课改当然无法推进,教师又哪里是课改的阻碍者？

唯有保全学生与教师作为"人"的人格、兴趣、权利、理想、尊严,教育才会散发着"人性",才让人迷恋和感动。教育不是牺牲、抢占和暴虐,不是奴役、命令和顺从,它必须服务于"人"的需要,从生存到成长发展。从这重意义上说,高效课堂文化的核心是"开放",是开放与解放,是变一潭死水为一池春水,是充满生命的"泛活"。

但我们也应该读懂罗杰斯这样一句话,"没有任何人可以教会任何知识","高效教师"(算是不严谨的一个词汇吧)他(她)在课堂上实在不应该是教知识,教师带给学生的最大影响首先取决于教师是怎样一个人,他(她)具有怎样的人格、性格,他(她)面对的是"人"而不光是书本,他(她)是在心灵上书写,而不是单单是在黑板上,他(她)是和他(她)的几十个学生一起,在相互激活着自己的生命,在创造一个"未来的世界"——阳光、开放、向上,我们把这样的六个字作为高效课堂文化箴言,旨在提醒那些做真教育的学校,去审视和创设学校文化,看一看我们的教室、走廊、餐厅、宿舍、校园,有没有文化,是什么样的文化,能不能有利于师生的解放。记住邓小平先生在上个世纪80年代的那句教导吧,"教育要面向现代化,面向世界,面向未来",就以这个"软件"去给文化"杀毒",用这样的文化去影响、浸染、滋润、陶冶、激活每一个生命。

学生不仅是学习的主体,他还是班级、校园的主体。如果文化舍本逐末,不去致力于研究如何发挥和张扬学生主体,那文化就是没落而无生机的。但遗憾的是,时下许多学校的文化恰恰是这样的,我们有那么多漂亮的楼房、草坪、树木、假山、塑胶跑道、图书馆,可体现出来的不是儿童的意志,而是校长的需要。这样设计出来的文化,没能起到"化"的作用,即便在"化","化"的当然也不是学生,这就是"专制"下文化极其尴尬的呈现方式——脱离了儿童。一旦文化和儿童格格不入,花再多的钱,也无法起到积极作用,而只能是钳制、约束、囚禁儿童,没了创新和创造,便让他们再也不敢越雷池一步。哪些东西在这样钳制、约束、囚禁儿童?

你千万别狡辩,说出一些貌似很有道理的话来,我们只问一句,你是想把学校办成"集中营"还是"政治学院"?是在育人还是在培养棍徒、走卒?是在倡议"民主"还是在膜拜"专制"?是在培养创造还是在扼杀创新?看不透这些,却一味跟着别人瞎嚷嚷……日本人早在上个世纪80年代就开始把学校发展定位在"培养面向未来的竞争力"了;托马斯说,教育是在为一个未知的世界培养人才……你千万别"倒退",为"封建社会"培养鹰犬和唯唯诺诺、只会说一句"嗻"的奴才,不信,再这样下去教育就回到茹毛饮血的原始社会了,但今天的有些学校正在积极赶往回原始社会的路上。

因此,把学校的自治权还给学生,鼓励他们去创设匹配和适合他们的文化是当务之急。教室是谁的?答案是学生的。学校是谁的?答案是学生的。走廊、操场、绿地、树木……是谁的?答案是学生的。既然是学生的,好比他们自己居住的房间,要体现出来的当然是他们的意志、格调、兴趣、价值。

成立学生实施学校管理的"三驾马车":学管会、学生会、团委。大校长每周任命一名学生担任执行校长,然后让他再去"组阁",我相信这个"学生校长"一生都会珍惜这份荣耀和敬重。而学生会则把重点放在学校日常工作的管理上,让学生自主发现问题并自主处理他们的"内部事务"。团委则把怀有各种天赋、个性、特长的学生集合起来,成立兴趣小组,甚至把兴趣小组升格，比如文学社升格为"文学院"，自然兴趣小组升格为"自然科学院"，你也学着任命成员为"院士"，而且鼓励"小院士"们给大院士写信联络，聘请他们担任名誉"院长"，大手拉动小手，并出版自己的《自然科学》杂志。而对于本校部分有才华的教师，现在课堂不是限制他们讲而遭遇到了抵制嘛，你就发挥他们的作用，鼓励他们成立"教师俱乐部"，会跳舞的成立舞蹈俱乐部，会写诗的成立诗歌俱乐部，教师俱乐部和学生社团挂接呼应起来搞，你想象一下这样的学校生活是什么样的。

当然，教育是为了展示和张扬学生的个性和进步。沿着这个思路，我们是不是还要重视班级乃至学校"媒体"的创办呢？广播站，为什么不可以尝试每个班一周，轮流负责编采播，"竞"起来，学校里的一切事情都"竞"起来，就能够激发出"声色"。对了，学校就是要围绕"声色"来创建"特色"，其实，特色就特在"学生"上，而不是你每年能考上多少清华北大，你有多少名特级教师，有什么领导来视察过学校。"声"是广播站、电视台，"色"是班级媒体，当然包括黑板报和班级报纸。除了鼓励他们创办这些，更重要的是你要把他们的创作成果适时地"展览"出来，千万不可"养在深闺人未识"，这样就失去了原动力了。如何展览？很简单，你只需要在通过教学楼的过道上，安上几个橱窗，然后不断展览更换。除此外，每周还要评奖，各种奖状不断发，别小看奖状，虽然不值钱，但它代表的是荣誉，没有人是不看重自己的脸面的。

具体到班级，我必须要特别说明，现代班级是一个集体，它是由几十名学生和他们的老师构成的一个密不可分的整体。班级的权利当然首当其冲地要归还给学生。班主任是谁？是学生。老师干什么？是学生班主任的助理，叫助理班主任。没有了教师的权威性，学生管学生靠什么？靠拳头显然不行，真正可靠的是文化。班级文化更多体现在班规上，你知道美国年度教师克拉克先生的"55条班规"吗？如果没有，请研究一下，相信你会受到不少的启发。

在军队,有雷锋班、钢七连、英雄团,为什么?如果你是一名新兵,你是雷锋班的战士,那我相信你会骤然觉得这个班与别的班与众不同。那么,是什么带给你这种感觉,是什么影响到了你的行为,我说是"传统"。好了,有人会立马眼睛瞪圆,指着我的鼻子说:你不是反传统吗,现在咋就又倡导传统?我哪里反过传统,我反的是非人性的专制和暴虐。雷锋班的传统是激励向上,催人奋进,是给品格"沐浴"、给灵魂"洗澡",你看这样的传统符合我们的文化主张——阳光、开放、向上,那这样的传统就是好传统。

班规的具体内容从哪里来?当然不能凭空杜撰,它来自于生活,关联于成长,是发生在身边、生活、班级、道路上的问题。把这样的问题一条条罗列出来,然后,就有了"活动策划"。我们的原则是,活动设计越具体越好,范围越小越好,指向性越准确越好,这叫"三好"原则。这些琐碎繁杂的问题,现在可以条分缕析了,用"主题班会"的形式,召开民主会,一天揪一个,揪一个就解决一个,把解决方案写下来,然后全体同学要郑重签字画押,宣誓遵守,这就是班规,更是"班级法典"。

违犯了"班级法典"怎么办?要"惩戒"。惩戒和惩罚一字之差,可和惩罚有天壤之别。惩戒当然应该是善意的,惩是手段,戒才是目的。

当然关于文化系统,远非这么个篇幅能说清的,但请记住这样一句话——

凡是一切不利于开放和解放的文化,都必须敢于坚决地剔除。

高效课堂评价系统

高效课堂评价系统也可称为"以学评教"系统。

评价不是为了甄别、排队、控制和打压,而是为了改进、完善、激励和提升。

如果高效课堂是"汽车",那么以学评教系统就相当于"高速公路"。没有高速公路,仍然显现不出"汽车"较之传统课堂那架"旧马车"的优势。

高效课堂之所以把相信学生当做教师的师德,是基于教育必须体现在学生身上,以学生的学习态度、学习状态、学习情感、课堂幸福指数、学习收获、成长轨迹等作为判断课堂价值的依据。

尤其是课堂幸福指数,它要考量学生个体和群体之间的存在状态,按照马斯洛的需求理论和加德纳的多元智能理论,从关注知识到关注能力、关注永续发展,从关注个别人的发展到满足团队的发展需求,从关注达标率到关注情绪、情感和精神,从要求承受到关注担当,从教导式管理模式到关注自主成长模式。

任何有意义的成长都必须基于自主,基于信任、尊重和发挥。承认价值和发挥作用是完全不同的两种结果。正是基于这样的教育价值感,高效课堂依托"相信学生、解放学生、利用学生、发展学生"这个灵魂建构评价体系。

当然相信学生是把学习交付学生的前提,要敢于交付。不仅交付"学权",还要交付"评权",即以学评教。经验告诉我们,课改成在教师,败在校长。校长在课改中的责任什么时候都应该比教师的更大,而不应该一味把不改的责任归于教师,不明确这个职责,课改很难推进下去。校长是一所学校的领头羊,就应该发挥出领军的"羊群效应",否则校长就会成为课改最致命的"短板"。

以学评教首先要求校长要深入课堂,以身作则,揪住课改,建构评价。评价的核心是明辨是非,统一"好课"的标准。高效课堂这样评价:能让学生学会并且会学的课才是好课。这当然是仅指实然目标,加上应然目标,这样说就较为完整:能让学生学会并且会学、乐学、创学的课才是好课,能让学生学会并且会学、乐学、创学的老师才是好老师。

夸美纽斯说,"找出一种教学方法,使教师因此可以少教,但是学生多学"。德国教育家狄斯多维认为:一个教师教会了学生知识他不是一个好教师;一个教师教会学生发现知识,他才是好教师。叶圣陶指出:"先生的责任不在教,而在于教学生学。"威廉·亚瑟·伍德认为:平庸的教师讲述,好的教师解释,优秀的教师示范,伟大的教师启发。

陶行知先生把世上的先生分为三种:第一种只会教书,结果把学生变成书架子、纸篓子;第二种,不是教书,而是教学生,但学生仍是被动状态;第三种是把教和学结合起来,让学生学会自己学习。他认为,第一种最糟糕,第二种不好,第三种最正确。

什么教学的前提都应该是"目中有人"。那么,重视学则必须首先重视对儿童的研究,离开了对"学生"的研究,"学"则成为无稽之谈。

陈鹤琴认为,儿童心理有七个特点:1.小孩子是好游戏的;2.小孩子是好模仿的;3.小孩子是好奇的;4.小孩子是喜欢成功的;5.小孩子是喜欢野外生活的;6.小孩子是喜欢合群的;7.小孩子是喜欢被称赞的。魏书生认为:每位学生都有自己的潜能,有的学生获得较多的机会,掌握了方法,便有了较强的自学能力;也有的学生遇到包办代替过多的教师,被剥夺了发挥自己潜能的机会,没有掌握学习方法,自学能力当然弱。陶行知说过:"人人都说小孩小,谁知小孩心不小;你若小看小孩子,你比小孩还要小。"生本教育的郭思乐先生也说,"人之初,性本学"。

从诸多的论断中可以得出这样的结论:1.学生不是盛装知识的容器;2.学生的学习应是主动的;3.学生需要教师的尊重;4.每个学生都有潜能。

评价必须从"学生"和"学"入手,如果不从"学"的角度去评价课堂、影响和引导教师的课堂教学观念转变,那么课堂只能蜕变为某些教师的"秀场",一味展演自己"课堂艺术"的行为,属于典型的越俎代庖。评价是武器,不建立评价,又如何推进课改,因而要坚持"评价先行"。

教师不可以占用课堂时间肆意表演,这是课堂教学的一个基本底线。"鸠占鹊巢"这个词似乎很贬义,但时下的确有人就这样一直霸占着课堂,学生哪里是学习的主人、课堂的主角、发展的主体?我们一直在讲

"主体与主导",课改真正的观念其实就包含在这对关系之中,而课改的最大难点也恰恰纠结在这对关系中。研究保证和落实学生的主体地位,抑制教师在课堂上对自主学习的制约,正是建立课堂评价系统的目的所在。

课堂还用争论教师该不该讲吗?也许很多人会这样"建议",教师"必要"的讲授是不可去的,离开了讲,还能称为教学吗?我当然接受这样的观点,问题是,教师的讲什么时候才是"必要"的,谁能说清讲与不该讲的界线在哪里?如果我主张这个问题该讲而你恰恰认为不该讲,发生这样的争论怎么办,听谁的?或者王老师水平高该讲,而李老师刚毕业没经验不该讲,王老师和李老师的水平高低如何界定?

别空耗精力一味扯皮了,讲和不讲都要有理由。你是否承认传统课堂讲得过多了,乃至于满堂灌、满堂讲,而学生只是讲的附属,是知识的容器,要不怎么会有人总结说传统课堂其实也就六个字:"教师讲、学生记"。而考试成绩从哪里来的?死记硬背加题海战术,无他!

有人或许会问,不让讲了学不会怎么办?当然,这种情况实属正常,但学不会依然不是不把学习还给学生的正当理由。好比小孩子走路跌倒,教师在遇到学生遭遇到学习困难时,当然需要适时"点拨",但点拨不是讲授,不是一个箭步冲上去把孩子从地上抱起来。如果教师一等学生遇到学习困难就名正言顺地开讲,那学习能力恐怕就很难生成。今天,任何人都应该明白,一个以"教"为主体的课堂,实质上压根儿就没真正完成新课改关于教、学、评方式的转变,仍处于"旧课堂"窠臼里,因此教师要"以模代讲"。评价课堂首先应该抑制讲,尽可能要求教师按照模式上课,无论教师专业化水平高低,都必须遵守课堂"规定",以维护"标准"的严肃性和公正性,好比桑塔纳和宝马,一旦上路敬请遵守交规。

高效课堂围绕评价这样具体建构,好课三看:"自主程度、合作效果、探究深度"。而三个度的重要分值取决于"课堂氛围"、"参与度"与"达标率"。

具体到一节课,要注重"三效",即效率、效益、效能,也就是说看投入、看产出、看能力增长了多少。

高效课堂的评价系统重在有章可循。它分为课堂督察制度、集体备课制度、反馈会议制度、树优促差制度、奖励晋级制度、管理评价制度等等,当然评价并非越系统越好,相反,我们主张评价要删繁就简,力争人人能评价,要注意"少与多"、"点和面"、"简与繁"、"粗与精"的关系。

高效课堂的评价系统重在督导。比如领导干部要能上出"指导课",中层或者骨干教师要上"示范课",一般教师要上出"过关课",力争人人达标、个个过关。其实支撑学校内涵发展的恰是课堂,因为"学校的产品是课堂",具体一节课的评价如何,一般情况下是先由学生当堂打分,然后结合"验评组"评分,两项相加得出评价。

高效课堂的评价重在明确责任。比如我们要求领导要全部下放班级搞承包责任制,每个班级课改的第一责任人,都是领导。我们一般要求课堂问题不过夜,每天至少有一把手校长召集一次"调度会",对于出现的问题,要追究第一责任人的责任,并拿出限期整改措施。问题不过夜,即"即时性",而课堂评价一旦出了结果,马上"公示",当然前提是客观公正。

高效课堂的评价重在反思。我们甚至可以这样说,高效课堂又叫反思教学。教师要根据课堂出现的问题,虚心接受并及时改进,教师的成长在课堂,因此上课就是进修,教师专业化发展的培训师首先是学生,兵教兵,兵教官,兵强兵,兵强官,教学共进,师生相长。

高效课堂的评价以团队评价为主、个体评价为辅。尤其是注重研究发挥年级组、学科组、班主任三大组织的作用。

评价同样有个"六字箴言":即时、公开、公正。

高效课堂教学系统

现在我采用"倒叙"的方式，从整体上介绍什么是真正的高效课堂。

1. 课堂实然目标：课堂教学改革走过了一条传统低效、负效课堂→有效课堂→高效课堂的道路。通过改变课堂结构，旨在最大幅度提升单位时间效益，原则是让每一分钟都有价值意义。唯此，才有可能把学生从时间＋汗水的应试模式中解救出来，把时间还给学生，把睡眠、健康、灵性、兴趣、发展还给学生。

2. 课堂应然目标：课堂教学改革走过了另一条单纯追求掌握知识→基础学习能力→终身发展能力的路径。课堂教学的核心应该是体现课堂真正意义上"质"的飞跃——课堂即成长，即从关注知识到关注获得知识的途径、方法、能力，关注人的可持续发展和精神成长，关注"人"本身，因而高效课堂才会被描述为——知识的超市、生命的狂欢。

3. 高效课堂的特征：主动性、生动性、生成性

主动是学习状态，主动会激发潜能，乐在其中，带来效益，生成能力；生动性，是追求课堂的情感价值，突出"学乐"和"乐学"，使学习如饮甘露琼浆，变"怕上学"为"怕下课"；生成性，课堂要敢于变各种"句号"、"叹号"为"问号"。追求"主体多元"，鼓励不同个性的学习见解，让思维激荡思维，让思想冲撞思想，让方法启迪方法。课堂的智慧、高潮、价值尽在"不可预设"的"现场生成"上，一切的预设应服务于"现场"，而不是让"现场"服务于预设。

4. 概念简述：知识的超市、生命的狂欢

超市：体现的是对"学生"和"学习"的尊重性、选择权、自主性，同时要求课堂呈现出丰富性和多义性，琳琅满目、各取所需，谓之知识超市。

狂欢：从"知识"到"生命"，课堂认识、思想、价值的变化带动课堂发生"质变"。课堂是学生成就人生梦想的舞台，是展演激扬青春的芳草地，是

放逐灵魂的跑马场。

5.高效课堂的支撑:新课改理念

它是对素质教育内涵和新课改理念的"实践表达"。新课改主张的"自主、合作、探究",正是高效课堂的"六字箴言",落实成方法恰是——独学、对学、群学,自学、展示、反馈。新课改的核心是学生主体,高效课堂的理解是"学生是最主要的教学资源"。

高效课堂的变革意义体现在:重建教学关系,即变"教中心"为"学中心";重建师生关系,即变"师中心"为"生中心"。

6.高效课堂的五个教学原则

(1)分层原则:分层目标、分层学习、分层达标、分层训练;

(2)选择性原则:"超市"体现出的学习自主性、选择性、创造性;

(3)整体教学原则:整合教材、知识迁移,上挂下联、左顾右盼、举一反三;

(4)展示教学原则:展示解决了学习内驱力,展示即发表;

(5)反馈调节原则:注重问题暴露,强调"当堂决策"。

7.目标:实现师生的共同发展,让教育回到"以人为本"上来,建构"四新"教育学,即"新教师"、"新课堂"、"新学校"、"新学生"。

(1)解决素质教育与应试的冲突;

(2)解决教师发展与学生发展的冲突;

(3)解决学生个别发展与全体学生发展的冲突;

(4)解决学生个性发展与全面发展的冲突;

(5)解决师资不足、受制于教师专业化水平较低等学校发展的现实困局;

(6)变厌学为乐学、厌教为乐教,改善师生关系,让学校充满魅力;

(7)解决知识与能力结合的难题,把时间和能力还给学生;

(8)培养学生的自主性、主动性、创造性。

第二章
"四新"标准

呼唤"新学校"、"新教师"、"新课堂"、"新学生"!

教育的四个基本支撑

教育实在没有想象的难,关键是要弄清楚四个基本概念:什么是好学校?什么是好教师?什么是好课堂?什么是好学生?

遗憾的是,中国很多人当了很多年校长,却未必思考或者明白什么是好学校;教了几十年书也未必理解什么是好老师、好课堂;我们培养了这么多年学生,一届又一届来了又走、走了又来,每年评三好、评优干,到底什么样的才是好学生?

如果搞不清这四个基本概念,教育永远是一笔糊涂账;那么,你又是如何从事教育的?

学校、课堂、教师、学生,这四个词的真正教育内涵是什么?

高效课堂作为一个相对先进和完整的教育概念,它的基本支撑正是这四个基本概念。

真正的教育必须坚守"人性",立足"人本",富有"人道",尊重"人权"。

我一向以为好学校都有基本的共性,就像艺术品,总有美的规矩存在,唯有不好的学校才千差万别,"丑陋"一般才能丑到奇形怪状!现在有些学校所谓的"特色",其实恰恰一不小心暴露的是自己的"丑陋"。

高效课堂教育学主张,教育即人学,它意味着教育必须"从儿童出发",也就是"以儿童为本",满足儿童的好奇心、展示欲、创造性。

高效课堂教育认为,学生首先姓"学"、字"生"。离开了"学",就没有"生",这个"生"即"生长"。因而学习即生长,学习是"学生"的生命成长方式。

什么是好学校?

记得《中国教师报》曾经这样概括过:好学校是一方池塘。这句话源于梭罗的《种子的信仰》:"如果你在地里挖一方池塘,很快就会有水鸟、两栖动物及各种鱼,还有常见的水生植物,如百合等等。你一旦挖好了池塘,自然就会往里面填东西……"

那么,请问,我们现在的很多学校是"一方池塘"吗?如果不是,你怎么能指望有水鸟、两栖动物及各种鱼,还有常见的水生植物的出现呢?教育不兴,是因为学生不符合要求吗?显然不是,那实在是因为我们的学校不是"池塘",而有可能是"工厂",是"屠宰场",是"监狱"。

高效课堂教育主张,学校首先是"学生"的"学校",因而学校的一切都应该体现出学生的色彩、声音、形象和存在。

高效课堂教育认为,一切的学习和生长都不可被人为地替代包办,学校必须要让学习和成长"发生"在学生身上。因而,学校的挑战、使命,是取决于如何为学习和生长创造、提供"发生可能"的众多因素上,如环境、动机、手段、机制等等,这样众多因素的聚合是教育教学的前提,是过程甚至更是教育教学本身,学校的价值就体现在它的"生态"意义上。因此,还可以这样精练地概述:学校即生态。

什么是好教师?

高效课堂教育主张,教师角色具有三重意义:

一是学校生态的建构者,是提供学习和生长条件的人。离开教师这个特殊角色的存在,就意味着有可能失去"发生",教师是一个必需条件,其价值体现在——是学习和生长的"可能性"。

二是一个学习和生长的开发者。你千万不要单纯以为教师是教材、课程的开发者,这或许是远远不够的,我们讲有什么样的教师就有什么样的学生,教师对学习和生长的开发意味着首先是对学生潜能、思维、学习力等基本素质和能力的开发;其次是对学习的开发,要敢于"放手",大胆让学生在"在经历中体验",去"失败中矫正",从"感悟中成长";再次是对生长的开发,条条大路通罗马,"人学"的教育主张是建议要从差异出发,接受差异、尊重差异、包容差异,准许学生"遵照自己的方式"去学习和生长,要敢于让每个学生"走自己的路",而教育教学的内容指向性则更加清晰,生活、生命、生存。

三是一个信念的传播者。教师必须以自己的信念去影响学生的世界观、人生观、价值观。其实,当我们概述学校即生态、教师即条件时,其中都包含着"文化"指向,有时候,需要从"教育即信仰"的角度去领会教师对信念的传播。

什么是好课堂?

我觉得学生生活、学习、成长的主要场所是在学校、在课堂。可是我们的很多课堂,除了知识之外,似乎没有别的什么,如果教育是"人学",又主张"以人为本"、"全面发展",那么,课堂显然要补充"筋骨",尤其是要具有生命的价值意义。"知识的超市、生命的狂欢",这个概括包含了我对课堂的全部主张,与其说课堂是学习知识的场所,不如说它是一个生命场。它应该包含了所有与生活和生命相关联的内容。比如我们主张学生的生命是由无数个45分钟组成的,那么,我们就有责任让课堂充满感动和快乐,无论怎样,我们都不该"与生命为敌"!

什么是好学生?

首先他必须身心健康,这是底线!没有了"命",何谈价值?

其次,他要富有责任的担当,做一个对自己、对他人、对社会负责任的人,而不是一个自私自利的人。

第三,他当然要具备一定的知识和技能,比如合作能力、动手能力、实践能力等等。我们不是为了知识而活,而是为了生活而活。千万不可以培养一批知识的奴仆和不会生活的人,这样的教育是罪孽,纵然你有多高的升学率!一个有眼光的教育人,他会从人的价值和人类社会发展的视角来培养学生,服务于人类。

四个基本概念,我们简称之为"新学校"、"新教师"、"新课堂"、"新学生"。

这四个基本概念,支撑着"新教育"。

关于教育学

前面我已经提纲挈领地谈到高效课堂教育的四个基本"教育学"概念：学校、课堂、教师、学生。我以为这四个基本的概念支撑着我们的"教育学"。

百度搜索"教育学"、"教育学概念"、"教育学原理"等关键词，你会发现在所有表述当中，曝光率最高的是这样一句话——"揭示教育规律的一门学科"。那么，我们则需要穷究"什么是教育规律"。这样说吧，即便是大学的教科书，都缺乏令人信服的解读，我们甚至可以这样说，至今都没有人能够用简单的语言加以总结和描述，即便有，也无非是一些辞藻、人名和形而上的某些东西的堆砌，读起来味同嚼蜡，让人头痛欲裂。那是因为我们原本就没弄清楚或者说还没认识清楚教育由什么样的规律所致。我的疑惑在于，既然我们尚不认识这个"规律"，又为何言必称教育规律，强求教育去符合规律呢？这样的教育符合的是哪门子规律？如果我们压根就不清楚什么是教育规律，这门学科到底揭示的又是什么？因此，中国的教育学是幼稚的、不成熟的，甚至是有问题的教育学，我们姑且把这样的教育学称为"传统教育学"。

这样说显然是会招致很多学人尤其是研究教育学的教授们反感的，有人会搬出那一大摞皓首穷经的东西指责我。不是吗？他们的教育学里白纸黑字写着这样的话：教育规律同规律一样，是不以人的意志为转移的客观事物（教育内部诸因素之间、教育与其他事物之间）内在的必然的本质性联系，以及事物（教育）发展变化的必然趋势，就是教育现象同其他社会现象或教育现象内部各构成要素之间的固有矛盾，或彼此间的内在联系。例如，教育事业发展的规模和速度，从根本上说，要受社会生产力发展的制约，一个国家的生产力发展水平是与它的教育发展程度成正比的，这就是规律。又如，教育为人类社会所共有，而在不同的历史阶段上或不同的社会里有不同的性质，这主要是由社会制度决定的，即受经济政治制度决定的，这也是规律。再如儿童的年龄特征是进行教育和教学的依据，而教育又能促进儿童的身心发展，这也是教育规律，如此等等。唯物主义认为，这些规律是教育本身固有的，是不以人的意志为转移的。唯物主义承认教育活动的客观实在性，也就承认教育规律客观存在的实在性。

中国传统的教育学里还这样写：教育学规律的内容包括：（一）1、2、3、4；（二）1、2、3、4……你看看，越绕越远，越来越偏，最后连自己也扯络不清了。当然，我不是说这样的教育学没有营养，我是说它解决不了实际问题，甚至会把原本简单的问题导入到更复杂、更无解的地步，它只能是看起来高深的"学问"，用来"吓唬"人而已。

我依然要这样表达我不成熟的见解。所谓教育学即关于"人"如何学习、生活和成长的科学。而"教"与"育"无非是指"使人成为人"的策略、方式、方法；所谓教育规律，则实在应该是基于"人"学习、生活和成长的规律。但我并非是全盘否定中国传统的教育学，比如他们说"（教育规律）是不以人的意志为转移的"，这句话很好，可惜却被很多教育者所忽视。这句话隐含着今天我们必须要做的反思，我们一直在以自己的意志"转移"着教育的客观性，我们很少想着去顺应儿童的天性和需要实施教育，我们把控制、囚禁、强迫当成教育，我们以为教育就是强制、灌输、训练，我们甚至以为这样"反儿童"便是对儿童负责，便是"爱"他们，便是对未来负责。还有，在传统的教育学里,同样写着:"儿童的年龄特征是进行教育和教学的依据,而教育又能促进儿童的身心发展。"这真的很好,如果我们具有逆向思维能力,你会发现,当教育不能促进儿童的身心发展时,那一定是没有依据"儿童的年龄特征进行教育和教学",如果不敢于加以"纠错",那么,教育也只能重复"与儿童作对",也就只能逼孩子跳楼。再比如,在传统的教育学里,还这样说:"教育为人类社会所共有,而在不同的历史阶段上或不同的社会里有不同的性质,这主要是由社会制度决定的,即受经济政治制度决定的,这也是规律。"这句话其实非常耐人寻味,首先前一句真是经典,"教育为人类社会所共有",因此教育应该服务于"人类"。未来人类学家托马斯有句话说得好,"教育应为尚未出现的世界培养人才",但今天的中国传统教育肯定不是这样服务的,他们甚至不是为了知识,而是为了考试成绩培养分数的奴仆,他们甚至都不是"培养",而是机械地生产。教育研究在今天很多学校,变成了生产流水线的"非理性"编程,如果需要证据,我可以随便出示一份这样的编程,比如在一所"教育家"主持的"著名"学校,有这样一份作息时间表:

4:50　必须到教室学习

5:40　跑操

6:00—7:00　早自习

7:00—7:35　早饭(要求7:20必须在教室开始自习)

7:45—11:30　四节课(其中课间操25分钟)

11:30—11:50　午饭

11:50—13:15　午休

13:30—17:15　四节课(其中课外活动25分钟,还要求至少提前5分钟到教室)

17:15—17:35　晚饭(20分钟)

17:35—17:55　英语听力
18:00—21:30　晚上四个自习
21:50　晚睡

　　这位著名教育家几年如一日,每天坚持"一日三骂",他的做法是把学生集中在操场上,按照老师提供的"违规者"名单,请他们出列,然后口沫飞溅地破口开骂。这显然不是教育!如果你要说"(教育)在不同的历史阶段上或不同的社会里有不同的性质",那么,我只能说中国传统教育一直在"教育与非教育"之间游移。其实,在一个"人本社会"里,什么时候都不应该把学生当成"工具"去蹂躏和奴役,如果我们任由非教育猖獗,那么只能说我们离以人为本尚有差距。

　　新课改其实就是想努力缩短这个差距,让"脱轨"的教育回到"人本"上。这样做,有可能是在改写传统的教育学,书写中国"人本"版本的新教育学。当然,我不是在指责传统教育学的那些专家们,他们或许是受时代和历史的局限,我们期望所有的教育者,都能统一到新课改的教育价值认同下,去摒弃一切"非教育"的因素和观念。路是人走出来的,只要我们心中有"人",眼中有"生命",胸中装着"人性",那么,教育就没有什么复杂的。好教育从来都惊人的一致,唯有不好的教育才千差万别、各具形态。因而,无论形态多么复杂,无外乎就分为两类:教育和非教育。所谓规律,一切都应该是儿童学习和成长的规律。研究儿童便是一切教育学的最主要内容。

　　我哪里是在批评中国传统的教育学,而是在渴望寻找到基于"人学"的教育!

"新学校"标准

1. 教育即"人学":富有人性,以人为本,尊重生命。
2. 以儿童为课题:面向现代化、面向世界、面向未来;德智体美全面发展。
3. 有一名从来不自诩为"教育家"的校长和一支热爱学生的教师团队。
4. 不是应试名校,甚至不一定有很高的升学率;不是硬件名校,甚至不一定是重点学校。
5. 有文化,但文化一定不是控制和专政;尊重差异、注重过程,淡化竞争、崇尚合作。
6. 不抢生源、不挖"名师",善待每一名师生,维护教育公平。
7. 崇尚学生主体和自然成长,准许学生有自己的时间和空间。
8. 有完整的课程体系和丰富多样的学校生活。
9. 是一个让师生在精神及身体上感到安全而愉悦的场所。
10. 有良好的教学关系,平等的师生关系;重视教学,更重视对学生的研究,追求学生学习能力的生成和情感、态度、价值观的收获。

解读:好学校到底是什么样的?升学率高、大楼林立、绿草如茵的学校就一定是好学校吗?我们理想的学校应该是什么样的?如前所述,好学校是一方池塘,好比"如果你在地里挖一方池塘,很快就会有水鸟、两栖动物及各种鱼,还有常见的水生植物,如百合等等。你一旦挖好池塘,自然就开始往里面填东西……"相对传统名校,这里的"池塘",是一个教育的环境生态概念,要求学校首先是平等、和谐地包容、接纳、尊重每一个学生。这很不简单,当传统的"教育学"一直在致力于研究学校评价的几级指标时,我们有可能真的忽视了学生内心的渴望,忘记了教育正在以愈发高尚的名义对生命施以暴行。学校教育必须对生命负责,这是一道再也不可逾越的底线。

"新教师"标准

"新教师"显然不单纯是一个知识的"二传手",他应该扮演四个"者":一是教育专业者;二是学校生态的建构者;三是学习和生长的开发者;四是信念的传播者。具体来说:

1.教师必须有强烈的历史责任感和时代感,努力促进社会文明进步和人类心灵进化;现阶段,必须敢于投身课改、坚定不移地走素质教育之路,做一个大任和使命的担当者。

2.教师要成为一个信仰者:服务人类、奉献教育、热爱学生。

3.专业者,应包括学科专业和教育专业两个方面。教师专业化的支撑是教师的教育教学思想,也就是基于"人本"的对学生的尊重、研究、认识;教师专业化水平,主要取决于对"教育学"、"心理学"的研究,要具备学科知识"心理学化"的能力;教师必须清楚,教学不是灌输和表演。从"教中心"到"学中心"不仅考验教师的教学勇气,而且体现的是教师的教育教学境界、高度。

4.必须"认识"学生,一切的教育教学原则都应该"从儿童出发",对儿童的研究才是教师毕生应该追求的课程。

5.教学的全部艺术都应该体现为营造学、策动学、满足学。

6.教师的一切行为都应该对学生的生活、生命负责。教育是"为生活做准备",为"成长做奠基",因而要善于营造生活和成长环境——班级即社会、课堂即生态。

7.教师必须成为一个发展者,终身学习,师生相长;教师要明白教师的发展价值取向是:成就学生、发展自己。

8.教师不是控制,而是点燃;不是囚禁,而是开发;甚至不是逞强,而是"示弱"——敢于让学生超越自己。

9.教师要敢于放手——师退生进,捍卫学生主体,保卫学生的好奇心和展示欲,激发学生的潜能和创造力;相信每一个学生都是天生的学习者。

10.一切的教学都应基于能力和情感,而不仅是知识,会学比学会重要一千倍;想学、乐学比学会重要一万倍。

11.学生的生命是由 N 个 45 分钟组成,现阶段教育的"底线"是培养身心健康的学生。

解读: 我们一直不厌其烦地倡导教育必须是基于对人的"信仰"。从狭义的教育学角度,这个信仰应该是对学生生命成长方式的"遵顺",是"以人为本、尊重生命"。在《中国教师报》自己的"教育学"里,我们用"四新"概念承载这样的教育认识——"新教师"、"新课堂"、"新学校"、"新学生"。

"四新"的关键在"新教师"、核心在"新课堂",唯有"新教师"才能有"新课堂";有了"新课堂"才可能有"新学校";唯有"新学校"才能培养"新学生"。"新教师"显然不是指新入职的教师,而是指具备"三观"的教师,实际上它和教师的工作年限、学历、年龄、性别甚至知识水平都关联不大。所谓"三观",我们的解读是:

1.教育观:教育即"人学",是"从儿童出发"的对学生的尊重、发现、认识、接纳、包容;

2.教学观:以"学中心"来围绕学、设计学、服务学;

3.学生观:相信学生、解放学生、利用学生、发展学生;学生是"第一"教学资源；一切的学习都是自学(自主学习的简称)。

按照教育部新近颁布的《教师专业标准(试行)》，教师必须具备四个基本理念，即学生为本、师德为先、能力为重、终身学习。"四新"在内涵发展、教师评价和教育价值指向上完全符合教师专业标准要求。

"新学生"标准

"新学生"的标准,是基于对教育目的和期望的判断。如果说有什么样的教育就有什么样的学生,有什么样的学生就会有什么样的社会,那么,"新学生"就代表着"新人类",他们"族群"和数量的多少决定着"未来世界"的性质和品质。

1. 新学生需具有终极使命感,放眼世界,他是"地球村"里的公民;
2. 要敢于担当,对国家和人类负责,对社会和家人负责,对自己和自然负责;
3. 身心健康,热爱生活、珍惜生命;
4. 善于学习,掌握科学的学习方法;
5. 有自信、有毅力、有意志;
6. 会反思、敢质疑、善沟通;
7. 具有探究精神和科学素养;
8. 有契约精神;
9. 现实的理想主义者;
10. 具备一定的基本技能:如知识能力、学习能力、实践能力、创新能力、合作能力等。

解读：教育的终极目的是为了人，当我们把好学生定义为"成绩"优秀、循规蹈矩、遵守纪律、老实听话时，教育就昭示着离"人"越来越远了。如果回到"人本"价值观上思考，学生首先是一个"独立"于一切目的之外的人，因而工具教育显然是"反人性"的；其次，传统的以控制为手段的教育，显然是对个性的剿灭；再次，学生又是个"个体"，他需要拥有属于"自己的"东西，而学校作为一个"群体"概念，则又需要学生具有团队协作的精神与担当。

最近胡锦涛同志有这样一段讲话，对于我们明确好学生标准具有极大的指导意义。他说："教育成效不应只看学生是否能准确地填下标准答案，更要看学生的学习能力、实践能力、创新能力，看他们是否掌握了发现问题、解决问题的关键能力，看他们是否具备了高度的社会责任感。"温家宝同志也曾说过："教育不仅要传授知识，更重要的是启发思维，培养学习思考能力。"

在《中国教师报》的"四新"教育学里，我们认为"新学生"首先应身心健康，其次要敢于担当，再次是要具备一定的学习、实践、创新、合作等基本能力。小平同志曾经提出教育的"三个面向"，要将学生培养成有理想、有道德、有文化、有纪律的人，"新学生"标准的提出，是基于教育现实背景下的新时代、新任务、新内容。

"新课堂"标准

我必须表达我的教学观点:教有定法,学无定法。

当我们在表达教学是师生交互作用的过程时,实际上我们还必须着重强调一句,学为主体。

在过去的50年间,研究者过分重视了对教师教学行为、教学手段、教学过程、教学结果的研究。尤其是20世纪90年代,有关教学研究主要是侧重于探讨教学的多维特性及其教学情境的问题,包括教与学的关系、教师的学科知识、教学法等。其实,我一直在这样表述:课堂教学真正的考验是教师的教育思想和对学生生命成长方式的认知,以及这种"思想"和"认知"在教学活动中的具体呈现。

显然,学生最主要的生命成长是学习或者说是通过课堂活动来成长。因而,教学的研究恐怕要回归到"学生"和"学习"本身,才会变得富有意义和生机。新的教学活动,必须通过模式来实现,而这个模式它实在不是基于教师对知识的理解和框定,而是必须体现出学习者真实的实践体验和他们的认知规律。这种被很多人指认为"激进的教学理论",恰恰体现出来的是以人为本的教育者对基于人学的教育的全部表达。对我们来说,这种基于人本和师生共同发展的教育表达就隐含在我们倡导的"四新"里:"新教师"、"新课堂"、"新学校"、"新学生"。

休伯特·德莱弗斯和斯图亚特·德莱弗斯曾经提出和描述了"专家教师"这个词汇,很接近于"新教师"概念。研究者认为:"专家教师让课堂管理和教学活动变得轻松。"

"新教师"与一般教师有什么不同:

1. 并不急于对学生作出快速的评判,而是依据学生自身,让学生对自己作出评判并能反思和矫正自己的学习行为。

2. 通过监控学生的学习,提供反馈或辅导。一般教师更关注于课堂纪律或学生注意力等问题,但新教师可能更关注于学生的积极表现并给予充分肯定。

3. 根据学生状况来决定教学内容和进度。一般教师则容易墨守成规、亦步亦趋,他们更多靠分数和学生档案来评价学生的学习潜能、发展趋势。

4. 在课堂上随着学生的学习进展和学习反应随时补充具体内容。一般教师的教学往往囿于事先拟定的内容,较少能随着学习进程来调整计划以满足学生的需求和兴趣。

5. 对学生了如指掌、目中有人,基于学生的"已知"实施教学。一般教师对学生的"认识"似乎没什么兴趣。

6. 绝少以自我为中心,会主动反思自己的教学行为,承认自己的错误,随时对评价作出调整和修改。一般教师较多在乎别人对自己的评价,偏袒自己的错误,更多关注自我,对于改进教学常常疑虑重重。

因此,对人本主义的追求要求我们必须重塑教学这一概念。"新课堂"对这一概念的重塑提供了可能性,并为优秀卓越的"新教师"成长提供了发展的平台。实际上,有很多人都试图描绘"新教师"与"新课堂",比如威廉·格拉瑟说是"积极的"、"支持的",罗伯特·弗里德称之为"热情的",维托·帕隆则说是"奉献爱心的教师",特德·赛兹说是"人道的事业"……林林总总,实质上,人本主义对教师和课堂的思考永远是:道德和人性!但我们也必须承认,没有谁能用全真的语言予以厘清并找到一条最理想的评估方案,但总有相对较好的东西可以用来表述。

实际上,新课改推进11年,对于有些人和有些学校至今还"春风不度"。如果我们把"教师讲、学生记"称为传统课堂的话,那么,从教学手段和方法出发的课堂改良,可以称之为"一代课改"。"一代课改"的显著标志依然是"从知识到知识",其课改的最显著目的依然是升学。当很多人习惯于炫耀自己的课改成就时,实际上我们必须有另一种警惕,即防止应试教育在变幻一种形式演绎它的僵而不死。比较显著的例子是,有些学校以导案、学案、训练案来掩盖其教育的实质,这样做,依然不是以学生为主体,而是靠控制学习、强制训练来提升所谓的教学成绩。再比如,有些学校分了小组,并且组织学生合作,但实际上只不过是走过场,而真正控制课堂的依然是教师。这些现象都令人忧心,虽然我们要学会包容一切的改革,甚至准许在改革中犯一些错误,但我们必须旗帜鲜明地反对伪课改和假课改,反对它们就是在反对应试教育。而我们所追求的课堂显然不同,我把"新课堂"概括为"知识的超市、生命的狂欢",那么我再试着用十个特性来概括我所理解的这样的课堂——

1.知识不是靠教师传授获得,而是通过"超市"形式,任由学生选择。"知识的超市"的隐喻是,课堂要具有三个特性:自主性、丰富性、选择性。

2.课堂的价值体现出从"知识"到"生命"的质的关注。"生命的狂欢"的隐喻是,课堂要具有三大自主特质:主动性、生动性、生成性。

3.学生的课或者自主学习的课,而不是教师的课、教师为中心的课;

4.课堂是一种生生、师生交互并共同作用的"合作"过程,因而课堂应该是一个工作"场"。当我们把好学校解读成是"一方池塘"时,那么课堂也应该是一个富有生机的"生态场"。

5.对个体学生而言,课堂是一种"个体"的内心思想、感情、心理需要,因而课堂要给予学生充分的自主,甚至我会把学习描述成"一件个体的隐私",教师要敢于"捍卫学习隐私"。

6. 课堂终究是一种"人学"文化的真实体现,因而它应有平等、自由、民主氛围;人与人,相互包容、倾听、接纳……

7. 基于师生共同体和一切学习共同体(对子、小组、班级)的健康、持久、良性的发展,教师必须解决师生发展的冲突,明确"通过发展学生",从而"成就自己"的价值观。

8. 有从学习规律出发的科学的教学流程:自学(自主学习的简称)—展示—反馈。

9. 符合"先学后'交'"思想:教师的作用主要发挥在对学习环境的营造、学习条件的创设上;所谓课堂主导,应体现在对学习困惑的"点化"、点拨上,因而课堂应遵循"先学后'交'"的思想,这个"交"就是"主导",而不是单纯的"教"。

10. 动静结合的课。好的课堂是生命的体现,动和静都是生命的形态。

第三章

学　校

好学校是一方池塘。

关于学校

好学校是什么样的？

好学校是一方池塘。客观地讲，如果用于新闻报道，这样"说"无疑是生动传神的，但作为教育学的阐释，似乎又显得不够严肃。但好在我们是媒体，媒体自有媒体的语言体系。我们认为，最好的教育学一定是能方便被一线教育所理解、接受的教育学。更何况，关于好学校的标准，也实在不应由媒体来制定，但媒体有表达自己的教育见解的权利。"如果你在地里挖一方池塘，很快就会有水鸟、两栖动物及各种鱼，还有常见的水生植物，如百合等等"，你看，这样的表述显然没有传统教育学语言的晦涩；"你一旦挖好池塘，自然就开始往里面填东西"，较之传统教育学，这样的"结论"又是多么让人易懂。以上就是梭罗在《种子的信仰》里的话。其实，不独是梭罗，我发现那些真正的教育大师们的教育学，都不会像传统教育学专著那样艰涩难懂。康德难懂吗？卢梭、杜威……还有我们中国的陶行知。有些人喜欢故弄玄虚，所以，你大可不必因为读不懂某些教育学专著而自惭形秽，或许作者比你更不懂，如果他真懂，会写不明白吗？今天的中国教育实在需要拿过来看得懂的教育学，其中也包括学校学。

好学校是一方池塘，你不必较真它太不像教育学语言，没关系，有些太像教育学语言的往往却没有教育。

将学校作为一个教育的环境生态概念解读,首当其冲的要求是平等、和谐地包容、接纳、尊重每一个学生。这很不简单,当传统的教育学一直在致力于研究学校评价的几级指标时,我们有可能真的忽视了学生内心的渴望,忘记了教育正在以愈发高尚的名义对生命施以暴行——我所了解河北衡水一所中学的200名学生,竟然没有一个人喜欢自己的"母校",一个在北京读大二的学生,听说自己的表妹要去这所学校就读,他写信劝阻表妹说,那是所"地狱"呀!今天,我们还有多少所"地狱",在不以为耻地推进着他们的教育?遗憾的是,我们传统教育学不敢正视这样的教育的严重问题,甚至在为这样的教育助纣为虐。2011年,某些媒体发布的年度优秀学校评选,依然有这样的学校上榜。很遗憾,有些教育媒体早就丧失了教育良知了。当整个教育界都分辨不清教育是非时,你也很难指望媒体去信守什么了,所幸并非所有的媒体都是这样的德行!

学校必须对生命负责,这是一道再也不可逾越的底线。因为在这个世界上,没有任何升学率是比孩子的生命更重要的。如果连"人"都不在了,那么,一切和"人"相关的也就魂飞魄散了。如此浅白的道理,我们不可能不懂,唯一的解释只能是我们不愿意对生命负责!

一所好学校最本质的特征到底是什么?我们不妨比较一下中美两国不同的标准。

美国的好学校标准有四个关键词:

◆ 支持——对学生的批判性思考、学生为本、师生彼此间的尊重以及良好而充分的人际交流予以充分的支持;

◆ 氛围——创设团体认同感、集体责任感以及鼓励独创性的氛围;

◆ 标准——制订明确而可行的标准,相信学生能够达标而且达标的方式可以各不相同;

◆ 环境——提供师生员工在精神及身体上都能感到安全而愉悦的

场所。

应当指出,中美两国人心目中的好学校标准虽然有一些共性的成分,但差异之处也是很多且明显的:

差异之一,美国的标准对学校的"软件"系统颇为关注,而中国的标准对学校的"硬件"系统更为重视;

差异之二,美国标准的评价重心在于学生在一所学校当中的成长过程——符合自身特点的发展,而中国标准的评价重心更多的是学生在一所学校能取得的结果——升学率。(引自张捷勋)

在国际上,人们基本的共识为学校是为学生而存在的,是为了促使学生的健康成长与发展而存在的。首先,学校的使命就是为了促使学生的成功。如何理解成功?一个普遍的价值观认为能充分发挥个人潜力就是成功,通俗来讲,就是我们不可以要求丁俊晖也能长成姚明的身高,同样也不可要求丁俊晖去打篮球,而是能让丁俊晖以自己的方式去生长和发展。其次,学校必须使师生体验到生活的幸福和享受教育的尊严。人是教育的目的,人的尊严、自由、幸福是无需去证明的本真的价值,这种目的是不可以为其他目的所代替的。再次,学校要促进社会进步和人之心灵进化。学校要敢于承担社会责任和时代使命,而不是去迎合和抱怨甚至是开历史倒车。

杜威曾批判20世纪的教育"以成人为取向",不仅过于严肃,权威性、理论性、抽象性太强,从社会及政治的角度看来也偏向保守。与传统主流的教育学不同,他的教育方式可能对我们的学校学带来一些帮助:1.应该提供给孩子一个有趣的学校环境,学校应该就像孩子的博物馆,里面有自然的东西,也有人为的东西,让他们尽情观察、尝试和探索;2.学校应尽量满足学生所有的需求——无论是生理上、情感上、社会方面还是智能方面的都要兼顾;3.学校应强调经验的学习,也就是借助具体、有意义的情境来学习。让学生尝试深入地学习,而不是样样都学到一些皮毛。当然,很多中国的学校对杜威并不感冒，他们以中国的国情和现实为借口，总要做出一副受尽委屈的表情。但，教育总得基于"人学"出发吧，尽可能去体现出"人性"。

好学校是一方池塘，那么，校长的使命也就是去营建、经营池塘。这个池塘，可以解释为组织概念，学校的工作重点就是构建三个组织——学校、班级、小组。每个组织都是"一方池塘"。三个组织的主核是学生，学校的一切发生都是围绕学生而存在的，它因此产生了三个基本的"关系"：指向于学的是教学关系，核心价值观应该是"教服务于学"；指向于学习对象的是师生关系，核心价值观应该是"师服务于生"；指向于环境的是"生态关系"，即学习与学习条件，成长与成长条件，生活与生活条件的诸种关系。三个组织的次核是教师，杜威曾这样明确"教师在教学过程中身兼促进者和指导员的角色"，因而与此产生三个效果：首先，学校课程的安排是不是基于学生的兴趣，取材于学生的生活？其次，教师的教学手段，是满足好奇的、受到鼓舞的，还是死板的、打击的？再次，教师的人格和道德是健全的、平等的、高尚的，还是有缺陷的甚至是低下的？教师一旦在学生心理上投射阴影，其后果将是灾难性的。

基于学校学这个全新的教育概念，它理应解释清楚"学校是一个什么样的地方"，这是最基本的办学出发，学校的目标和使命是什么，它的一些基本的教育学内涵应做怎样的理解，它有没有团队文化，学校的"魂"是什么，等等。你可以把这些问题当成我今天要布置的"作业"。

学校的服务

学校是谁的？对于那些"人本"教育者来说，这显然是一个无需思考的问题，他们会回答是学生的学校。但是，从教师中心到学生中心，或者说从"上行下效"的控制到基于人本的引入和导出，学校教育思想的演变实在艰难。研究美国教育的当代趋势，你会发现，中国现下的教育现实令人忧心如焚。在国际教育者的观念里，教育被认为是关乎国家存亡的根本。他们还认为，教育必须敢于从旧体系中突围，以学生为中心，顺其本性，任其自然成长、学习，在教学中要尽可能采取民主而放任的方式，在开放和自由的氛围里，让学生选择做自己喜欢做的事。人本进步主义教育的代表人物尼尔，在他所创办的夏山学校甚至可以准许学生如果不想来学校，就可以给自己放一天假。这所学校的管理是由全员会议来主导，这个会议是由全体师生共同参与，采取民主作风，人人平权，即便是低年级的小学生也享有投票权。

学校是谁的呢？如果回答是学生的，那么，学校管理者和教师，必须要思考我们能为学生做些什么，以此真正凸显和落实学校的主体。在我看来，学校如果是学生的学校，校长和教师就必须着手回答这样三个问题：第一，学生是谁？第二，学校应该给学生提供什么样的学习生态？第三，学生的权益到底是什么？我们如何满足和促进他们的发展？

实际上,我们有必要探讨人本进步教育者的一些理念实证,从中借鉴和吸纳对我们有益的营养。

1. 全语言教育。这是一套教导阅读和写作的方法,主要特色是让孩子一开始就在真实的情境中学习语文和语意,而不是先了解作者是谁。当学习阅读时就真的拿书本、杂志去读;当学习写作时,就真的让他们去写故事,甚至是写一本书。它强调让学生自由表达独立的想法和感受,虽然还是会教拼音、标点符号、文章结构等,但都是次要的。全语言教育被誉为语言教学的革命,他们的经典做法是:一旦孩子学会了造句,教师就会鼓励他们写作,"鼓励他们付诸文字表达"、"将真实的生活用文字表达出来"。在全语言课程里,文法、标点、拼写等不会被拆成单独的学科,教师会在写作的过程中附带着教,就算孩子们不能确定是否能正确地拼出这个字,教师还是鼓励他们大胆地用,即便是无法正确地使用,教师还是鼓励孩子们造句和写作。其基本理念是,教师过多的纠正会让孩子们紧张,从而影响他们的学习兴趣,扼杀创造力的发挥。

2. 合作学习法。合作学习法的教育运动中最主要的两员主将是约翰逊兄弟——罗杰和大卫,他们的主张是孩子在小团体中彼此学习,而不是竞争。在约翰逊兄弟看来,在竞争的教学环境中,学生只会专注于输赢之争。然而,只有少数人会赢,大多数都是输家,竞争让孩子们其实只学会了一件事——想尽办法战胜对手!如果他发现自己根本就没有机会赢时,他可能干脆就放弃了。竞争教学有几种假设:一是竞争的本性是与生俱来的;其二是竞争能促人奋发;再次,竞争是有趣的。在约翰逊兄弟看来,真正的合作学习应该是同学之间要密切合作、相互讨论、分享成果。它包含以下五个要素:相互依赖、各自负责、互相鼓舞、团队行动、集思广益。

3. 多元文化教育。多元教育者认为,弱势群体的孩子之所以会在学校里表现不佳,是由于体制的因素,而非天生的资质较差。基本上所有的美国孩子都读到了非洲裔美国人、希伯来人和原住民在美国历史上的角色和经历,这样做的好处是显而易见的,弱势文化的种族在他们自己的历史、过往及当代文化中,找回了他们的自尊。多元教育者还认为,学校必须满足弱势群体的需求,协助他们在这个社会上出人头地。他们以为教育的目的就是要让所有的学生享有公平的待遇,以便能做好参与这个多元社会的准备。

4.社会课程教育。社会课程教育是一系列以教师为导向的课程与活动。课程的安排着重于行为与社会的互动,强调民主、做决策时的共识,以及处理冲突时的技巧。这样的教育方式能协助孩子发展出有用的社会技能,同时在课堂上营造出安全有序的学习环境。比如在"开会规则"中,规定:(1)只要人来参与就好,其他的东西都不要带;(2)在自己的座位上坐好;(3)要先举手才能发言;(4)当别人发言时就先把手放下来;(5)别人在讲话时要专心听、身体打直。但并非所有的学校都赞成这样做。

5.适性发展的教育。这套理论的假设是孩子会依照特定的发展阶段成长,但每个人的进度却不尽相同。较小的孩子将赋予更大的自由度去探索和游戏,而不应该强调他们去参与课堂上的活动,如果学童在没做好充分准备之前就让他们介入教育,将会阻碍他们健全而完美的发展。教室里的小团体包括不同年龄的孩子。适性教育其实有着很强烈的现实教育批判意义。它的着眼点在于,认为小孩子绝对是一个独立的个体,就好像植物会从种子开始发芽,然后长出幼苗,进而开花结果的过程一样,孩子会依照他们自己特定的发展模式及时间表来成长。强迫学生来学习那些他们还没准备好的东西,只会害了他们。皮亚杰认为,每个孩子的发展主要由遗传、天赋本能、基因模式决定的。从12岁,皮亚杰称为的"形式运算时期"阶段,要尽量满足孩子的创造力,使之来建构具体事物的模式,推论更高深的观念,使心智达到一定的发展。

6.开放教室。教室的空间被划分为几个分开的区域或者学习中心,孩子可以自由选择在哪个区域活动,以及他们想要参与什么活动,也可以在各个区域空间自由活动。孩子会很少坐在一排排的教室里听老师上课,甚至是从来就没有过。在越来越开放的教育观念中,教室的概念越来越淡化,与此同时,学校正逐渐变为一个学习的时空概念。"改造教室"或者说"改变课堂"已成为直击传统教育学的前沿阵地,"传统课堂"已成为传统教育最后的堡垒。

7.多元评价。到底用一把还是多把尺子来衡量学校的教育质量?必须旗帜鲜明地纠正教育质量这个词汇的传统教育学内涵,它实在不该是指仅仅靠纸笔和数据统计出来的升学率,而应指向于发展的过程。1983年,一项由总统里根所赞助的一个基金会发布了关于美国教育的报告——《危机中的国家》,这篇文章声称当今的公立教育令人伤心落泪:每年有数以千计的中学毕业生不会阅读和写作,更别提在社会上会有什么生产力……我在想,中国的众多教育机构,在每年发布的报告里,有几个敢于这样饱含忧患、心系孩子?

学校理应为孩子的生存、生活、生命负责,理应为国家和民族的未来负责。在一所学校,假如校长的教育思想不是利用学校来控制学生,利用教师来囚禁学生自主学习能力和自身天然的创造力,那么,就必须对学生的权益、成长、能力和智慧负责任。我们必须学会自问:在我们学校,我们帮助学生营建了什么样的学习和成长生态?我们用什么样的文化来滋养他们?我们给予了他们什么样的条件?我们的教育方式方法是否依然简单、粗暴、不近人情?

传统学校显然是以专制为目的来建构学校的管理体制的,学校的一切部门采取的所有考核手段说穿了就是控制和囚禁,那里没有激发、唤醒、点燃。如果从激发、唤醒、点燃、引导、辅助这样的教育意图出发,学校的部门设置是否应该变一变呢?如何变?我的建议是,学校至少应该成立"四个学生中心":情感指导中心、生活指导中心、学法指导中心、学业评价中心。四个中心基本涵括了学生在校学习生活的全部,至于如何具体实施,或者说是否还可以以不同的词语替代,全凭自主。其实,当校长原本就没那么复杂,在我看来,这个角色的意义在于,必须围绕"学生"来研究和建构学校体系,并且敢于向深处开掘,甚至敢于做到"极致"。做到了,学校也便有了特色!学校真正的特色,不是特在校长和管理者们的"你以为"上,而是特在学生们的"他需要"和"自成长"上。须记住:再好的学校、再厉害的角色、再怎么声称对他负责,都不可能替学生学习和成长。你必须敢于把学习、生活、成长等等原本属于他的一切还回他,这就是教育,否则,你便超越了你的"角色"了,你便不是在做教育,而是在做"反教育"!

学校的一切管理者都必须清楚,教育要有所为、有所不为。不为,就是从"角色"出发,知道自己究竟该干什么。我甚至以为,一切"有为"其实仍然属于"人为"范畴,而"不为"比较接近于"自然生长"。当然,你不可对立地看待我所倡导的有为和不为,不为不是不做事,而是做该做的事,比如前面提到的营建生态、提供条件、创造文化等等。请记住:学校的强势群体不可越俎代庖,肆意侵占和开发儿童神圣的领地,我们必须以自己的角色去捍卫"儿童专属区",让学生生活在自己的角色和"专属区"下。我很欣赏这样的概述,角色即教育。"角色"一词,是指演员扮演的剧中人物,也比喻生活中某种类型的人物和戏曲演员专业分工的类别。与角色比较相近的词汇应包含本色、本分、本职。

那么,基于一所学校,它最主要的角色是校长(管理者)、教师(课程实施者)、学生(学习者),教育就是如何协调和处理这三对关系。但无论如何,都不应该把学校办成"儿童恐怖的场所","变成他们才智的屠宰场"(夸美纽斯)。

团队文化

必须研究和找到学校团队的"武器库"。

组织的效益和力量来自于组织的执行力。对于任何一所学校，校长都要致力于研究团队的建构。部门的设置很容易，但不容易的是校长要带给团队怎样的气质、魂魄和文化，都认同和尊重的气质、魂魄和文化才能使学校富有生命，才能转化为教育教学行为，乃至于转化为学校所有相关人员的人生生活准则。考量学校团队的是三个"力"，即凝聚力、执行力、创造力。

我们以什么去凝聚？又以什么让团队"步调一致"，而且还能激活和发挥每个成员的创造？

这个时候，我必须提出"信仰"这个词。

很多人一直在倡导待遇留人、感情留人、事业留人，其实都靠不住。待遇留人，你能提供多大的待遇，万一别人给予的待遇更高怎么办？感情留人，感情这个东西会变化，毕竟矢志不渝是一种传奇；至于事业留人，假如别人提供更大的平台呢？因而，能够真正留得住人的，恐怕只有一种东西——信仰。比如替天行道就是信仰，没有这样共同的价值认同就不会有梁山聚义，比较能给人启发的是我们共产党的伟大事业。从秋收起义到新中国的成立，短短二十几年，人民解放军从无到有、从小到大、从弱到强，一个人员复杂、装备较差、军事素养不强的人民武装是怎么一步步走向胜利的？靠的是什么？为什么明明知道冲上去是死，而没有一个人退缩？为什么面对敌人酷刑拷打、生命威逼、享乐诱惑却没有变节和背叛？靠的又是什么？

　　漱溟先生曾经在1938年1月用了20天时间考察延安，他后来回忆说："（这些学校）花样新鲜，趣味丰富。内容组织、课程科目、教学方法、生活上各种安排，值得欣赏之点甚多……事实上证明，他们是成功的。因为许多学生来自北平、天津、上海、南洋等处。现在的起居饮食，比了从前不知苦多少倍，而求学兴趣转胜，一般身体并不见差，不是成功吗？"对于"比了从前不知苦多少倍"这句话，曾长年从事乡村建设运动的梁漱溟还特意加了一段注释："吃饭总是小米饭，没有掉换。菜只一样，萝卜汤，有点盐，没有油，滋养二字，不能谈。睡在窑洞内，空气光线皆不足，而且潮湿。又是人与人挤拢在一起，铺位分不开，跳蚤虱子纵横，无法清除。最苦不堪的，是早起没有洗脸水，因为担水上山来不易，水都冻冰，要柴来烧，而柴是贵的。所以一盆水，第一个人洗过，第二人洗，第二人洗过，第三人洗，第三人洗过，第四人洗，如此，洗到七八个人才算完。这种情形，卫生二字向谁讲？我留延安半月以上，随我去的邹君参加到他们学生队中，故知之详且确，没有虚假。奇怪的是身体并不见差（面色不见黄瘦难看），兴趣都很好。这不是一种成功吗？"

　　延安的社会风气，梁漱溟也以赞叹的口气写道："一般看去，各项人等，生活水准都差不多。没有享受优厚的人，是一种好的风气。人人喜欢研究，喜欢学习，不仅学生。或者说人人都像学生。这又是一种好风气。爱唱歌，爱开会，亦是他们的一种风气。天色微明，从被窝中坐起，便口中哼啊抑扬，此唱彼和，仿佛一切劳苦都由此而忘却！人与人之间情趣增加，精神上互为感召流涌。"

　　梁漱溟先生所看到的正是当年延安精神的一个真实写照。当年"到延安去"曾经是一代青年的心灵呼唤和强烈愿望,他们宣誓:"打断骨头还有肉,割掉皮肉还有筋,只要还有一口气,爬也爬到延安去。"为什么他们要来延安?目的就是寻求救国救民的道理,使自己成为一个最革命的青年。

无需再继续援引下去了。我在想,我们今天还有多少所学校,像当年的延安那样,能让学校里的每一个人心向往之?而与此相对照的是南京,那时的南京无论待遇还是条件恐怕都比延安优越得多,可南京为什么却缺少延安那样的魅力呢?

今天,在很多学校,当我们谈到教育的信仰时,很多人会不屑一顾。其实,他们忘记了教育原本就是一项精神活动,它存在的意义和价值恰在于它是在培养一个精神族群。没有信仰就没有教育!

朱自清在《教育的信仰》一文中谈道,教育界中人,无论是办学校的、做校长的、当教师的,都应当把教育看成是目的,而不应该把它当做手段。如果把教育当做手段,其目的不外乎名和利,结果不仅不利于学生的"发荣滋长",而且还会"两败俱伤,一塌糊涂"。那么,什么是教育的目的呢?"教育有改善人心的使命"。他认为,如果学校太"重视学业,忽略了做人",学校就成了"学店",教育就成了"跛的教育",而"跛的教育是不能行远的,正如跛的人不能行远一样"。所以,他说:"教育者须先有健全的人格,而且对于教育,须有坚贞的信仰,如宗教信徒一般。"

那么,什么是信仰?简单说即信而仰之。今天的教育者应该信什么、仰什么?在真善美的人生理念下,要做到三个负责,对历史负责,对国家负责,对人类负责。从狭义的角度,我以为教育的信仰应该是八个字:以人为本,尊重生命。教育必须重回信仰,以信仰来凝聚人心和魂魄,使团队成为一支信仰之师。

校长要重塑和打造学校信仰,我的建议不新鲜,首先是重读"老三篇"。你别笑,在实际的操作中,效果很好。好的原因值得思索,其实,我相信很多教育者,在内心深处是期待和向往一种美好的,只是很多学校的精神生态出了问题,他们的主流文化并不准许这样的信仰成长。我还把"为人民服务"换个概念,叫"为学生服务"。请看毛泽东同志的原文:"我们应该谦虚,谨慎,戒骄,戒躁,全心全意地为人民服务……""全心全意地为人民服务,一刻也不脱离群众;一切从人民的利益出发,而不是从个人或小集团的利益出发;向人民负责和向党的领导机关负责的一致性;这些就是我们的出发点。"把"人民"换成"学生",这是多好的"教育宣言书"呀!还有很多很多,毛泽东同志的讲话都很精粹,都可以用来指导我们的教育。"因为我们是为人民服务的,所以,我们如果有缺点,就不怕别人批评指出。不管是什么人,谁向我们指出都行。只要你说得对,我们就改正。你说的办法对人民有好处,我们就照你的办。"当然,学"老三篇"的目的不是去追思和缅怀某一个时代,而是为了净化心灵,找到我们共同的教育价值观,从而为这个相对浮躁的时代,播撒一点信仰的种子。我相信,很多有良知的教育人都已经认识到了教育面临的严峻抉择,在今天,我认为重提"教育救国"具有巨大的现实意义。

其次,教育者需要不断修炼教育人性。或许有人会说,难道教育者没有人性?我是说教育原本就是爱和尊重,可惜这样的底线要求在今天有变成奢望的危险。我们很多人一叶障目,满眼里是分数、升学率,看不到学生们正在痛苦的境地里挣扎。如果我们丧失了对弱小者基本的生命怜悯,那么,教育则不是鼓励"放生",而变成了野蛮"杀生"。我的做法同样不新鲜,在实际的培训中,我常常要求受训者回忆自己的成长,寻找出三位影响自己的"重要他人",既可以是"贵人",也可以是"恶人",以此触及心灵,来反思自己的教育教学行为。"我要做一个什么样的教师"成为有意义的主题。亚当斯说过,一个教师的影响是永恒的,谁也说不清他的影响何时终了。这个时候,我会送给教师们三句话。第一句:孩子就像玫瑰花蕾,有不同的花期,最迟开的花与最早开的花一样美丽;第二句:每一天,当教师走进课堂都在对世界施加影响;第三句:让一个人待在一个不成长、不进步的环境里,就是最大的野蛮和不道德。

  再次,我会敦促受训团队以小组为单位,形成各自的"团队文化"。这个文化包括组名、组号、组呼、组标……还包括小组誓词。在中国教师报·名校共同体,我要求所有的学校必须每天早晨组织教师集体宣读学校"教师誓词",这既是精神鼓舞,也是激昂士气的自我警示。

  其实,校长要明白,之所以塑造学校"信仰",其目的在于学校必须要寻找到自己的教育动力,你也可以把这样的一些尝试称为"动力系统"。

学校行动力

学校团队如何令行禁止,步调一致,攻无不克,战无不胜?

学校必须要做到三个统一,即统一信仰(文化价值观),统一要求,统一行动。

现代企业学告诉我们,近一百年来,有这样一个现象值得我们思考:一方面,外部环境的市场化越来越高;另一方面,企业内部资源配置的"计划性"越来越强。任正非曾经在"华为企业10年改良计划"里有一个"死规定",即必须从全流程管理出发,"5年内不许(对流程)进行任何改良,不允许适应中国特色,即便不合理也不许动。至于结构性改动,那是10年之后的事情。"这就是著名的任正非的"三化"理论:先"僵化"接受,再"固化"运用,后"优化"改良。这种态度坚决的流程意识和制度建立,保证了华为至今持续超常的发展,并且没有出现过较大的管理失误。为什么中国缺少百年企业?为什么全世界企业界只有少数的企业、少数的人成功?答案似乎只有一个:有效执行。现代企业学研究表明,成功30%靠战略,50%靠执行,20%靠机遇等客观因素。其实,世界上最成功的人,往往不是取决于智商多少,而是锁定一个目标和人物去完成的人,就像爱默生说过的:"向着一个特定目标前进的人,全世界都会为之让路。"狭路相逢勇者胜,不达目的誓不罢休,这就是成功者必备的气质。

联想到有人曾经批判我对学杜郎口主张的"拿来主义",我的建议是:先照葫芦画瓢地临帖,然后再入帖、用帖,最后再破帖。其实,学什么照搬照抄都不行,但有时候不照搬照抄你还真的学不来。如果学杜郎口,连"形似"都学不像,就甭说学杜郎口的"神似"了。在今天,总有人人云亦云,貌似有见地地说要批判地学。杜郎口不是不可以批判,可你压根就看不见"神"在哪里,你越是囫囵地"批",越发凸显浅薄。有一种质疑叫能力,有一种批判叫无知。我主张学杜郎口,就是期望教育教学要回到规律上,哪里是在一味鼓吹?这些年,中国教师报·名校共同体团队,致力于高效课堂途径和方法的推广,实践表明,凡是一板一眼按照规律去做的,都可以"像杜郎口那样",反之,则走向失败。可怕的是,明明是学习态度和方法不对,失败了却把板子打在杜郎口身上,说什么杜郎口不可学,真是可笑之极。必须声明,中国的教育不可能"天下杜郎口",但真正好的教育一定是无比相似的,只有谬误和丑陋才各有不同! 这一点,在《中国教师报》2011年和2012年连续两年发布的当年"高效课堂九大范式"中足以证明,尤其欢迎真正的课堂教学研究者去"范式"学校验证我的理论。在此,我要推荐除了杜郎口之外的另几所学校:江苏昆山前景教育集团、安徽铜陵铜都双语学校、陕西宜川中学、河北清河挥公实验中学,他们各自的教育学意义,昭示了基础教育改革和发展的明天。

回到团队的执行力上。曾经有人这样对我说,我们学校教师素质太差,无法做到令行禁止。那我只能说,你并非一个合格的团队领袖。我一向以为:什么人带什么兵。有什么样的校长便有什么样的团队! 只有不好的体制,没有不好的个人。体制能让好人更好,也能让坏人更坏。有时候,校长就是体制本身! 比如杜郎口中学,我在讲座中常常这样问:假如不是崔其升,杜郎口会是什么样? 如果你所供职的学校校长不是你,是崔其升又会怎么样? 同样是校长,我们和崔其升到底差在哪儿? 你得反思,从自己身上找原因。所以,"校长"的"长"应该读作"cháng",你"cháng"在哪些方面了？别总把自己当"官",不是"官"是"关",你是"关键"的"关"。

还有人对我说,如果真的整齐划一了,这是否有悖于民主？那我只能告诉你,在真正的战场上,一旦下达了作战指令,是不可以以"民主"的名义准予打折扣的。民主从来不是放任自流,我行我素,真正的民主必须是基于大多数人利益的民主,而不是损人利己,胡作非为,故意搅局。民主的内涵是尊重,离开了对团队事业的尊重、对大多数人利益的尊重、对真理和人性的尊重,不分青红皂白对个别害群之马大讲"民主",便意味着是对工作的敷衍、不负责、迂腐、刻板,更是对民主的玷污！要不说校长是"关"呢,你要守住"关卡",把住"原则"。

组织管理最值得借鉴的是人民解放军的"三大纪律、八项注意"。在早期,我们党的部队成员很多人来自于农民,并未有组织纪律观念,用今天的话说专业素养、职业素养并不高,要不,不可能把"洗澡避女人"也列入纪律的。同样,海尔当初也并非是今天的海尔,否则,张瑞敏上任时,也不会把"严禁在车间里大小便"列入纪律了。纪律是什么？是规定,是行为准绳,更是一个人基本素养的体现。如果一个教师敢于随意打骂学生,习惯于霸占讲台,你竟然还以民主和尊重来对待这样的教师,这只能说明,教育远离基本的常识太久了,我们越来越不"认识"什么是教育了！当"非教育"大行其道时,真的教育反而很容易招致怀疑和诘难。

现在,让我们一起来审视学校的基本规定。比如：什么样的才是好学校？什么样的才是好教师？什么样的才是好学生？什么样的才是好课堂？什么样的才是好班级？什么样的才是好小组？你可以说这不是"规定",但假如一个教育者,甚至包括校长在内,连这些常识性概念都搞不清,那教育显然是悲哀不幸的！可惜的是,今天中国的很多教育者,只知道埋头教书,对这些东西却没有多大兴趣,更懒于总结和思考,他们甚至以为这都是些和教学无关的事。当教育简单蜕化为教学,教学简单蜕化为知识,知识又蜕化为分数时,教育是低级的,是匍匐在地,没有翅膀的。

教师应该怎样做，总得列入"规定"吧。可惜，也没有，我们鼓励教师自由探索，任其发挥，并且还发明了一个很耐人寻味的词——"教学艺术"，以此来粉饰教育的乱象和胡作非为。学校必须回到"法"上，回到基本的"概念"、"规定"上，去实践和解读它的内涵、意义。学校的"三大纪律、八项注意"在哪里呢？

我还是要推荐江苏前景教育集团，他们就有自己的"法"，我把他们的"法"称为前景的"教育学"。1.他们出台了教师"文化"诸多的规定。当然我一向以为"规定"的价值不在于有没有"规定"，或者有什么样的规定，而在于能否形成自己的"教师学"——即教师的教育思想、教育教学行为和对学生生命与成长方式的认知、理解。这才是支撑教育的全部，而非可有可无的东西，更不是对学校的粉饰和美化。2.他们出台了教师课堂操作规定。我们还是从实际操作的效果上来理解"规定"，学校到底应不应该规定教师的讲授时间呢？显然，规定了不科学，但不规定更加不科学。我常在想，如果不规定"红灯停、绿灯行"，则可能无法保证交通的有序。其实，任何一项规定都意味着对某一种现象的限制。比如我们让教师少讲、学生多学，可如果缺少具体、详细的规定，则有可能让规定形同虚设。你如何保证教师在课堂操作上符合要求？那前提首先是你必须作出要求。3.他们出台了教师发展的"规定"。当然这个"规定"不是硬要求，是以教师发展中心的形式来呈现的。对教师这个特殊职业来讲，离开了发展，则很难满足学生日益成长的要求。教师发展中心，既是教师发展的指导者，又是教师发展的促进者和激赏者。教师发展中心是以教师为主体，以自发和自主形式构建的行动研究性团体。教师发展中心，以小课题研究为主线，以活动为载体，把学校日常工作和任务要求纳入其中，发挥教师在学校发展中的积极作用，把原来学校由校长主持的会议，变成了学习、展示、培训三位一体的"会议超市"。教师发展中心的原则是"教师的事情教师做"。这样的"体制"改革尝试，激活了教师的责任心和创造力，实现了办学真正的民主，教师的权益和尊严得到了尊重。

  学校管理者必须清楚,执行力是考验教育管理水准的重要依据,也是考验教育者教育素养的主要尺度。执行从某种程度上就是"服从",任何一个个体,都必须服从于大局、服从于事业、服从于团队。当我们说不想当元帅的士兵不是好士兵时,还必须提醒对方,要当元帅就必须从当一个服从"命令"的士兵开始!要服从于组织、服从于制度、服从于人性。当然,对于那些"不普通"的教师来说,教育教学的基本规定有可能限制了所谓自身的长处,但没有关系,教师发展中心还建议,每个教师都理应挂牌成立以自己名字命名的"俱乐部",如果你擅长讲故事,那就叫"某某某老师故事俱乐部",会书法就叫"某某某老师书法俱乐部",会写作就叫"某某某老师写作俱乐部"……关键是我们很多当教师的人,平时"牺牲"太多,真的让你"长"起来时,可能发现自己"不够长"了。那也没关系,成立不了俱乐部,你就举办讲座吧,哪怕是一年就讲一次,哪怕你就讲自己的成长经历。

如何当校长

显然,校长必须成为教育忠实的信徒。这一点,不应该被视作过高的要求,而实在理应是校长的本分。

校长是学校的决策者,我们不应该把所有的学校管理者解读成决策者,否则,一线教师将无所适从。学校只有一名决策者,其他的人都该是执行者、操作者。校长很像是将军,他要每天守候着"沙盘",去指挥、调动、谋划、统筹整个战役,而每个中层以及他所率领的部下们,一起构成了战场中的各股力量。问题的关键是,学校的中层能不能恪尽职守,不辱使命?而校长的驾驭能力又如何呢?他如何评估这场没有硝烟甚至也没有始终的战争?他可以远离战场甚至是心有旁骛吗?校长的"指挥部"应该在哪里?

学校理应推进集体决策。但有时候,你必须承认,校长个体的智慧将成为团队的大脑。对于那些习惯于旁门左道,靠挖生源成就其"教育功绩"的校长,一般情况下,他们是比较不喜欢改革的,但也有人掩耳盗铃打着改革的幌子,谋害改革。必须承认,当下的传统名校们,都有一定值得炫耀的经验或成果,可他们不知道的是,这样的经验或成果恰成了他们上升或成长的囚笼。如果以"以人为本"加以衡量他们每日里炫耀的东西,你会渐渐很看不起这样的名校。

我承认传统名校的校长们都背负着应试的压力,可没有谁能证明真正的课改会牺牲升学率的,升学只是不改比较冠冕堂皇的借口,除此外,那只能说校长的视野和境界不够。有人说,中国的教育问题,都集中在名校身上,这样说显然偏颇,问题是,还有那些"名师"们呢。固然,我们要承认名师们的"表演课"的确要高明许多,姑且我们不争论"名师"的水平和课堂艺术究竟如何,但恐怕任何一个校长,如果从辩证唯物主义的视角看问题,那么,他就应该接受一个现实:构成学校教师队伍的整体处于什么样的水平?如果大多数人都是"普通"教师,那么,教育该怎样找到适合大多数的线路?其实,还有另一个现实的问题:如果大多数学生也都是些"普通"学生,那么,教育是否同样也需要找到适合普通学生的线路?对于前一个问题,我相信很多人都选择了解决——发展教师专业化。这当然是一种思路,问题恰恰在于,我们穷尽了手段和经费,当今天教师的专业化跃居到史上最高峰值时,为什么教育的诸多问题并未得以解决?难道是这样的做法本身有问题?

其实,还真的有问题。在我看来,教师作为一个发展者,我们理应去支持他们的专业发展,但今天我们很多人的意图并非如此,图穷匕首见,很多人是想指望通过发展教师来提升教育质量。你看,教师在这样的教育意图中再一次很悲哀地扮演了被利用的角色。如果我们的最终目标是提升教育教学质量,那么,有没有另外一条途径或者新思路?我以为有,前文里我这样建议过的,为什么不让学生与学习直接对话呢,也就是转变教师的角色——变传统的"二传手"为放手鼓励和发动"一传"呢?这时候,变得成与变不成统统变成了对校长的考验,这不仅考验的是校长的教育观,更是对校长领导才能与团队能力的挑战。

校长应该是一个思想家,更应该是一个行动家,他要不折不扣地围绕教育的核心价值观死抓执行。抓执行,其实就是抓"标准"、"评价"与"反馈"。对于那些立志课改的学校,我的建议是,首先必须出台好课的标准,可假如是一所规模和班制比较大的学校,校长"一把手"是握不住的,那怎么办？其实也很好解决，校长就要学会用人。如何用？把校级领导和中层领导集中起来，采取分班承包的方式，分派所有人到"前线去"，担任指挥员和承包人。你可以把这样的尝试叫做"第一责任人制"，围绕第一责任人，把每个相关联班级的全体教师捆绑在一起。校长就是这样"分而治之"，把战役变成了一个个区域战场。我还要建议，学校应该在校园最显眼的位置设置几个"评价栏"，把每个班级、每节课的验评情况都公示出来，这就好比是"沙盘"、战场态势图，校长为什么不每天下午放学之前，抽出一二十分钟的时间，召开"前敌"会议呢。对于发现的问题，你应立即提出限时整改要求，这就形成了即时性管理效应，如果能够坚持"问题不过夜"，这便是天下最好的管理。

校长还应该是一个文化家。当我们说传统管理是管制时，那么现代管理就是放手。围绕这个理念，校长要敢于对学校文化的一系列要素予以"体检"。我们要敢于剔除、销毁、杀死一切腐朽、封建、落后的文化，它和我们的教育思想理念不兼容，这些文化"病毒"会坏了我们的教育大业，乃至于毒害我们的儿童，什么非礼勿听、什么君君臣臣、什么君子小人，教育要尊顺天道、地道、人道，而不是与政权统治媾和，否则，这样的教育便是怪胎。当下小学阶段，"文化"所暴露的问题日益严重，我们太喜欢蹂躏儿童了，甚至把赏玩儿童的痛苦当做了教育的嗜好。我的建议是，小学教育阶段，必须突出三个中心词：童年的、自然的、人性的。我在想，小学校园里，为什么不在每一间教室的前面或后面，辟出一块儿童自己的自留地，无论他们喜欢种植什么，都有自然生命的意义。对于儿童来说，他们或许最有感情的恰是那些童话故事里的角色，为什么不把教学楼，沿着墙壁改造成一个接一个的童话堡、童话廊、童话角呢？童话书、童话人、童话故事和儿童一起构成了他们瑰丽的世界。据说，在美国，有位家长起诉老师，原因是在圣诞节时，老师告诉孩子其实根本就没有圣诞老人之说，家长起诉老师的理由是——他扼杀了儿童的想象和创造！其实，教育就是讲故事——儿童用自己的语言、想象,来描绘自己的世界,然后与教师、与同伴一起分享他们的故事。关注他们的故事就是在关注儿童的生活、学习和成长了,也便是富有人性的教育。谁说这不是知识与技能,过程和方法,态度、情感、价值观呢?教育有时候就如此简单。而对于初中,我同样要给予三个关键词:自然的、创造的、规则的。因为在初中阶段,学生的自我主体意识增强,这个时期的学生总有"目空一切"、"唯我独尊"的倾向,那么,学校干脆给予他们一切的条件和时空,去展示和激赏他们的创造,满足他们的自我成就感,我们甚至还可以把班级的管理权放给他们,让他们学着如何组织、协调、与他人沟通。

  对人的改造恐怕是校长们比较感兴趣也很头疼的课题。粗暴的强权可能治标不治本,而唯有"以文化人"方可一劳永逸。尤其是,对于那些正准备课改的校长,你要知道,课改其实不是改课,但改课又是一个怎么也绕不过去的关键。如果你真的要做,我的建议是你不妨读一读这篇文章《区域课改推进"三部曲"——与樊城课改实验校校长座谈》(第六章)。

关于学校文化

课改说穿了是改文化——变传统的控制、管制、囚禁为点燃、激励、唤醒。这应该成为学校"新文化"的一个核心思想。如果说教育的支撑是思想,那么文化应该成为学校的"魂魄",改造学校文化,便是为学校"招魂"、铸魂。

遗憾的是,在以人为本的今天,依然有学校在煞费苦心地专注于为学生编制一顶顶"金笼子",他们打着"弘扬国粹"的幌子,以"课程"和"为儿童负责"的名义倒行逆施,忘记了教育原本应该面向现代化、面向世界、面向未来!

与其说我们是在倡导改造文化,不如说我们是在鼓励换一种管理思想营造一种生长氛围,构建一种全新的"学校关系",或者干脆说——为成长提供一个"条件",而不是去野蛮侵占、开采"儿童世界",扼杀儿童的自然天性,粗暴剥夺儿童的经历、体验和创造,或者"专门与儿童作对"!

什么时候我们学会了包容、尊重、接纳了儿童的一切,学会了"从儿童出发",学会了"认识儿童",我们才真正懂得了什么是真正的学校文化。因此,我的结论是学校文化必须是儿童的文化,而非校长、教师的文化!

学校应该敢于构筑人本背景下的"新文化",这种"新文化"应该具有这样的特征:

1. 新文化首先是学生的文化；

2. 新文化必须体现出三个关键词：自然的、人性的、成长的；

3. 新文化不是专制、控制、囚禁，而恰恰是引导、点燃、激励；

4. 新文化三个面向：面向现代化、面向世界、面向未来，而与此对立的可能是有"毒性"的"文化"；

5. 新文化基于"人本"，强化"人"的生活和生命意义；

6. 新文化一定是主张自由、自主、自立乃至于学生自治；

7. 新文化强调师生平等、相互尊重、共同发展；

8. 新文化主张多元评价，人人成为最佳的"我"；

9. 新文化认同下列理念：教育即解放、教师即开发、学生即创造、课堂即成长；

10. 新文化是知、思、行合一的文化，是把孩子引入大海，而不是引入水管；是在心灵上写诗，而不是施暴；新文化给予人一生有用的东西。

给学校的22个建议

1. 校训是学校的脸面。校训是学校的招牌、形象、灵魂。校训要追求历史感、独特性、人本化,要淡化"政治性",强调教育的"人类学"意义。

2. 学校文化要从细节入手,教育的最高境界是让孩子养成良好的习惯,并且会生活、懂得生活、热爱生活、创造生活。可惜中国现阶段的学校一般没有文化,千年老校也没文化,除了教学楼和绿草坪,哪里有文化的影子?文化应无处不在,潜移默化。

3. 校园里的一切的"规则",都应由学生制定、监督和执行,可以成立"班级纪委",自己的事自己办。如果每间教室都充满希望,学校就有希望,中国就有希望。

4. 学生犯错可以"惩罚",但绝不能侮辱,"劳动惩罚"更要不得。上帝在还是个孩子时都会犯错,要平等善待每一个学生。"教育"从手段上有时候可以总结为"刺激",教育即刺激,也就是激励引导每个人追求美好、自我约束、敬畏自然、遵守大道。

5. 谁应该成为班主任?当然是学生。学生是主体、主人、主角。班级的管理权归属学生所有。为什么不尝试"两党执政"?把班级划分为AB两党,轮流执政,比拼精彩,一切的希望其实都可能在教室里萌芽。

6. 你的学校有没有气质?有什么样的气质?建议所有校长要围绕"学

校气质"加以思考。气质需要修炼,文化一旦内化就变成了气质。

7. 除非特殊情况,一般不要随意"请家长",更不要给学生轻易下结论。哪里有差生?差生都是教师"培养"和制造出来的,不是吗?

8. 把让学生写检查变成由教师写作与学生的"对话录"。任何沟通都是从心开始的,板着脸训斥的结果只能是"离心离德",让学生心生怨恨。

9. 学校应该是这样的一个场所:让情感得以"体验"、灵魂能够"飞翔"、让精神得以"升腾"。教师岂能成为"灵魂的工程师"?教师有什么权利"塑造"和"雕刻"别人?一切教育都应该服从天性,尊重自由、自然的生长。

10. 谁都有无数个"第一次",要巧借每个学生的"第一次",为他们的生命成长奠基,这才是"教三年,为三十年负责"的正确做法。教育即细节!谁还记得第一次入团是什么时候?第一个六一节呢?第一次没评上三好学生,教师给予你怎样的疏导?"第一次"是好的教育契机。

11. 中国有无数个节日,每个节日用好了都可以变成一个充满意义的"成人礼"。所谓成人,即做有责任的人,对自己负责的人才有可能对他人负责,连自己都不爱,岂能爱校爱国?

12. 人都喜欢"追忆",成长就是告别青涩和平庸,走向辉煌和被人接纳。每个人都需要读者,因而学生的"成长档案"要走出档案橱,走到离学生最近的地方,让每一个人去见证自己和同伴的成长。这是一件多么有意义的事!

13. 教育就是在心灵上写诗,因此要多开设特殊的"课程"。写诗不是开诗歌课,而是开富有诗意的课,比如清风课、明月课、树叶课、小草课,有趣的人才能上出有趣的课,可惜今天无聊的教师总量不少,他们眼里没诗,只有死掉的知识。

14. 教育最有价值的资源是学生。要相信学生、解放学生、利用学生、发展学生。别怕学生"出问题",不出问题要教师干吗?"问题学生"是学校的成名"资源",想出名吗?请善待、研究、转化、激励每一个"问题学生"。

15.学生这个词不是"群体",而是一个个鲜活的"名字",不是由无数个个体组成的,而是一个群体里有无数个有个性的个体。千人一面的学校一定长于"杀人",不可把"杀人"读成"规范"和"负责"。

16.课改的宗旨是为了实现三个解放:解放学生、解放教师、解放学校。为何一定要改,教学说到底是在"构建课堂生态",原有生态太过于恶化,必须综合治理"生态环境",课堂难道不是生命的栖息地?课改成在教师,败在校长。校长不干事,神仙也枉然。

17.高效课堂是知识的超市、生命的狂欢。你得理解"超市、狂欢"两个词的教育寄托和内涵。超市体现的是选择性,狂欢体现的是生命状态。一个人的生命是 N 个 45 分钟组成的,课堂其实就是一段生命和情感经历。

18.教育首先是不反"人性",起码守住这道"教育的底线"——不让孩子跳楼。专制使人成为非人,跳楼有时候是另一种不得不的反叛和逃逸。

19.有出息的学校必走的"三部曲":从"学习自主"到"班级自主"然后到"校园自治"。

20.学校的任务主要是促进学生个人的自由发展,即身体和心灵的健全发展,或者说叫"心灵的进化",而不是用书本知识去禁锢学生的发展。创造力方是原动力!

21.把孩子引入大海,而不是引入水管。让孩子成为一个会探索和行动的"人",会思考和表达的人,有尊严和自由的人!

22.教育即解放;教师即开发;学生即创造;课堂即生长。核心追求是培养每一个人的自主性、主动性和创造性,当然也包括教师。

第四章

学生vs教师

相信学生,解放学生,利用学生,发展学生。

关于学生

在传统的教育学里，学生只是作为一个"被教育者"而领受教育。

传统的"教学资源"是指为教学的有效开展提供的素材等各种可资利用的条件，通常包括教材、案例、影视、图片、课件等，也包括教师资源、教具、基础设施等。广义的教学资源也应该涉及教育政策等内容。从上世纪开始，随着30年代视听教育的兴起，教育观念发生了重大改变。

在早期，教师被看成信息源，媒体只起单向传递作用，把知识传授给学生，学生处于被动学习状态；到70年代，人们认识到学生是学习活动的主体，媒体成为师生相互沟通的中介物，师生应该更多地交流；到了80年代，学习心理学的发展推动了教育技术的进步，媒体再也不仅仅是传递信息的"通道"，而是构成认知活动的实践空间和实践领域，人们更加注意和关心媒体环境了；到了90年代，人们认识到"教育技术是对与学习有关的过程和资源进行设计、开发、运用、管理和评价的理论和实践"，教学资源已经被提到了非常重要的地位，关心教学资源建设，加强对教学资源的认识和研究是极其迫切的任务。进入新时期，尤其是新课改理念的提出，人们认识到，曾经被摁在板凳上被动接受的学生，也是教学资源甚至是"最重要"的教学资源。正如山东兖州一中原校长杜金山所提出的，学生是课堂教学的第一资源，而教师是班级"第51名"学生。

如果学生是最重要的教学资源,那么,教学的设计、任务、组织等,则必然需要由学生去担任。可在传统的教育学里,由学生去担任教学似乎是一项空白,我们缺少这方面的实操经验。怎么办?唯有在行动研究中去创新,去积累经验、寻找答案。

高效课堂教育经过数年的摸索,总结提炼出一套行之有效的经验。这个经验的核心就是放大对学生的"利用"。这个观点的理论支撑是"学生是一个天生的学习者"。行为主义学习理论学者桑代克甚至这样说"学习能力,是某种区分活着的、有心理的那些动物的东西"。

桑代克用猫曾经做过一个实验:他把猫放进一个特制的迷箱里。当猫进入迷箱时,它到处试探,做了很多无目的的动作,用爪子抓、用脊背蹭、用头拱,最后终于做出开动机械装置的反应逃了出来。以后,再把猫放进去,它就会重复最后的那个反应。

随着对教育学研究的逐步深入,人们对学生的"认识"可以说已经达到了一个全新的高度上,"谁都不可以轻视和低估学生的学习能力",这句话被很多人当做警示语。学习科学的研究表明,以"学习者"为中心,从人的生理、心理出发,探究学习内在规律的系统、完善的学习科学才是教育科学。反之,占主导地位的"书山有路勤为径,学海无涯苦作舟","头悬梁、锥刺股",靠死拼硬打的"苦"学式的学习方法是反科学的。

同时,对人脑科学的研究表明:20世纪末,随着脑科学研究的突飞猛进,发达国家相继推出研究大脑、研究认知的国家发展计划。美国1990年推出"脑的十年计划",欧洲1991年实施"EC脑十年计划",日本从1996年开始"脑科学时代计划"的跨世纪研究。其间各国取得的成果为人类进一步认识自己、开发自己的潜能提供了科学依据和保证。神经学家、心理学家、教育学家试着将脑科学的成果运用于教育中,重新思考学习的问题,这一切都佐证了学生是一个合格的学习者的结论。因此,今天的教育科学,应主张、研究、开发、利用作为教学主体的学生资源。那么,"利用"学生则肯定会被提到日程上来。

"利用"这个词要不要换成"依靠"？我当然是拒绝的。人类利用风力发电，没谁说这个"利用"是贬义词呀。为什么一说"利用学生"就贬义了呢？我的用意非常明显，就是在提醒人们注意，记得学生才是最大、最有价值的教育资源，如果真是这样，我们没必要总干些骑着马找马的蠢事。"有困难找学生"是一条很重要的教育教学原则，可长期以来，因为习惯于漠视学生的"存在"，所以一谈利用学生我们才会感觉到害怕甚至不舒服。这一切不是简单到想起还是忘记的事，而是骨子里始终有一种东西在祸乱，就像使人发烧的病毒一样。现在我们要剔除某些病毒，开始的方法就是把学生当人。落实在双重的身份和权益上，他是个"学生"就要享有"学"的一切；他是个"儿童"，就该享有"儿童"应享有的呵护、保护和尊重，以期"保全"儿童的一切。"学生"这个词基本的解释就是"在学中生"。

可我们却常常是反其道而行之，喜欢无视他们的存在，以成人的思维方式、认知水准和功利物欲来统一他们，假如遭遇到儿童的抵抗，那我们便名正言顺地予以"教育"。有人把教师称为"人类灵魂的工程师"，难怪我们会自比"园丁"，而把"塑造"称为功德。这样残酷的、背弃人性的、扭曲的教育不正充斥在我们的课堂里、校园里吗？"刀刀见血"，惨不忍睹，可孩子们习惯了做"沉默的羔羊"，并且以为受教育就该这样"受下去"，这才是教育最大的不幸。看透了这些，也便很容易理解为什么刚走出校门的青年老师有可能反而比老教师更"传统"，因为他们以自身的经历"天然"地以为这就是教育！如果一个行业，其最新鲜的血液，从源头始来时都带着病毒，那这个行业则很难逃脱不幸的厄运，这才是我的焦虑所在。教育呀，总让人寝食难安！

我们好像不止一次地提出相信学生，主张把学习和发展的权利还给他们，让他们能够有机会自己的事情自己做。一旦他们的"主体性"得到了发挥和张扬，那他们就会"主动"和"能动"起来，"自主"地发现问题，并尝试着寻求解决之道。"寻道"的过程当然不是一帆风顺的,"寻道"的过程便是一次次情感的旅行,是一次次经历的总结,是一次次经验的修复,是一次次精神的升华、人格的完善。"失败—反馈—矫正",任何学习都不可能逃脱这样的过程。反之,删消了这个过程的"学习",只能是"灌输",是死记硬背。当然,或许有人仍很"哲学"地质疑说,你这叫直接经验,还有间接经验呢。其实,无论什么样的经验,一旦需要化为儿童生命体里的一部分,都必须与儿童发生"关系",否则,也只能是"死经验"。

利用学生,当然有发动的意识隐含其中。可为什么需要我们发动才肯"动"?不愤不启,不悱不发?假如我们把这样的现象变成一味对学生的指责,而浑然忘记了是什么原因才导致学生们这种权利意识淡薄的发生,那我们的学生们有可能依然在醒过之后纳头复睡。让他们一直睁大眼睛的最好方法,便是让一切"与己有关",任其扮演很重要的角色,感知到自己的价值无可替代。这不只是激活他们的"自信",我甚至建议还可以让他们再"极端"些,自恋起来!自信能让一个人找到感觉,而自恋便会一生"无敌"。

学生一旦发现了自身的价值,接下来,我们只需要顺理成章地做好一件事:利用。不是像使用工具那样,而是你亲眼看着"工具们"活了、动了、叮叮当当,然后便构成了一曲教室里的狂欢。

当然,我们不可以对立地看问题,以为强调了对学生价值的尊重,就淡化了教师的作用了。学习是教与学交互作用的过程,就像传统教育所理解的那样,过分重视和神话"教",显然是有问题的。如果淡化了教,可能又被人指责为冒险,甚至有人这样反问:教师的学科知识水平不高,岂能胜任教学的基本要求?

我不直接回答这个问题。

当对教师角色有了准确的理解,当教学不再要求教师充当知识的"搬运工"和"二传手"时,我相信教学没有想象的那么难。现在,我们尝试思考以下三个假设:1.假如没有教师,学习会怎么样?2.甚至假如没有学校,学生会怎样？3.假如取消教室结果会怎样？我的三个假设是受了山西省教育厅副厅长张卓玉先生的启发。他曾经说，如果你要以为教不可替代，那么，请问第一个教师是谁教出来的？其实，我们一直在讲，学习的最高境界是无师自通，"无师"并非意味着没有"师"，这个"师"可以是不领工资的别的什么吗？比如"大自然"，有些人不是喜欢"复古"和"崇古"吗，那么，古人早就说过"师法自然"。要知道，世界上所有"学问"的源头，都是来自于大自然对人的启迪和教化，比如我们受到猴子打架的启发，于是慢慢便创出了"猴拳"，张旭观公孙大娘舞剑而悟得草书笔法之神韵。

美国著名的未来学家托夫勒曾经说过："21世纪的文盲不再是目不识丁的人，而是不会学习的人。"所以有人将学会学习称为通向未来的金钥匙。联合国教科文组织出版的《学会生存》一书中说："未来的文盲，不再是不识字的人，而是没有学会怎样学习的人。"这说明，自学的能力在很大程度上比学习知识更重要。

那么，我们现在可以回答我们的假设了，假如学生会学，这是一个非常非常重要的前提条件，那么没有教师这个"拐杖"也没有什么吧。教师是学生学习的"拐杖"或"学步车"吗？如果是，那教师这个职业本身应该包含有"导学"的成分——引导学习发生。

事实上，一旦有学习发生，则课堂教学实在不应拘泥于"教室"这个原有概念，"凡是有学习发生的地方都叫课堂"，操场是教室，田野是教室，一切的时空都可以成为教室乃至于学校。在这样的课堂、教室或者学校里，学生显然是"主体"。这个主张和德可乐利异曲同工，德可乐利认为：教室就是活动室、实验室和车间。

在传统的教育学里，人们认为影响人发展的因素有四个方面：遗传、环境、教育和个体的主观能动性。数百年来，关于教育的争议大致有两种：一种姑且叫做"个人本位论"，另一种可以称之为"社会本位论"。个人本位论主张教育应当从受教育者的本性出发，而社会本位论恰恰相反，主张教育目的要根据社会需要来确定,个人只是教育加工的原料,他的发展必须服从于社会需要。其实,如果以教育的源头——是否能够最大幅度促进人的发展来建立教育的价值取向作为评判的依据,则很容易明辨是非。

教育是一种有目的的、有计划、有组织的培养人的活动,它规定着人的发展方向。因而,教育的选择有两个完全不同的指向,一种是控制塑造式,一种是自然生长式。前一种肯定是不包容个性的,后一种一定是维护学生身心的。然而教育要适应年轻一代身心健康的规律,这是写进各种门类的教科书里的,那么,教育则需要符合:适应年轻一代的发展规律,循序渐进地促进学生的身心发展;适应年轻一代身心发展的阶段性,对不同年龄阶段的学生,在教育内容和方式上应有所不同;适应年轻一代的个体差异,努力做到因材施教。

遗憾的是,在现实的教育操作上,我们无法达到对年轻一代的"适应",更不可能满足"个体"的学生的渴求,一般情况下,我们惯常于使用"三把镣铐"施加给学生:一是内容繁多的课程;二是灌输和说教的课堂;三是分数至上的评价。传统的中国教育又哪里有学生的主体地位、自主空间、创造的机会呢?我们不是将树苗移植在田野中任其自然生长,而是把他们种植在早就设定好的盆子里,成为一种精致而扭曲的景观。我们甚至把"赏玩生命的痛苦"当成了教育。

必须回到"适应"儿童的天性上,把教育的全部行为诠释为自然生长,去捍卫和尊重"学生主体"。教师首先要做到把学习的权利还给学生,旨在让学习发生在学生身上。这很重要,其实对于教师而言,"点燃"学生,找到他们学习动力的内在驱使,恐怕比研究教材困难得多。当全体学生开始"被一种愿望驱使"时,学习就变成了一种有趣味、有意义的事情,他们会乐此不疲、废寝忘食。

众所周知,一旦学生开始自学时,他们会遇到很多的挑战,这很正常,困惑便是提升的契机。这时候教师要做什么、该做什么?点拨。点拨这个词包含着"点化"和"调拨"。点拨不是精讲,是启发、诱导、提示,是拨云见日的机智,是四两拨千斤的精巧,是柳暗花明的惊喜。当然,这样的课堂"化境"考验着一个优秀教师的基本功。或许教师的优劣区别就在这里。教育教学理当追求这样的"化境",然而遗憾的是,教师的大多数都是些"普通教师",他们可能穷极一生都无法达到某一种要求。教育教学有底线吗?教育的底线是呵护生命,正如武汉某位校长所言及的"睡好觉、不跳楼";教学的底线是什么?能相对轻松地学习,而不是被人为威逼着接受一些自己原本不感兴趣的东西。其实,在一所哪怕很普通的学校,都有学生在某一个问题的认知和见解上超出自己的"先生",这个时候,就考验着教师敢不敢将机会交付学生,这就是我们通常主张的"利用学生"!

关于学习

关于学习理论的研究是一项世界级的课题。学习是学和习吗？它是怎样发生的，又受哪些因素的制约和影响？学习的原理是什么，它又如何在各种教育背景下应用？很多研究者认为，动物尚具有学习能力，比如乌鸦喝水、猴子用石块砸开坚果等等，但从根本上说人类的学习与动物的学习是不同的。相比动物的初级学习，人类的学习复杂、精细得多，尤其在教学情境中，人类学习的优势明显得多。

按照比较通用的解释，学习是行为或按照某种方式表现出某种行为的能力的持久变化，它来自实践或者其他的经历。

分析一下这个定义。首先它是行为或行为能力的改变；其次，它应该是行为或行为能力的持久改变；再次，它产生于实践或其他经历。根据认知的观点，学习无法直接通过观察加以判断，我们能观察到的仅仅是学习的结果，或者说只能用听说读写来评估学习。但如果学习的结果或者行为的持续保持时间太短，就不能算作学会。那么，如何才能持久地保留学习结果，是今天的教育者必须研究的问题。学习有赖于环境，否则，"猴娃"、"狼孩"为什么不会说人类的语言？因而，儿童必须一点点地在相适的环境里学，才能够伴随着发育成长和习得，如果用强制的办法限制他们，他们不可能获得正常的发展。因此，真正的学习从来都是拒绝强制的！

那么,学习是如何发生的?按照斯金纳的观点,教师应把环境安排好,以便学生能对刺激做出适当的反应,因为行为主义理论把学习看成行为或反应速度、发生频率或形式的改变,这种改变主要是各种环境因素作用的结果。与之相比,认知理论则强调让知识变得有意义,应考虑学习者对自己、学习环境的知觉,教师首先要考虑的是如何通过自己的教学影响学生的思维。行为主义理论和认知理论都赞同环境的差异会影响到学习,但认知理论更看重学习者之间的差异,他们把学习者的思想、信念、态度、价值观看得尤为重要。

与"学习"紧密关联的一个词汇是"知识"。什么是知识?唯理论者如柏拉图认为,真正的知识是与生俱来的,通过思考进入意识中。笛卡尔甚至把怀疑当做探究的方法,"我思故我在"。康德将唯理论的观点加以扩展。总之,唯理论者认为,知识是通过精神产生的。而经验论者的看法则完全不同,他们认为经验是知识的唯一源泉,这种看法来自于亚里士多德。另一个有影响的人是英国哲学家洛克,之后是贝克尔、休谟、穆勒。总之,经验论坚持经验是知识的唯一形式的观点。杜威的整个教育理论和实践研究都奠基在几个核心的概念上:经验、生长、作业、反思性思维……杜威说:经验就是"做的事情"。

但无论什么样的观点,学习尤其是当代学校教育,促使我们都必须研究教和学的关系。这真的很纠结,因为自从诞生教育以来,教和学到底谁占主导、谁占服从就没有分清过,它进而引发了教学是艺术还是技术的争论。当教育者把教学当成一门艺术时,心理学家们主张教学应该属于科学范畴。什么是科学?康德说:每一种学问,只要其任务是按照一定的原则建立一个完整的知识体系的话,皆可被称为科学。今天,我们必须清楚,且不管教学是不是艺术,它都需要通过科学研究来加以完善。虽然学习和教学包涵了不同的原理,但实际上,它们又是以互补的方式相互实现的。

今天的教育者要不要教育理论的支撑?答案显然是肯定的。实际上,广博的理论可以给我们的教育教学实践提供框架,拓展我们的教育视野,但是仅仅执迷于理论的研究,纸上谈兵往往会脱离实际。教学本应关注的焦点是如何使学习者获得和改变知识、技能、策略、信念及行为方式,因而教育者与其说是在"教书",不如说是在"识人",并且要围绕着"人"这个特定的群体,来建构一套涉及教学目标、学习过程、教学方法、课程安排、教育结果评估的教学系统。

对于学习者而言,任何知识都是观察和习得的结果。知识当然很重要,但并非所有的知识都是力量。其实,人类文明的传承并非靠知识,而是靠智慧。即便是知识教育,对于教师而言,他也必须清楚,知识不是仅仅靠贩卖和灌输"传递"给学生的,教师是学生学习条件的提供者、环境的营造者、动力的激励者。教师必须坚守这样的原则:

1. 人的潜能是无限的;
2. 学习是人类的本能行为,每个人都是天生的学习者;
3. 学习兴趣是需要培养的;
4. 适合学生的方法才是最好的方法;
5. 会学永远比学会重要一万倍;
6. 激发学习动机决定了教学的成败;
7. 用信念和希望点燃儿童生命的火炬;
8. 培养一个身心健康的人远比培养一个弱不禁风的天才更有价值;
9. 必须有持续的情感激励;
10. 善于发现和展示儿童的一切进步。

当然,学习是一个师生交互作用的过程。聪明的教师会激发学生的兴趣,并"利用"学生来帮助自己发现教学中的问题。然而,教学的操作与监控毕竟是一个很难保证没有失误而且到位的事,那么,要求学生自主寻求帮助则不失为一种自我调节策略——任学生根据自身学习的实际情况,依据自己的学习动机和要求寻求帮助。围绕这个思路,教师在学习环境上提供相匹配的课堂组织结构,可以分组或者构建不同的学习共同体。如果教师能够准备一些心理学知识,那么,他可以尝试着把男女生分开编组,以此形成一种学习上的"性别大战",也可以按照身高分组,形成"高矮大战",甚至是自己假装着什么也不会,在课堂里公开选拔"替身"。当然,这需要教师具有相当的"教学勇气"。一般情况下,教师总习惯于充当知识权威,但好的教师必然是以调动和激发学生的兴趣和动力为前提,并且重视学生学习的"自主性"。

其实,在实际的课堂案例中,我们早就发现,教师的知识水平高,未必就代表学生的学业水平高,教师无法找到一根管子,把自己的知识从自己的大脑里输入别人的大脑。特殊的案例还表明,假设教师在某个问题上真的是"白痴",也未必就代表着学生也是"白痴"。

比较典型的案例发生在杜郎口中学,不会教英语的高俊英老师,曾经担任过英语组六年的主任。按照现代课堂学习因素对成绩的影响,学习成绩主要取决于六个因素:任务、权威性、认可、分组、评价、时间,那么,我们分析一下高俊英老师是否能够满足这六项呢?

1. 任务:高老师完全可以借助其他教师来帮助自己在备课时完成;

2. 权威性:如果学生能够担当领袖,则完全可以胜任教学并替代教师控制学习活动的进度;

3. 认可:对学生的表扬、奖励谁不会呢,关键是你是否"舍得"表扬别人;

4. 分组:个体、小组、大组,杜郎口一直是这样组织教学的;

5. 评价:可以采用对子互评、组组互评、课代表点评;

6. 时间:按照课堂流程分配任务、落实要求。

把高俊英作老师作为中国万千普通教师中的一个代表,我相信"高俊英案例"能够给众多师资水平较低的学校以启发。当然,这对高俊英老师显然是不公平的,其实她的专业是政治课,并且获得过很高的教学荣誉,但她的确是不会英语的政治教师,她未必就不可以上英语课却是事实。假如我们学校管理者,能按照六项因素来选拔教师,并且评价他们的课堂,我相信,至少不会再整天抱怨教师知识水平低了。当然,我不是有意在放大这个案例甚至以偏概全地说教师的知识水平不重要,如果教师的知识水平也能作为一种课堂学习资源加以利用,效果岂不是更好?问题是,我们的确有些学校,无法做到,同时,或许还有一点你没看到,或许正因为某些教师的知识水平高,才一直自以为是,乃至于不把学习还给学生,"名师综合征"就是这样来的!

当我们在强调教学交互时,我们千万不要忘记:学习是学生自己的事,谁放手彻底,谁就能收获成功。

说给教师们的"三个比喻"

第一个比喻：喝酒

我还是要老调重弹,来说明教师实在不是知识的传授者和课堂艺术的表演者。这个道理很简单,教学的过程颇像饮酒,教师其实就是那个劝人饮酒的人,"劝酒"正是教师这个角色赋予"教师"的使命,如果教师只埋头于自斟自饮甚至很"艺术"地把自己灌醉,那这样的劝酒者一定是不称职的!

教师当然可以喝酒,理由是自己喝才可以带动别人喝。问题是,假如我们把时间比喻成酒,当教师把区区45分钟一饮而尽时,请问那些被教师勾出酒瘾的学生只能去饮"空杯"了,这就是课堂的悲剧!我是说教师的作用是想尽办法把学习的时间留给学生,并且尽可能让学生沉醉于学习。对于教师而言,如果把教学比喻成陪客喝酒,其最高境界应该是让学生"学醉"。

别小看我发明的这个新词,"学醉"和"喝醉"一样,都是因为超出了"极限"而导致的,但和喝醉不同,喝醉伤身,而"学醉"则可以理解为"长能耐",喝醉是丧失理智,而"学醉"恰恰是处在感性和理性交融的高潮时,说穿了,这等境界是超脱了分数和成绩之后的忘尘的幸福。

教师凭什么手段让学生"学醉"?如果你要是把这个手段理解成教学

艺术的话也可以,但这种艺术必须基于教师的真诚,所谓以心换心。教师就好比是在"酒桌"上"劝酒",你得恰如其分、言之有理,话逼到一定份儿上使对方不得不喝,但这个境界仍然不高。最高的劝酒境界是什么样的?是勾醒了对方的酒虫,也就是说,喝酒变成了对方的需求,而劝酒也只不过是在满足对方的需求而已。而最低境界是什么?是人家不愿意喝,你却摁住人家"灌输"。

从这个意义上来衡量今天的教师们的"教",你便应该明白,教师实在不是身先士卒,实在不是讲授和灌输,而是点燃、激励、唤醒。

第二个比喻:打麻将

学习好比是打麻将。四个人一个"学习小组",每个成员都是构成学习生态的一个"无可替代"的角色,即便是某个人牌技很差,但离开了这个人,显然是成不了"局"的,因此,教师不可以歧视任何一名学生,纵然他是个"笨蛋"。

教师当然不能替代学生打麻将。在打麻将这件事上,其实每个看客都喜欢扮演"高参",自以为聪明。看客心理说明每一个人都喜欢对别人的事指手画脚,"观者不语"这句劝诫有可能不只是指一种礼仪,很可能它在昭示一种学习规律。对于"操作者"而言,留什么牌和出什么牌,他一定是按照自己"和牌"的需要,在一张张、一圈圈的"经历"中加以建构的。假如我们把每一张牌解读成不同的"知识点",把一圈比喻成一个学习过程的话,需要什么和舍弃什么,其实应该由学生去自主选择。即便是他犯错了,影响了正常的和牌,他可能因此得了"大和"也未可知,即便最终仍不能和,但他却在这样的"失败"中,形成了"经验"。其实,学习即经验(体验),如果我们"替代"学生去打麻将,或许可以避免失败,但失败是自己的,谁都不可能替学生失败。

在这个比喻中,教师要记住,无论你多么爱你的学生,有一种东西终究无法替代,那就是我们常说的经历。一个人被替代了经历,他显然是长不大的。这个道理还可以借助另外一个比喻来加以强化说明,要想让学生学会游泳,就必须敢于让他下水,打麻将就等同于下水!教师必须敢于"让学生学"这是我要表达的观点。

第三个比喻:提审

为了抑制教师在知识灌输中的"自说自话"或者一言堂,我建议所有的课堂都可以搞成"对话式",就像访谈节目里主持人和采访嘉宾那样的对话。当然,更确切的比喻是公安局常有的对犯罪嫌疑人的"提审",这里的提审者一定不是教师,而被提审的那个人才是教师!

你别误会,就当是游戏。教师在每一节课开始前,先给学生留下时间"阅读案宗",然后在"关键问题"上做好"提审预案",最后再通过小组"集体"形成预案,这个过程就等同于"先学"。

接下来,教师接受过堂"审问",学生一个个抛出问题,"质疑"教师,并请教师予以回答,这个过程可以叫做"后教"。

现在,你还可以尝试全部角色都由学生来参与和完成,比如第一小组"提审"第二小组,第三小组"提审"第四小组……

我相信所有的学生对这样的教学方法都会兴趣盎然。其实,对教师而言,什么方法都不要拘泥,哪种方法效果好就要采用哪种方法,但教的方法一定是效果最差的方法!这不是我说的,是很多人验证出来的结论!

关于教师

我一直在不厌其烦地试图厘清关于教师的基本角色和基本作用，是因为教育教学一切的发生都是从"教师"开始的。如果我们压根儿不"认识"教师，或者仍然以为教师是学生学习和成长的决定者，依然死抱着"名师出高徒"的陋见，当学生的学业水平取决于教师的知识水平高低时，教育有可能是无解的。

必须"认识"到教师其实都是些很普通的人，这句话显然不是对教师们的大不敬，恰恰是基于对教师的尊重。教育不能从客观上逼迫教师去做过多超越自身能力的事，否则会勉为其难。教师当然应该对学生的学业水平提升负责，这是教师的角色和本分决定的，但教师这个职业显然要受到自身学养、水平、态度等诸多因素的制约，任谁都不可能完美无缺。即便教师是知识的占有者，但绝不是知识的化身，更何况学生获得知识的渠道有很多，必须敢于承认教师同样是一个相对存在着缺点和不足的"待发展者"。那么，一旦他（她）有认识的局限怎么办？他（她）如何有机地规避自己的短板？因此，对于教育决策者来说，必须是从教师的基本素养和知识水平出发，来研究如何有把握能夺取胜利的教育。这很难，"缺米少面"的现实教育制约着很多教育决策者的梦想，有些人总会无奈地喟叹：如果我有一大把高素质的校长如何，有一大批特级教师如何，这只是空想，你不可能拥有这样优良的"装备",即便是你曾经有过,这样的"人才"也早被大城市挖走了。教育留不住人,不是你的条件差,而是城市里的条件太好,教师根本无法抵挡物质世界的诱惑,除非他(她)是一个教育的信仰者。因而这些年,我才一直在喊"教育是信仰",你应该知道我的用意所在!

教育决策者需要解决两个很现实的问题:如何让普通的教师能上出不普通的课?又如何让普通的学生学得不普通?你要知道,这才是真正的"基础"教育。功利教育者是从来不去思考这个问题的,他们惯常的做法是围绕两个"不普通"下手,名之曰"优化"生源、"优化"师资,实则是毁了一锅"鲜汤"。更何况,事实早就证明,这不是"教育",而且这样的"教育"只会加剧教育生态的日益恶化,它实在和人类文明、社会进步没什么关系,遗憾的是几乎在每个省都有这样的学校,可厅长们、局长们睁眼闭眼不太负责。

让普通教师上出不普通的课和让普通学生学得不普通一样,压根儿就不难。

但如果不去改变传统教育教学的方式,依然很难。

或许有人会说,提升教师的专业化发展不是解决方案吗?我承认,伴随着教师专业化的提升,一定会水涨船高。但教师专业化发展是一条多么艰难的道路!一方面,如果教师缺少专业化发展的欲望和期待,无论怎样发展都可能疗效甚微;另一方面,当教师的专业发展达到一定的高度时,他(她)又会过度迷恋自己的讲授,甚至会沉醉于自己的课堂表演艺术而忘记了"学习原本是学生的事"这一原则。前文我其实已经"纠正"过教师专业化这一词汇了,我的基本表达是指教师专业化是建立在激励学生学习的"专业化"上的,离开了"学",则无法称其为专业化。因此,当教育"不认识"教师时,自然更"不认识"教师专业化了。

要解决两个"普通"的问题,应从辨析清楚师生角色和教学关系入手。

我在做杜郎口中学的"四访"报道时,题目就是"杜郎口,到底在改什么",我的用意就是想引领读者认识到杜郎口中学为什么课堂乱了、教学散了、四周全是黑板了,他们到底改的是什么?我认为首先是教学关系。这很重要,也是主要矛盾。在传统的教育教学中,我们一直秉承着的是"教中心"。"教中心"的基本表现是灌输+训练,教师显然是一个灌输者,教师的知识水平决定着学生的学业水平。而课改说穿了就是要颠覆这个认识,变"教中心"为"学中心",教师课堂教学的一切设计和行为都必须是为了学、设计学、服务学。在这样的课堂上,教师不再是一个决定者,而是组织者和激励者,学生才能够突破教师知识水平框架的囚笼,才能海阔鱼跃、天高鸟飞。其实,纵观中国教育变革的历史,它伴随着的就一直是关于主体和主导的争议。

谁是主体呢?这个问题相信在今天已经不难回答。这不是一个单纯的学术争执,而是教学地位和学习尊严的问题。中国的教学史走过了这样一条道路,从最初的教师主宰到教师和学生双主体,再到教师主导与学生主体,到今天的学生主体与教师非主导,教学的主要方式变成学生自主、合作、探究基础上的师生平等对话。教学史发展的脉络表明,"教"正在日益削弱,"学"正呈现空前的上扬。教学最终要走向哪里?事实上,今天有众多的教师仍旧把持着讲台,他们惯常于这样质问:不教还叫"教师"吗?当然,有时候我们真的需要耐心与教师对话,然而对话的不对等,则很容易让误解加深。作为一个实践研究者和课改观察者,我的思考恰恰是:课堂教学非要让教师去"主导"吗?主导的作用到底是因何、为何?假如连主导都取消,结果会怎样?

我依然在重复我的主张,教育教学从来没有刻意抹杀和淡化教师曾经或者应该所发挥的作用,但无限放大教师的作用同样是唯心和反科学的。其实,世界教学史的总体研究,一直就是试图厘清教师应该、如何发挥其正向作用。从世界范围来看,今天的多元智能理论是比较适合于现代人本社会发展所需要的人才观、学生观、能力观、德力观,他们的教育目标有可能成为"开发和释放人的创造潜能的发动机"。加德纳教授的期待里同样包含着困惑,他说:无论采用哪一种模式,都需要建设一支多元智能教师队伍,即确立多元智能观念、采用多元智能教学方法、培养多元智能学生的教师。完全可以说,培养多元智能教师,是深入开展多元智能课题研究、全面推进素质教育的迫切需要。多元智能理论的症结在于,至今还没有固定成型的教育模式可供借鉴,还不能完整地描绘多元智能教师的轮廓。别急,美国亚利桑那大学的琼·梅克教授的"问题体系"有可能会对多元智能理论提供帮助,与多元智能理论首先要依赖于教师解决问题的能力的提高不同,梅克教授的"问题体系"不仅适用于学生的培养,也同样能够提高教师的能力。这竟然和我们高效课堂在思考方向上惊人的一致——通过发展学生,从而提升教师,而不是"通过提升教师、促进学生发展"的传统认识。

琼·梅克教授以"问题"为中心,以"方法"为中介,以"答案"为结果,并根据学生能力发展水平把"问题解决"情景分为五级,称之为"问题体系",问题五类型连续体的五个水平为:1.事实了解水平;2.事实理解水平;3.概念形成、原理掌握水平;4.概念、原理运用水平;5.自主探究及创造水平。这五种问题类型连续体从结构完善、问题封闭、因素单一到答案求异,体现了极大的有序性和包容性,为我们构建问题解决的教学理论与实践提供了理想的框架依据。

一位中国试验区的语文教师这样反省自己:在以往的教学中,虽然也清楚这一教学目标,然而在具体的教学中,教学过程设计主要环节是教师介绍课文简介、学生阅读和看录像、分析课文、鉴赏课文和布置阅读评论文章等。教学设计虽然也是自己钻研教材,翻阅材料,潜心设计出来的。欣赏之余,总觉得欠缺些什么,尚处在模糊的教学状态中。

"问题体系"使他认识到,传统教学实际上沿袭的是以教师为主的教学方法,是教师在欣赏自己的讲课艺术,在展示自己的教学教案,而忽略了学生能力的培养。传统的满堂灌的结果,是只给学生皮毛知识而没有给他们真谛——能力。所以严格说来,教学目标制定的"培养学生鉴赏能力"没有真正实现,"问题"没有解决。

高效课堂教育学是如何"认识"教师的?

还是"粘贴"我的一篇旧文(《教育的希望在于"认识"教师》)来作为这部分的结束吧——

　　一切的教育都是源自于"教师"角色,或者说教育的一切关系图谱都是围绕着"教师"而生发出来的。

　　那么,当对教师的角色认识不清时,其他的各种"关系"便很容易撕扯不清,就会导致教育的迷失。

　　教师到底是一个什么样的角色?

　　他是传授者、灌输者吗?

　　他是控制者、管制者吗?

　　显然,新课改对教师这个角色的明确要求是:首先他是一个组织者。那么,在传统课堂上有组织者这个角色吗?没有。其次,他是一个合作者。那么,在传统课堂上有作为师生相长的"合作"吗?合作的前提是尊重,没有尊重的合作是"不平等"的。第三,他是一个激励者。那么,在传统课堂上除了打击、批评外,我们不太容易找到点燃和激励。第四,他是一个发展者。那么,在传统课堂上教师要么是作为一个"施与者"出现的,哪里有什么发展?要么是一个只发展自己而忘记了学生的"自我发展者"。也可以这样概括,发展自己、牺牲学生或者是发展学生、牺牲自己!总之,你不可能"两全其美"。

　　现在,我要给教师这个角色下结论了。教师首先必须作为一个"发展者",这是新课改赋予教师的"新角色"。那么,当把教师作为一个发展者来定位和要求时,你还必须阐述清楚,教师的发展必须是基于这样的选择:通过成就学生来达到发展自己的需要!也就是说,教师的角色必须是建立在成就学生的基础之上的!

教师要成就学生，是办学的初衷，也是教育必须完成的使命。从最简单的生活感悟中，我们应该知道，教师是不可能替代学生的学习的。学生是一个学习者，那么，学习是学生的权利。既然教师不能替学生学，那他是一个干什么的人呢？或者说教师的作用是什么？

他至少不能干涉学生的学。

他至少应该准许学生学。

准许学生学就意味着要放手。这样的老师是"及格"的教师。如果你要成为一个"良好"教师，还要记住不仅要放手，还要发动！完成"发动"就成了"点燃者"了。但，这样仍然不能称为"优秀"教师。优秀教师还要学会"利用"学生资源，为每一个学习者提供必需的"帮助"。

现在，我可以总结了，认识老师，其实就是转变教师角色，即不再让教师作为传授者，而是一个放手—发动—帮助学生的人。现在，我再请大家思考一个常识问题，站在讲台上会表演的教师是优秀教师吗？以前是，现在不是，以前的教育是专制的、控制的、囚禁的、非人本的，现在的教育是人性的、民主的、自主的，是从人出发的！

课改，说穿了就是从教师的角色入手。教育说穿了就是"反封建、反专制"，就是重建民主和道德，就是让人成为人，就是从学生出发，就是发现儿童，就是不把教予以神话！就是斩断教师的知识水平对学生的学业水平的制约，就是让一句英语不会说的人也能上英语课，就是解决农村师资不足、专业化水平较低的难题，就是让每一个中国的孩子都能"自然生长"，就是准许丁俊晖打台球、姚明打篮球，就是依照自己的兴趣、遵照自己的方式，就是师生相生，而不是牺牲哪一方！

教师的专业化不是会多少知识，更不是站在讲台上的表演，而是能够满足八个字：发展学生、成就自己，或者反过来叫"成就学生、发展自己"，缺一不可！这就是高效课堂的良心和责任。因此，高效课堂实在不是为了追求单纯的课堂效益，它是一个完整的、以人本支撑的教育概念,它是对素质教育的解读!不赞成这样的观点,除非你是不懂,或者是装着不懂有意为敌!

把教师这个角色研究透了,对教育也就恍然大悟了,我再一次重复我常说的一句话:教育原本很简单!

最后,我还是要补充一下,我是这样界定教师的,姑且称之为"二八理论":教师80%的作用是点燃、激励、唤醒;教师20%的作用是课堂流程的操作。

教师主导

我们比较欣赏儿童中心论的主张和观点。事实是,很多人对于杜威有着太深的误读,尤其是在中国,有人总是有意无意地把儿童中心与社会本位两种价值观对立起来,认为杜威是偏颇的。这只能说我们还没有读懂杜威。

杜威说:"我认为一切教育都是通过个人参与人类的社会意识而进行的。""儿童的社会生活是其一切训练或生长的集中或相互联系的基础。"他还说:"社会是教育的目的,是远的方面;儿童就是教育的本身,是近的方向,都是应该知道的、注重的。"可见杜威考虑教育问题时并没有忘记社会的需要,也没有忽视教育的社会基础和社会目标的追求。儿童中心论绝对不是不要社会或集体的位置。儿童中心论是一种个人本位论,但却是一种与社会本位论相互协调了的个人本位论;儿童中心论又是一种社会本位论,但却是一种与个人本位论相互协调了的社会本位论。所以,它既不是我们通常所说的个人本位论,也不是我们通常所说的社会本位论。

杜威认为,儿童教育的过程有两个方面,"一个是心理学的,一个是社会学的。它们是平列并重的,哪一个也不能偏废;否则,不良的后果将随之而至"。他还说:"无论何种教育能力,假使受教的没有天然的本能,那么就要教也无从教起,然无论他有多大的天然的本能,假使没有社会的需要,那么就要学也无从学起。"杜威反对某些传统派惯常的在个人本位和社会本位之间折中的做法,"不能把教育看做二者之间的折中或其中之一凌驾于另一个之上而成","这两者,心理学方面是基础的。儿童自己的本能和能力为一切教育提供了素材,并指出了起点"。

杜威提出儿童中心论并不是以儿童概念销蚀成人概念,以儿童的世界消解和替代成人的世界,而是对成人中心论的一次致命的剿灭。杜威的儿童中心论是提醒成人尊重儿童的发展规律,尊重儿童的存在。杜威的儿童中心论不是不要教师,相反,它对教师提出了更高的要求。教师只有充分地认识儿童的世界和儿童的生活,充分地了解社会的需要和目的,充分地认识人类的文化财富,尤其是充分地认识这几种因素在教育过程中的有机联系和辩证关系,才真正有可能实施新教育。杜威不仅不是不要教师,他甚至对教师职业进行了热情讴歌。他在《我的教育信条》中指出:"教师不是简单地从事训练一个人,而是从事适当的社会生活的形成",教师应当"从事维持正常的社会秩序并谋求正确的社会生长"。他甚至说:"我认为教师总是真正上帝的代言者,真正天国的引路人。"但我必须在此声明,杜威没有说,教师就是"上帝",就是"天国"。

需要指出的是,从夸美纽斯、卢梭、裴斯泰洛齐、福禄培尔到杜威,从杜威、蒙台梭利到苏霍姆林斯基,教育观发展的路线都是由尊重儿童天性、以儿童为教育的中心来贯穿的。可遗憾的是,在中国,我们依然在固执地拒绝着这样的教育真理。

我之所以搬出杜威来,其实是要回答某些人对高效课堂的质疑,比如有人撰文批评我们,岂能给教师限制讲授时间,说我们是在刻意削弱教师的作用等等。任何教育的背后,起着决定性和支配作用的是其价值观,但无论如何,当教育远离儿童时,那教育就失却了直指内心的力量。"学中心"和"儿童中心"在教育的主张上有着惊人的契合,那么,"学中心"的课堂同样对教师提出了更高的要求和挑战。哪里是不要教师去发挥作用?

前文曾经这样结论,教师的作用80%是对学习的点燃,或者说是在为了学去设计、创造、提供必要的条件。教师对学习条件的建构,显然不是一件易事,而传统的灌输式教学是不需要这样做的,教师也没有必要花费相当的精力去做。教师应该如何满足学生对学习发生的需求？教师20%的作用体现在对教学技术的掌握上,这样并不"规范"的"二八划分",肯定会被传统教育学难以接受。实际上,教育之难也恰恰难在即便我们能说清楚教师是个什么角色,但不太容易界定清楚他(她)究竟应该如何做、做多少才叫"主导",有哪些行为是越权的,如何规避越权……如果不尝试加以界定、确权,肯定又是一本糊涂账。新课改十年,理念的完美与行动的缺失,原因恐怕也在于我们实在无法对一些不太好界定的领域加以界定,但总要尝试着去做、去纠正,否则新课改也只能是永久停留在理念层面上。

我对于教师作用的"确权"还包括,要求学校认真研究和出台两个"法典"。一部是关于学生的,它又包括三个部分,即"学生学习法"、"学生生活法"、"学生发展法"。另一部是关于教师的,关于教师的实在不单单是为了控制教师的讲授欲,而是满足教师发展的"人本"追求;这部法典同样包括:教师权益、教师生活、教师发展三个方面。这在我们的实验学校如江苏昆山前景教育集团有着良好的效果。在那里,教师们并未感觉到受到了什么不公正或者伤害,他们的感受恰恰是以前困扰他们很多年的问题解决了,因为在以前他们即便是有做好的强烈愿望但又实在不知道如何做,课改曾经让他们发怵、发虚、恐慌,现在知道了究竟该做什么,尽力去做就是了。

那么,在实际的教育教学中,教师这20%的作用如何发挥？教师需要掌握怎样的教学技术？

如前所述,"五个一"——

1.编制一个导学案;

2.构建一个学习组织;

3.设计一个课堂学习流程,即自学—展示—反馈;

4. 给予一个学法指导,即独学、对学、群学;

5. 明确一个学习任务,即学会不会的。

教师要发挥课堂教学的主导作用,还要抓住"关键",掌握"火候","抓两头、促中间"。"抓两头"即猛抓课前、课后。课前主要是编制导学案,而导学案的基本要求是必须具有学习的"导"性,要突出导性则需要教师围绕"三备"做文章,即备学生、备学情、备学法。课后,要做好本节课的验收,并依据本节课的学习效益,做好有的放矢的查缺补漏。教师对课中的"促进",要围绕"四主"来发挥"主导","四主"即学习主动、学案主导、问题主线、活动主轴。在具体的课堂流程控制上,教师要注意放手发动"自学",努力让学生尽情"展示",一旦发现展示中"暴露"出来的问题,教师就要善于抓住问题不放松。教师抓住问题是为了帮助学生解决问题,但必须记住,教师的讲一定是基于解决问题。在坚持"四主"原则下,教师要善于"盯、观、跟"。

教师在课堂上的"盯、观、跟"是依据学情的需要来确定的,现在我们需要先明确一个基本概念:一切教学的起点是什么?是进度、计划,还是教案?不对,是学情!脱离了学情的教学,要么是自说自话,要么是浪费时间。教师怎样参悟"盯、观、跟"?所谓"盯",盯的首先是学习目标和学习任务;观,观的是学生的学习状态和学习过程;跟,跟踪进度、跟踪效益、跟踪发展。

关于专业化

教师专业化是指教师在整个职业生涯中,通过专门训练和终身学习,逐步习得教育专业的知识与技能并在教育专业实践中不断提高自身的从教素质,从而成为一名合格的专业教育工作者的过程。它包含双层意义:既指教师个体通过职前培养,从一名新手逐渐成长为具备专业知识、专业技能和专业态度的成熟教师及其可持续的专业发展过程,也指教师职业整体从非专业职业、准专业职业向专业性职业进步的过程。

这个传统的"专业化"定义错了吗?

要回答这个问题,还必须先回到"教师角色"上才能看清楚。

在传统的教育学里,教师是一个"传道、授业、解惑"的人,或者说,教师是一个"二传手",这个角色要求教师首先必须是"传",其次是要求"会传",再次是能够"传到",第四,传得要有"艺术"。

传—会传—传到—传得艺术,从中可以看出,正是因为有对教师角色的如是"认识",才导致了对教师角色的基本"要求"。在我们的观念里,如果一个教师不传,肯定会被人指责为偷懒、不负责任;不会传,则意味着专业化水平低劣,是不合格的教师,会被人瞧不起;能"传到"便不问结果自然有资格被称为好教师;假如再传得很有艺术性,那这样的教师不得了了,会被很多人追捧,乃至要享受到莫大的荣誉。现在,我们开始思考一个基本的,也是很现实的问题:假如教师不会传怎么办?我相信很多人一定选择的是这样一个思路:通过培训来提升教师的"专业化"。如果培训不能解决问题呢?那就放弃,或者选择专业化水平高的教师调入进来,传统"名校"们几乎无一例外是这样做的!我们姑且不说这样"挖"名师是否能解决学校发展的问题,要清楚,占据中国教师队伍总量的大多数教师其实都是普通教师,他们未必都能胜任我们对教育教学艺术的苛责。现实的考验是,必须找到一条能让"普通教师"上出"不普通课堂"的良策!这个思路可能会启发善于思考的人,如何突破教师专业化水平对学生学业水平的制约,让学业水平提升能够超越教师的专业化水平提升呢?在传统的教育观念里,我们一直固执地以为"名师出高徒",假如我们压根儿就没有"名师",也挖不来你所期望的"名师",那能不能跳出这个认识的误区,寻找到另一条通往"罗马"的道路?

更何况,在一个"升学本位"的时代(比知识本位更低级),我们呕心沥血培养出来的"名师",是一个时代教育价值的"影像",有些人在学生们的眼里,只是"应试的高手"、"杀人的勇士"、"监狱的看守"。尽管这样的说法显然很情绪化,但当我们真正理解了学生们的痛苦时,我们则应该包容这样的情绪,当我们甚至连学生的生命状态都来不及顾及时,难道我们还不准许他们骂几句来发泄不满吗?在很多学校的教育学里,教育不是为了对学生的生活、生命和将来负责,他们只对升学率负责,至于什么创造能力、合作能力、实践能力,统统去见鬼了,根本是不可能的。"让一个人待在一个不成长、不进步的环境里,就是最大的野蛮和假慈悲",维尔斯的这句话让人郁结。"在一个身高不足一米五的房间里量身高,所有人都不超过一米五",马斯洛的这句话让人绝望。在今天这个教育变革的时代,有相当多的"名师"必须转型,这是不二选择。有人说,"名师"要学会做"明师",也就是看清形势,尊重大势,所谓"识时务者为俊杰"。当然,也有人主张要名师们坚守,这没错,关键看是在坚守什么,又在维护什么。教育离开了"人学"

则不能成其为教育,名师如果维护的是那点"一己私利",则无法成其为教师,因为这样的教育教学境界太低了,甚至都不配教书!

很多人总问我关于听课的问题,现在我可以回答大家,对于一个任课教师,他(她)的课堂就是自身教育境界的显现,听课实在不是听课,而是看他(她)有着怎样的教育思想,他(她)对教育教学的理解如何,他(她)对学生的生命成长方式有着怎样的认识!

但教育的诸多问题显然又不仅仅是教师的问题,我们更不可以把责任一股脑儿推到"名师"们身上。其实,当教育开始从人出发时,就必须首先要把教师当人。在一个功利的教育时代,我们也只能造就更加功利的教师。有什么样的教育就有什么样的教师,有什么样的教师就有什么样的教育。这很像是鸡生蛋还是蛋生鸡的问题。我不是在有意苛责"名师"们,我是期望"名师"们,有时候要敢于完成一场"自我否定",而不是总想着如何"占山为王"。我们可以准许教师去探索自己的"流派",但什么样的"流派",都得变着法子服务于"人"。你千万别一味地想着法子去塑造自己的"权威",这很危险,我们说教育的希望在"新教师"。课改潮流是"不以人的意志为转移的",谁也阻挡不住的,因为这已经成了国家意志!

绕了这么大的一个弯,意在为了纠正一些人错误的观念。教师不是一个灌输者,教学也从来不应该是在考验教师如何"二传",或者说,教师专业化不能囿于以教师的学历高低和学科专业知识的多寡来作为判断。前文说,即便教师是"名师",一旦扮演着的是"二传手",那么,他(她)也不是一名合格称职的教师。当把教师定位做"二传"教育上时,至少要具备四个基本的"素养":1.会不会传?2.用什么方式传?3.如何确信是否传到?4.假如教师有知识缺陷怎么办?

真正的教师专业化包括学科专业和教育专业两个方面。只有具备学科专业知识和技能,又具备教育专业知识与技能的人,才是符合教师专业要求的合格教师。教师专业化的支撑是教师的教育教学思想,也就是基于

"人本"的对学生的尊重、研究、认识。教师专业化水平,主要取决于对"教育学"、"心理学"的研究,要具备学科知识"心理学化"的能力,因为教师只有将学科知识按照学生的认识特点加以组织后,才能有效地转化成学生的成长营养。

前文中,我曾经把教师的角色誉为三重,一是学校生态的建构者;二是一个学习和生长的开发者;三是一个信念的传播者。那么,据此来看,教师还能继续扮演"二传"吗?他(她)能够把能力、智慧灌输给学生吗?他(她)精彩的表演能够等于学生的精彩吗?

因此,重提教师专业化,意味着的是教师的转型需要从转变教师角色入手,即从"二传手"变成放手发动学生"一传",即学生与知识、成长直接对话。其实,教师在改写着新型的教学关系:从"教中心"抵达"学中心",这才是正途。经验告诉我们:放大教师作用和教的功能,是反教育的。教师的作用必须体现在服务于"学"上,而"教"唯一的目的是为了解决"学"遇到的难题,而不是去展示所谓的专业化水平、学养抑或是教学艺术。必须画蛇添足再重复一遍,教师专业化是指服务于"学"的专业化,谁有办法营造了学、策动了学、满足了学,并且能让学生学好,谁就是好教师!我还可以说,学科知识水平不高,也未必就不能胜任教学,前提是你懂得"利用"学生资源,当然,在服务于学的基本框架内,学科知识水平肯定是越高越好。

教师发展建议书

当传统教育学开始无限放大教师的绝对权威和决定性作用时,实际上,在过去的近一百年里,关于教师的胜任力的含义与评价有着相当多的分歧。唐纳德·梅德利这样总结:"并没有事实可以证明,拥有这些特征的教师比那些没有这些特征的教师能更有效地帮助学生达到预期的教育目标。"现在,我们必须思考这个问题:如果教师对学生的学习成效没有影响,甚至是只有很少的影响的话,那么,我们没有理由对教师表达不满,或者为教师提供教育教学方面的培训以提高所谓的"专业化",否则得不偿失。

但教师对学习环境和条件的营造、提供的确可以影响着学生的学。从狭义的角度上,教师的确"决定"着课堂教学的形态和学习结果,威特金甚至认为:场依存性学生和场独立性学生在学习能力上没有差别,只是对学习环境和学习内容的反应不同。场依存的学生对教师表扬和批评更敏感。有一则著名的罗森塔尔和雅各布森实验:他们在开学初对小学生进行了一次非言语智力测试,并告诉教师这个测试能预测学生的智力发展。研究者随机选取20%的学生,然后将名单告诉教师,并称这些学生是有发展潜力的。当然,教师并不知道该测验并不能够预测智力发展潜力,也不知道所选取的学生与测验分数无关。然后让教师进行正常的教学,并在一学期后、一年后和两年后分别对学生进行重测。在前两个测试中,学生所在班级的教师有研究者提供学生的名单;在后一个测验中,学生被安排到教师没有名单的新班级中。一年后,被指定为有发展潜力的学生和控制组的学生之间出现了智力上的显著差异。在随后的一年中,这些年幼学生的差异逐渐减少,但是高年级的学生之间的差异增大,被指定为有发展潜力的学生表现得更为优秀,这种差异在成绩中等的学生之间比较明显。罗森塔尔和雅各布森认为:教师的期望是一种自我实现的预言!这个实验告诉我们——教师又是可以有所为的。因而,据此很多人说,有什么样的教师就有什么样的学生。

实际上,有众多的学校常常忽视对教师"职业性"的研究,而任由他们依靠自己的经验、常识、实力以及对教育的自我理解来实施教育教学,这种"自我中心"的做法,使教师的教育教学行为变得不可控。恐怕这才是问题的根源所在!因而,教师"标准"的出台则变得相当有意义。

其实,在过去相当长的时期内,对于教师职业的理解都很有问题。教师如果可以作为一个"知识分子",他显然需要具有以下特征:1.强烈的社会责任感和忧患意识;2.他有一套科学的、行之有效的知识、技能体系;3.他有高尚的人格和严格的自我要求;4.他必须具有人性,慈悲善良;5.他有很高的威望和社会地位……但,显然教师并不具有以上的特征,那么,教师作为一个"半职业"者,可能较易于被接受。所谓"半职业",你可以理解为"成长中的职业"。

教师应该在哪些方面需要成长?不可否认,教师在学生学习、生活和成长中有时候会发挥"负效益",这样的教师甚至不在少数!比较令人忧患的是,在全国性教师招聘时,我们有时候并不看重教师的"软件",比如是否喜欢教书、性格特点、心理状况等等,而更多的是靠考试分数来选取教师。真正合格的教师往往并非能用分数和学历检验出来的。正像罗森塔尔和雅各布森实验告诉我们的,一个对学生充满期望的教师,能成就学生的成绩乃至于一生的成功,"教师一旦形成了期望,就会通过社会性情绪氛围、言语输入、输出和反馈等形式,将期望传达给学生"。反之,则有可能杀死学生的一生,"教师给予学生的期望越少,对学生的消极影响就越强"。这不能说不是一个启示。卢梭和裴斯泰洛齐也都强调人的情绪的重要性,而这个情绪有可能是深受教师的直接影响。在裴斯泰洛齐看来,一个教师的爱,可能比他所掌握的教学方法重要,"爱对于成功的教育是必要的","情绪安全是技能学习的一个必要条件"。那么,基于此,在教师招聘工作中,我倒建议民办学校可以做出一些尝试,以"教师标准"来选取适合从事教育的人,而不是那些仅仅具有高学历的人。我甚至建议,民办学校可以取消教师终身制,当然前提是提高聘任期内的收入。

如何杜绝教师的"负效益"?如何发挥其"正效益"?

美国学者丹·罗提从社会学的角度研究了教师的工作并得出结论:教师是从课堂教学的尝试错误中学会教学的。刚教书的那几年,可以说是"创伤"的几年,但如果我们能对教师的工作有一个系统化的介入,是不是可以减少"错误"呢?据此,我们是否应该有一个针对每个教师的"发展建议"呢?在这方面,江苏昆山前景教育集团做了有益的尝试。

教师发展建议书应该包括:1.什么样的教育观、教学观、学生观;2.比较成熟的教学实施,其中包括怎么备课、如何实施学校选定的课堂流程、课堂环节的操控与处理、如何组织预习、展示、反馈等等;3.教师在课堂教学中的主导性;4.教师的个体研究与发展计划;5.教师组织的合作与研究;6.教师教育学的理论研究;7.教师与班级的合作期望……

教师必须学会自我反思,并善于从自身寻找教育的破局。可这样做无疑是困难的。在这样一个浮躁和焦虑的教育时代,很多人已经不习惯于自己扛问题了,有些人甚至是把教师职业当成糊口的选择,哪里还有情怀和宗教感?尤其是对于那些身处不鼓励课改的学校的教师,除了沮丧、抱怨和愤懑外,还能做点什么才能让自己的教育生活有点意义?教师能否通过个体的努力,寻找到有价值的东西?我的建议是,教师可以设法保留和耕耘"自己的园地"。这不仅是教育理想主义者的方式,也是一种对生活负责的必然选择。

前文里我曾经讲到过鼓励教师成立以自己的名字命名的"俱乐部",比如舞蹈俱乐部、口语俱乐部、书法俱乐部、写作俱乐部、环保俱乐部、发明俱乐部……当然,俱乐部最好与学生的社团组织对接,这样一方面解决了学生社团的专业发展指导问题,另一方面也可以"师生相长",教师的发展同样需要欣赏者。关于学生社团,我同样建议要敢于向大处发展,比如你的文学社不如改为"文学院"、兴趣小组干脆就叫"科学院",我的建议是,北京有"社科院"、"中科院"、"马列学院",他们有什么院,你就成立什么院,他们有院士,你也聘请你的"小院士",而且要鼓励"小院士"给大院士们写信,做"学术"沟通,甚至可以让"小院士"们出面聘请大院士担任你们"院"的名誉院长。我相信这样做,一定会带来很多的惊喜。

教师除了成立自己的俱乐部外,还可以进行自己的"小课题"研究,当然,我们并不排斥教师们做大课题研究。现实往往是,教师们被日常的工作羁绊,升学压力重重,不可能有太多的精力和实践从事专门的学术性研究。更何况,基础教育界的一线教师,科研的目的不是为了成果,而是解决教育教学中的实际问题,因而,针对"小课题"的行动研究则焕发出了蓬勃的生命力。

小课题的主要特征是小、活、灵,其具有三大特色:自主性、即时性、形式的灵活性。"自主性"通常是指三层含义:第一,所研究的是教师个人教育教学中出现的问题,比如"如何让课堂活起来"、"如何组织展示"等真实的问题;第二,研究由教师个人自己确立并独立承担,教师即研究者;第三,主要采用适合教师个人的叙事研究、个案研究和行动研究等方法。即时性,是指小课题研究通常不受时间和周期的影响,只要发现问题,立马确定课题,组织人员,切入研究。常常也指向三个方面:一是随"问题"而生,随

"解决"问题而止;二是随"问题"的解决,教师专业素养得到了发展;三是"问题"不一定解决,但教师在研究中得以提升。灵活性是指小课题研究不需要固定的研究模式,也不追求成果文本的完美性,不统一研究流程,还包括研究形式灵活多样、立项灵活、检测灵活等,总之,目的是为了问题解决。

如果具备条件,我建议小课题研究既可以自主也可以"抱团"研究。志趣相投的几个人结成一个"共同体",既可以是本校同事,也可以是网上的朋友。一旦切入研究,并形成了一定的心得或成果,就可以借此把"小课题"做大,形成自己的研究方向,甚至形成自己的"教育学"系统。媒体曾经报道过北大附中程翔老师的事例:程翔老师发现高中语文练习题有一段《愚公谷》释文有错,便找来《说苑》核实,居然发现有更多的错误。于是,程翔老师开始了对《说苑》的校注,四年下来,他不仅成了专家,还找到了自己的研究领域。

如果你连小课题研究的兴趣也无,那也没什么,你能不能建立自己的教育研究博客?每天读、写一点文字,并且养成习惯。我想中国的教育家,除了擅做,还得擅思、擅写,你看哪个教育家是让办公室主任替自己写的?我可以下一个结论,不会写的人永远成不了教育家的。如果你连博客都懒得建,那你养成去别人的教育博客定期浏览的习惯行不?我想读博客,总比喝酒、打麻将有意义得多。教师不仅可以申请建立自己的教育博客,还可以带动身边人,建立"个人圈",当然,最好是带领自己的学生,成立自己的"班级圈",既可以做好学情调查,又有利于拉近师生关系,而且还会将自己的教学带入到现实意义中来。

当然,教师最主要的"角色"还是在课堂。基于课堂教学行为研究,我的具体建议是:

1. 做好"三个一",即找出你所感兴趣的某所学校、你所喜欢的某本书或者某个观点、你所推崇的某个人,做成长性解剖。当然,你必须做到所选择的一定不是应试学校和应试观点、应试名师!这很重要,否则你将误入歧途。

2.找到一种教学方法或者教学模式,尝试在自己的教学实践中不断实验。你可以不接受杜郎口,但你总得找到能引起你共鸣的,前提依然是——不能是"教中心",否则那等于在继续重复错误。

3.关注班级里一两个特殊学生,最好是你眼里的"差生",然后你与他交朋友、谈心、尊重他、帮助他,并记录与他交往的过程和发生在他身上的一点一滴的变化。

4.找一个笔记本,记录自己的教育生活或者阅读心得,可以是几句话也可以是一篇短文,过一段时间整理一下,对于比较满意的篇章,你可以尝试给《中国教师报》投稿。记住,《中国教师报》非常激赏你这样有思考的教师。

5.定期和校长、学校教务主任、学科主任交流你的教学想法,并征求他们的意见,然后告知他们你准备如何做。

6.不断请各种同事听你的课,并虚心接受他们的意见,哪怕是完全错误的意见。学会倾听是一种很重要的素养。

7.保持与家长的联系,并尝试请他们与你的学生座谈,这对开拓学生的视野和丰富人生阅历绝对有好处。

8.多去别的学校串门,或者去你同学所在的学校听课,每次参观和听课都要做笔记,这就是积累。

9.如果你还没有宝宝,那就多与邻居孩子沟通,以了解他们在想什么……

制造"差生"的10条最佳途径

1.对于调皮的孩子,无论课堂上他多想发言,小手举得多高,请记住,你一概要视而不见。如果遇到有校长听你的课,你不得不给这样的孩子一次发言机会,也请记住,待他发言之后,无论他回答得多么正确,咱们当老师都要精益求精到鸡蛋里挑骨头,反正谅一个小孩子的学识也不可能高得过咱吧?

2.布置50道作业,如果第二天交上来,只要有一道是错误的,就要毫不客气地予以指正,并且很是"关怀地、略微温柔地"对他说:"这道题如此简单,怎么还会出错?"这招对于那些很情绪化的学生来讲特别管用。你还要知道"马无夜草不肥"的道理,成绩靠作业,致富靠"偷盗",好教师一般都是作业高手,做不完别人的可以,完不成我的不行!

3.在上课铃打响之后,学生们还在兴高采烈尚未来得及反应之时,你一个箭步跨上讲台,猛然一声断喝:肃静!而且再快步跑下去,扯着最活跃的某位倒霉蛋的耳朵,厉声训斥他:难道你是聋子?你爸妈没遗传你好耳朵吗?

4.你永远要敢于亲近成绩好的学生,尤其是尖子生。有经验的老师,特别在讲授新课时,要善于瞄准"中等以上"的学生,至于"中等以下"的那部分，原则上是别在他们身上浪费时间，因为课堂上只有45分钟。成绩好的学生一般会骄傲得自以为是，你可别忘了用各种手段打压，提醒他们说："名师出高徒，你小子能什么呢！"对于那些成绩差的，你一定要善于强调"龙生龙、凤生凤，老鼠生来会打洞"，学不好责任原本不在教师！

5. 一旦发现孩子有厌学倾向，你要善于立马家访，公然和孩子及其父母一起，公开研究他成为差生的问题，最好不谈他的学习习惯和学习兴趣，而是把他学不好的主要原因上升到思想品质的高度上，并且要接连不断让校长、同事知道，你所接手的班全是"榆木脑袋"、"一窝笨蛋"！

6. 在全班、全校学生面前公布每一位学生的考试成绩，并且在家长会上宣读学生的考试成绩，边宣读边点评，成绩好的表彰，差的批评；并且请差生家长来学校接受教育，告诉他们"家长是孩子的第一任老师"这个道理，学不好的责任当然在家长，要不为什么别的孩子可以学好？

7. 如果你教语文，每次大考之前，你要圈定几篇范文，让学生背诵，并且要检查背诵情况，背诵不好的要罚站，或者罚扫地，保准这样的孩子既讨厌学习也讨厌劳动。如果校长一定要给你要考试成绩，很简单，事先透露些分值高的试题呀。不知道考什么？你可真笨，请你在教研室负责出题的同学喝酒呀！

8. 让学生讨厌外语课的最好方法是你要接连不断地纠正他们的发音，让他紧张得口吃，而不是让他自己找出发音不准的问题到底是出在哪儿，或者干脆总让班里某个最优秀的孩子"秀"发音。你等好吧，全班学生都开始讨厌外语了。事过多年后，学生只要一看见外国人就很容易联想起外语老师可憎的面庞。

9. 让学生讨厌数学的最好方法是每节课都像考试一样，教师教过之后就考，考过之后再教，这就是某些学校的高考秘籍——考！考！考！"考海"无边，保准厌学，如果这样再学不会，你要敢于和全班同学一起怀疑这部分学生的智商！

10.让每个学生都讨厌你的最好方法是整天保持一脸严肃,而且开口要言不由衷地唱高调,凡事都要讲"胸怀祖国",说话习惯性地仰着脸目中无人,口头禅是:这个这个,我说,必须。口气强硬得没有商量余地。

以上,任选两条就足够了。

如果十条皆备,那祝贺你,你可能制造了全部的"差生"。

关于教师的 22 条答问

1. 教师表演是为了展示学科魅力？

的确,教学需要教师展现学科魅力,但抑制学生去学,根本不可能让学生"找到"学科魅力,或者说如果表演的目的是为了学生学,显然表演不如引导更加有效！更何况,我们必须追问:课堂是谁的？如果是学生的,教师的越位则值得商榷,在教师表演的课堂显然主角不是学生！

2. 教师表演艺术高超的课才是好课？

这是完全错误的。课堂看学生！

3. 教师不会能教会学生吗？

在传统课堂上,教师不会是无法教会学生的,这是事实。但在学中心的课堂上,当学生被当成最重要的教学资源而予以利用时,在教师不会的情况下,学生会就不奇怪！

4. 放手让学生学,课堂岂不乱了？

是呀,乱而有序,更何况,学生是个"活物"。不要怕乱,或许在孩子们眼里,这样的课堂才如鱼得水。死翘翘的课堂不乱,但缺少生命迹象。更何况,课堂只要按照"学"流程去组织,并不会乱的。关于"学"流程,我主张是三步:自学—展示—反馈。

5.教师不能讲吗?

没说不让讲,但说了什么时候讲——先学后讲!也就是在"反馈"环节可以讲,自学、展示环节教师不要讲,拿捏好时机!

6.生命如何在课堂上得到关注?

按照儿童每个人的方式,让儿童自然成长。

7.学生动起来影响教学进度?

进度是个欺骗性很强的词,课堂教学的基本任务是让学生学会,但有时候我们的进度完成了却未必完成了教学任务。更何况,要明白磨刀和砍柴的关系,一旦学生会学了,课堂就会呈现加速度,开始时慢,以后就会快起来的。

8.学生不会学,讲还不会,不讲能会吗?

学生不会,是因为我们没教他们如何学过,不会也许是讲得太多,唯有让学生动手去学。

9.教师是传授知识的?

还有人格的养成、道德的修炼、精神的发育呢,我一直在讲,唐僧是个好老师!

10.专业化不高的教师能成为好教师吗?

不可以,但我说的专业化和时下的专业化有所不同,真正的专业化不是仅仅指教师的知识储备,而是对学情的把握、对学生的研究、对生命的尊重、对美好生活的向往。

11.不让教师讲,那干脆取消教师好了?

又是对立看问题!教师即条件,没有教师,学习发生肯定会大受影响,所以,既不能放大教的功能,也不可消弭教师的作用,要实事求是,客观一点。

12.教师定位是传道授业解惑?

这样说是传统教育的旧概念。新的课改背景下,教师首先是组织者,其次是引领者,最重要的是发展者。教师必须得到发展,但这个发展一定是通过发展学生从而达到发展自己的目的的!这很重要!

13. 那还需要教师奉献吗?

需要,但不能以牺牲教师来成全教育,能不能鱼和熊掌兼得?但教师这个职业需要奉献,我们必须理解和分清奉献和牺牲是两个概念。

14. 教师就是教书?

这是教育的悲哀,教师的肩头承担着未来……

15. 全社会都没信仰,教师如何找到信仰?

信仰是信而仰之,教师的信仰首先是基于对"人"的尊重!其实,任何信仰都要从人出发,落脚在人上。教师应记住8个字:以生为本、尊重生命。

16. 课改的"改"是改良?

回答到现在,我可以下一个结论了,真正的课改是改革,是重建,而不是改良,前七次课改失败的价值就在于告诉了我们,改良无异于自寻死路!说是重建,意指围绕着"学生"、"学习"重建教学关系和师生关系。

17. 新的教学系统是"生中心"、"学中心"?

是的,课改是重建系统。这套系统的核心是教学关系,即"惟学",而师生关系的体现即"惟生"。把学习和学生提高到一个应有的高度上,其实也是在维护教师的权益和教学成果。课改不是批斗教师!

18. 课改的敌人是教师?

这是完全错误和荒谬的。课改的敌人是传统的教育教学思想,是既不把学生当人,更不把教师当人的专制和奴化教育。

19. 传统课堂真的一无是处?

如果不能站在民族、人性、生命的高度上审视就看不透传统课堂的罪恶。单纯就技术和教学环节讨论,是没有意义的。抛开关于传统课堂的是非不谈,我只能这样说,教育再这样下去,这个国家没希望!

20. 教育的希望在新教师,可教师要面对升学呀?

新的课堂从来没要求牺牲升学,会考试其实也是一种素质,即便是为了考试,我建议也必须探讨课堂教学的改革。传统的升学其实是牺牲了学生中的"大多数",显然不是面向全体,这和教育的公平完全是背道而驰的,也是没有人性的!课改的实践早就证明了,升学只是好教育的副产品!

21. 教育的正产品是育人?

是的。既育学生,也育教师。我以为教育可以找回人的尊严,让一个人热爱生活、生命,并敢于担当社会责任,当然,这个人还要具有创新精神和创造力。教育其实就是就是为了推动人类的心灵进化和文明程度的提高,但当下的某些教育却不是这样!

22. 教育必须适应经济社会的要求?

但反过来,经济社会要服务于教育的发展。老百姓都明白挣钱为了娃儿。再苦不能苦教育,再穷不能穷孩子,可我们除了口号,并没做到!

第五章
课　堂

知识的超市，生命的狂欢！

好课堂的共性

课堂作为一种"人本"教育思想的呈现,它考量的是教师的"三观",即教育观、教学观、学生观。

在我看来,课堂有三个层次,比较低级的课堂可称为"知识课堂",较高一点的叫"能力课堂",最高的叫"智慧课堂"。

当教学的目的是为了知识时,会很容易引导教师只关注"效益",但现实的情况往往是围绕考什么教什么的机械灌输和强化训练"效果"更好,因此,知识课堂常选择对应灌输式教学。然而,一旦将课堂价值定位在"能力"上时,显然能力是无法灌输的,知识转化成能力,决定着教学的高度和层次。知识如何转化成能力?这时候,"习"将发挥巨大的作用。其实,在一般哲学上,都曾对认识与实践的关系做过分析,"习"即"实践",也可以理解成"运用",没有"运用"岂能有"能力"的生成?当我们把"学习"解读为"体验"时,其实就是在主张教师要敢于放手让学生去体验、去经历。在这个世界上,无论你多么伟大英明,都无法替代别人去生活、去感受、去成长。我们常说,抱着的孩子长不大,教师终究要明白这个道理。培根说,"知识就是力量",这句话显然很容易引发歧义。什么样的知识才是力量?我以为,那是实践的知识,其实培根原本是知道的,只是他的话被很多中国人断章取义了,他的原句是"知识就是力量,但更重要的是运用知识的技能"。

那么,从知识到能力如果说动手体验是"开关",能力又如何到达智慧?在这方面,可能宗教的研究能给我们带来启发。其实,智慧也是一种能力,它是指对事物能迅速、灵活、正确地理解和处理的能力。依据智慧的内容以及所起作用的不同,可以把智慧分为三类:创新智慧、发现智慧和规整智慧。和智慧相近的词汇有感悟、灵性等。学习的最高境界是无师自通,而前提是师法自然。从这层意义上,课堂应该着重考虑五个要素:兴趣、质疑、思考、集成与实践。

课堂是个什么地方?

课堂首先是一个"场",学习场、生活场、生命场。

"课堂对于教师,是一个工作的地方。课堂对于学生,是一个生活的地方,过日子的地方。他们不但想在这里学习知识,而且要交朋友、要游戏、要打架、要了解他人、了解自我。"北京教育学院王晓春老师认为:课堂是教育教学与管理的交汇之处;课堂是学习与生活的交汇之处。

那么,课堂对教师的挑战也应该是考量教师如何去营造这个"场"。因此,前文里说,教师80%的作用体现在对学生学习的点燃、唤醒、激励上,20%的作用体现在对课堂技术流程的掌握上。

好课都有共性,有相同的DNA,根据多年的实践探索,我以为好课需要具备基本的六大共性:

1. 学生的课

学生的课是指课堂以学生为主体,它对应的是"教"的课、"教师"的课。或者说学生的课是"学中心"的课,对应的是"教中心"的课。学生的课应体现出学生的特点,是学生自主的课。学生的课,更是学生自学的课,当然这里的"自学"是"自主学习"的简称,因而自学包括:独学、对学、群学,合称为"自学"。

2. 动静结合的课

好课首先提倡要敢于让学生动起来,让课堂实现"知识的超市、生命的狂欢"。学生是个生命的"活物",活泼好动原本就是儿童的天性,因为"活"而"动",因为"动"而更"活"。与"动"相对应的是"静",与"活"对应的是"死"。在传统的教学观念里,人们一般要求课堂要静,静代表着秩序,而动是失序的。其实,真正的课堂要体现出生命的活力,散发着人性的光芒,无疑应该是动静结合的,该动时则动,该静时则静,做到动静相宜。

比如高效课堂要求,自学时要静中有动,反馈时要动中有静,至于展示,实在应该是动起来。动又包括三动:身动、心动、神动。一味的身动不行,没有身动也不行,更何况身动的课堂至少能练就好身体!

当然,好的课堂一定不是追求一味的"动",该静时需静,比如独学环节就需静,整理学案需要静。

3.注重展示的课

好奇心、展示欲是儿童的两大天性。展示即发表,展示即暴露,展示即提升。展示还是激发学生的学习动力、调动学生学习热情的"金钥匙"。

高效课堂有个别名叫"展示的课堂",因而展示是其最重要的标志之一。在技术操作上,展示是作为一个重要的环节来要求的,它起到承上启下的作用。没有充分的自学,就不会有精彩的展示,展示不彻底就很难组织反馈。在实际的操作上,展示又分为小展示、大展示两种。以小组为单位的展示称为"小展示",教师依据学情组织反馈称为"大展示",因而,小展示是展"对",大展示是展"错"。要做到小展示与大展示有机结合,全体都会的问题不要展示,全体不会的问题也不要展示。展示过程中还要强调展示者与学习者之间的互动合作、现场生成。

4.遵循流程要求的课

好的课堂必然是突出"学"的课堂,遵循"学生主体、教师主导"的新课改理念,主张少讲多学、先"学"后"交"再"教"。按照这样的基本理念设计,好的课堂基本流程符合自学—展示—反馈三步。从"自学"开始(自学即自主学习的简称,包括独学、对学、群学,合起来称为自学),然后以"展示"暴露学情,最后教师根据学情组织"反馈"。

对高效课堂稍作研究者都知道《中国教师报》曾经在全国率先总结发布高效课堂的九大教学范式,其实认真研究便会发现,所谓"九大范式"都有一根主线,这就是体现在流程上的三大基本环节:"自学—展示—反馈"。一切的好课都应该是从自学开始,然后让学生最大幅度地"暴露"学习过程、学习情感、学习结论,"一切的学习都是自学","展示即发表","展示即情感","展示即暴露"。在流程的具体操作上,要求教师要基于学生展示暴露出来的问题作出反馈,千万不可把反馈理解成"讲授",即便是讲授,其目的也是为了解决问题,而不是展示教师所谓的教学艺术!因此,在高效课堂看来,一切的"教学艺术"都应该是体现服务于学的艺术,或者是指调动学的意识,除此之外,无他!

5. 师生相生的课

教育既然是人学,那么,教师和学生都应该以发展者的角色得到满足,师生"相生"所对应的是师生"相克"。教育不可以以牺牲教师成就学生,更不可以以牺牲学生成就教师,两者都是不人道的。师生相生意味着两者之间合作共赢的关系。教师在这样的课堂上不再充当知识的"二传手",而是一个点燃、发动学习的人,更是一个学习者,是"平等中的首席",是学长,是班级第51名学生。而学生则意味着被当做教学的第一资源被放大,人人可以为师,这就是高效课堂倡导的兵教兵、兵强兵、兵练兵、兵兵合组;兵教官、官强兵、兵练官,官兵相长。

6. 注重情感的课

学生的生命是由N个45分钟组成的,关注学生的课堂状态就意味着关注情感需求,关注生命的成长方式。课堂幸福指数、学习能力远比获得知识更有价值!

高效课堂注重课堂的"快乐指数",实行"一票否决制",对课堂学习氛围不浓烈、学习参与度较低,沉闷压抑的课堂一票否决。课堂学习是学生成长和生活的方式,教师有责任和义务让学生体验到课堂学习的快乐。

一言以蔽之,只要是围绕"学"建构的课,一般都是好课,反之,无论你表演得多么精彩、讲授得多么透彻,我们只能说这是教师的课堂!

关于课堂流程

课堂教学的流程之争,其实是教育教学思想和理念之争。

如果说教学的确需要流程,那么,我们则需要寻找到合体的、有效的、科学的、基于儿童学习的流程。

什么是流程?《牛津词典》这样解释:流程是一组将输入转化为输出的相互关联或相互作用的活动。所谓流程,就是一种运作秩序,一种在时空中的优先序列,其目的是追求达到或超越预期效果。流程有六要素:资源、过程、过程中的相互作用(即结构)、结果、对象和价值。什么是模式?模式是指解决某一类问题的方法论。把解决某类问题的方法总结归纳到理论高度,那就是模式。Alexander 给出的经典定义是:每个模式都描述了一个在我们的环境中不断出现的问题,然后描述了该问题的解决方案的核心。通过这种方式,你可以无数次地使用那些已有的解决方案,无需在重复相同的工作。模式有三大要素:问题、方案、效果。那么,模式和流程是什么关系?我认为,模式是相对固化的流程,是流程的"方法"体现。在今天,人们一般习惯于把流程和模式合并起来表达。

其实,无论是传统教学还是新课堂,都十分重视流程和模式建设。在今天的中国,到底有多少教学模式呢?恐怕谁也数不出来。近十年来,中国比较知名的教学模式就有:"成功教育"教学模式、主体教学模式、创新教学模式、合作学习模式、"导学型"教学模式、"双主"教学模式,还有曾引起广泛反响的"尝试教学模式"、"自学辅导教学模式"、"八字教学模式"、"情境教学模式"等等。

真正引发人们对模式关注是因杜郎口中学,其模式被人广泛研究和借鉴,其后《中国教师报》推出的九大教学范式,即杜郎口中学的"10+35模式",昌乐二中的"271模式"、兖州一中的"循环大课堂"、江苏灌南县新知学校的"自学·交流"模式、河北围场天卉中学的"大单元教学"模式、沈阳辽中立人学校的整体教学系统与"124模式"、江西武宁宁达私立学校的"自主式开放型课堂"模式、河南郑州102中学的"网络环境下的自主课堂"模式、安徽铜陵铜都双语学校的"五环大课堂",引发了近年来的"模式热"。

对中国教育有深远影响力的是凯洛夫的五步教学,按照教科书上的定义,五步即控制课堂教学的五个主要步骤:组织教学、复习旧课、讲解新课、巩固新课、布置作业。实际上,当我们一直将凯洛夫五步奉为教学圭臬时,在前苏联的50年代,却是另一番景象。钟启泉先生著文说:早在上世纪50年代末,前苏联教育界就已彻底超越凯洛夫教育学。但在我国教育学界某些人至今依然沉醉于"凯洛夫教育学情结"而不能自拔。更有甚者,把凯洛夫教育学捧为现代教育学术的精华,似乎离开了它,中国的教育就注定要失败。我同意钟启泉先生的说法,在今天我们旗帜鲜明地批判凯洛夫,具有十分巨大的现实意义,正如钟先生所说:在我国如火如荼地实施新课程改革的今天,重新捡起"学习凯洛夫教育学"口号来抗衡"新课程理念"和"概念重建运动",究竟意味着什么?这的确耐人寻味。批判凯洛夫,是为了阻止一场教育的倒退。

凯洛夫的五步教学法到底有哪些问题,我们为什么要坚决批判他?是推翻他的五步教学还是他的教育学?

回到当时的苏联历史来看这个问题。那时苏联的儿童学存在两个潮流:其一称为"生物学发生论学派"。该派理论认为,儿童的心理发展是由生物学因素决定的,主张"儿童心理发展的自发性"、"发展不依存于教育"的思想。对于该派而言,所谓教育不过是单纯的外部因素,或阻滞或促进受先天遗传制约的某种心理特性而已。其二称为"社会学发生论学派"。它与生物学发生论学派针锋相对,主张社会环境对于儿童发展起决定性作用,把儿童单纯地视为被动地接受外部环境刺激的装置。这些儿童学者根据人民教育委员部的指令,编制班级,赋予其组织学校生活规程的义务,从儿童学的观点出发,承担指导教学过程,甚至开除差生的任务。学校现场开始出现两种缺陷:一是形式主义、语词主义的教学方式死灰复燃;二是教师不再关注儿童的兴趣和自主性或是教学过程中儿童的思考,而是一味灌输知识。其结果是,目中无人的教育占据支配地位。凯洛夫教育学就是在这样的社会历史背景下冒头的。在凯洛夫教育学体系之中根本没有"儿童研究"、"课程研究"、"教师研究"的地位。凯洛夫教育学主张三大基本概念——"教育"、"教养"、"教学"。在"教育"概念的界定中充塞着把"教育的阶级性"引向极端的"阶级斗争工具说"的片面性;在"教养"概念的界定中由于缺乏必要的课程概念而带来游移不定、模棱两可的模糊性;在"教学"概念的界定中又强调"特殊认识论"的局限性,如此等等。从其教育思想路线的角度说,凯洛夫教育学显然是斯大林文化专制主义的产物。

在上个世纪60年代,前苏联爆发了一场赞可夫的"新教学体系"和凯洛夫的教学原则的对峙。应该讲,这是对凯洛夫教育学思想在理论层面上的一次清算。赞科夫在国际上被誉为"课程现代化"的三大代表人物之一,与美国布鲁纳和德国瓦根舍因齐名。赞科夫的"新教学体系"有三大特征:1.教学是对儿童整体发展的体系;2.强调"最近发展区",重视儿童智慧活动的自主性;3.教学过程必须考虑到学生的年龄特质来加以组织。

批评凯洛夫其实就是在批判专制的教育,肯定赞科夫就是在呼唤对儿童的尊重,让教育去"发现"儿童所在。所谓流程模式之争,是"教中心"与"学中心",是"专制"与"民主",是"人"与"非人"之争。当我们认识到了课堂流程和模式背后的教育意图之后,那么我们再具体分析一下彼此截然不同的操作。

概括起来,"传统课堂"一般具有这样的流程:导入课题,认定目标→教师讲授,学生自习→反馈矫正,反思升华;而自主的课堂,一般主张这样的流程:创设情景,激发动机→导入课题,认定目标→学生自学、小组交流、课堂讨论→教师反馈矫正,反思升华。两种流程的对比,孰优孰劣,一目了然,传统课堂流程排斥了学生的能动作用,自主课堂流程实现了把课堂还给学生,突出了学生的主体性作用。

到底课堂教学需要几步,这实在不重要。重要的是你是"凯洛夫"还是"赞科夫",你是服务于教还是服务于学,你是尊重儿童还是扼杀儿童。在我看来,好的课堂一般需要具备基本的三步流程,流程中承载着教师对学生生命成长方式的尊重和对"学规律"的认识,这三步是"自学—展示—反馈"。也就是放手让学生"尝试先学",这是第一步;第二步,学得如何?展示出来;第三步,教师依据学生展示暴露出来的问题,有针对性地组织反馈提升。把三步流程扩充一下,就变成了高效课堂普适模式的"五步三查"。

高效课堂"五步三查":第一步,让学生独学,要求找出"问题";第二步,让学生围绕"问题"寻找同伴对学、群学,尝试解决问题;第三步,以小组为单位,展示过程与成果(小展示);第四步,教师通过小组学情调查,组织反馈(大展示);第五步,学生整理导学案、纠错本,然后对子之间相互测评。(具体操作,另章论述)

课堂教学模式甚至可以只要两步,即"学"与"导",先让学生自学,然后教师点拨提升。至于教与学两者的时间分化,可以实行"25+20"或者"20+25",这不重要,重要的是你要知道,教学其实就是教学生去学,放手让学生去学。课堂教学模式能不能只要四步呢?当然可以,我建议依照这个思路建构:自学—展示—反馈—提升。六步行吗?当然行,但我的建议是最好别超过五步,因为课堂时间有限,环节太多,会导致课堂支离破碎。

那么，课堂教学的流程模式适合每一个学科吗？

要回答这个问题，关键要看教学思想，到底是围绕着什么来建构的。一般情况下，以"教中心"来总结教学模式，往往会受到学科特点的彼此制约，不同的学科可能有不同的规律，则很难找到一个通用模式。而围绕"学中心"来构建，体现出来的是学习对象在一般性认知成长中的规律、共性、特点，则适合于不同的学科。

当然，模式和模式化也属两个不同的概念，我们强调的是探索和寻找能承载教和学规律的流程、模式，而拒绝一成不变、刻舟求剑的模式化。在具体的教学实践中，不管你是否承认，其实好的课堂都有模式。有人说"教无定法"，这句话显然没错，但殊不知，"教无定法"的前提是"教学有法"，更何况，"无定法"的目的绝对不是为了放任为所欲为，而是为了"贵在得法"。从"教学有法"到"教无定法"再到"贵在得法"，教师教学的成长秘密就在这里。

关于课堂模式

课堂教学到底应该分几个阶段？课堂教学为什么要分步分段？

最早的"阶段教学法"是德国教育家赫尔巴特最先提出，他作为心理学家把儿童课堂学习的过程认定是一个完整的结构。他创立的"四段教学法"，后由其弟子席勒加以完善提出了"五步教学法"；再后来是俄国著名教育家凯洛夫将其改造，写进《教育学》一书中，所谓五步，即组织教学、检查复习、新课讲授、巩固练习、布置作业，自此"五步教学法"影响世界。

作为传统教学法，这种阶段教学法最大的弊端就是"三中心"：以课本知识为中心；以课堂教学为中心；以教师的讲授为中心。致命处在于，这样的模式只强调教师的主导作用，忽视学生的主体作用，只教学生学会书本知识，不教学生"会学"知识，不能培养学生的自学能力和创新精神，不把学生当做学习的主人。

作为工业经济社会的"流水线"的产物，五步教学法显然不适应今天社会变革对人才培养的要求。如果不管教学内容和教学对象如何，非刻舟求剑硬套五步，则难免在教学实践中显得呆板和一厢情愿。学生不是产品，教学不是流水线作业，更不是按照教师的预设去"完成任务"，所以前苏联著名教育家赞可夫才评价五步教学法"是用一个现成的处方去包治百病"。显然，五步教学法存在着明显的"四化"缺陷，简言之即教条化、模式化、单一化、静态化。当然实事求是地说,凯洛夫的五步教学法的确在"当时"乃至于对"后世",对于规范教学行为起到了很大的作用,但我们客观地以新课改理念评价,凯洛夫实在是落伍了的,这是不得不说的事实。

今天课堂教学的诸多问题,如果非要穷究不舍,那么,"凯洛夫"先生恐怕要给中国教育承担一些责任的。一是,学生被这样的课堂所束缚,始终处于被压抑的状态,纵然教师喊破嗓子,而学生只能是任人摆布的木偶,听戏、看戏而已。二是学生的认知始终被陷入一种精心设计的"假象"中,表面上看是会了,课上听懂了,可过一段时间又忘了。离开了学习的"体验",什么样的知识即便能够背会却仍有可能是"属于教师"的而"不是学生"的,这样的课堂不可能有所谓的"三维目标"。三是教师的上课,如果不依据学生的"学情",我形容为"三缺课堂",即缺目标、缺针对性、缺及时反馈。四是课堂效益低下,废话和不必要的环节挤占了学习时间,导致作业负担过重。五是课堂气氛沉闷压抑,不关注学生的学习状态,而导致学生的厌学。教育者必须首先眼睛里要有人!

杜威对人的探究过程进行了长期的深入的思考,他按照人的探究过程提出了"反思五步说"——

第一步:暗示(情境)。暗示是指情境的启发。人们就是由于这种情境暗示而产生疑惑。但暗示和疑惑,还不是问题本身,只有问题,才能确定疑惑所在。问题不是凭空想出来的,而是所处情境的暗示所引发的。因此要想有效地开展教学活动,一方面要让学生不要盲目地接受知识,而让学生多提出问题,把正在学习的知识和已有知识、经验、材料联系起来,如有不相符之处就要提出质疑;另一方面要让学生在现实生活中善于观察事物和发觉疑点。学生周围情境给学生以无穷尽的暗示,学生只要投入生活,就能不断得到暗示,发觉疑点。在探究教学中首先要做到的是,创设或选择"问题情境",以此引起学生浓厚的学习兴趣,引发质疑。

第二步:问题(确定问题)。情境的暗示是直接而模糊的。问题是经过思考加工的，因而是间接而清晰的。问题往往是对来自情境所有暗示的整合，是值得我们花大力气着重解决的。问题的确定即探究的开始，从情境到质疑，从质疑到问题的转化，是人之高级认知活动的产物，只有人才能做到这一点。但问题，有真实的，也有虚假不符合实际的；有有价值的，也有没有价值的；有可能解决的，也有永远不可能或者目前无法解决的，而选准问题，是成功地实施教学的关键所在。

第三步：假设（设计）。假设即预先想到的探究的结果。探究方案是在假设的基础上制订的。探究方案的简与繁，取决于课题的性质和特点。方案是探究活动的指南针，但方案不可以一成不变，要不断调整、完善。方案中预先设计探究的目标、原则、背景、地点、条件、手段、程序、方法、要求、经费、组织分工等。假设的预见性，方案的科学性、可行性、周密性，在很大程度上决定着探究的成败优劣。

第四步：推理（推论）。制订假设和探究方案后，往往不立即进行检验，而首先在大脑里进行检验，即推理。通过推理，假设和方案得到调整、修正、充实、完善，更加趋于精确，更合乎实际。利用已有的相关知识和经验以及进一步观察到的事实进行推理，一方面为下一步实验、检验打下观念上、思想上的坚实基础，另一方面避免那些难度大、风险多的实验会造成的危害和损失。在很多情况下，推理和实证一样对探究是不可或缺的。但是那些简单直观的课题研究，则无需推理而直接进入实证，推理可以从简或从略。

第五步：检验（实证）。实践、实验、证实，都可以作为检验手段。经过了一番推理的假设，只有通过检验才能转化为结论。有时，可以用直观的事实证明假设，如在天文学领域很多发现主要是靠多次的观察；但在很多情况下，在很多领域，需要进行实证，经过推理和实证后确认的任何结论，都有绝对的一面，又有相对的一面，这决定于实践的绝对性和相对性。因此往往需要进行反复的实证。

以上五步,不难看出还缺乏对一般探究过程社会性一面的关注。正如狄尔泰所说,人的所有精神活动是人与外界、人与人的双重关系,都要经历体验、表现、理解三个阶段。人不仅要获得自己的体验,还要表现体验,表现体验是为了叫人理解,并获得别人的尊重。因此,还有人在杜威的"五步"之后"豹尾续貂",建议再补充两步:表达(表现)、交流(理解)。

我一向赞成,把课堂分为三类,一类是比较低级的知识课堂,这类课堂一般采用的也是比较低级的教学手段,如灌输、死记硬背、反复训练,无他;一类是比较高级的能力课堂,最高级的是智慧课堂。知识课堂要升级为能力课堂,中间的"开关"是应用,离开了对知识的应用,则不可能有真正学习认知的发生,单纯靠记忆得来的知识是不可能牢靠的,离开了体验的知识只能是死知识,而这样的课堂无非是培养"两腿书柜"。知识一旦完成升级则发生了"质变",变成了能力课堂或者智慧课堂,但我们也必须清楚,仅仅掌握了对知识的应用,还不足以说就是智慧课堂了。其实,智慧这东西它必须借助"融会贯通"这个词方可完成,而前提也是需要一个"开关",这个"开关"叫做"情感",课堂怎能离开情感呢?当我们说课堂即情感时,请一定不要忘了教师必须能让情感在场,而前提是教师要以自己的情感唤醒学生的情感,这远比知识的传授更加重要。学习的最高境界是"无师自通",无师自通是因为我们始终有"大自然"这位无所不知的老师的存在,因而"师法自然"可能是最好的学习方式。其实,世界上的任何知识最初都来自于师法自然。

新课改理念早就告诉我们,学生是主体、教师是主导,我很愿意把"主导"解读成"主要在引导"的简称。理解了教师不是决定知识学习和学生成长的那个人之后,那么,教师的主导则体现在两个字、三方面上。两个字分别是"引"和"导":引即带入,把学生带入学习情境,任由其去充分体验;导即导向,像导航仪,导不是替代,而是指引。所谓三个方面,第一即情感方面,教师要敢于实现变"导入知识"为"导入情感",是煽风点火,是点燃激励,像"政委";第二即技术方面,教师要把握教学流程,什么时候组织自学,什么时候开始展示,什么时候问题反馈,要始终拿捏好"火候",像厨师;第三即知识素养,你不可以老是出现常识性错误,否则如何做好"平等中的首席"呢?

我还是要回到文题上来,回答关于模式的问题。教学当然需要模式,但我们必须清楚,模式不是模式化,流程也不可以固化成企业生产的流水线。课堂强调模式,其实是想让课堂更加接近于学生的认识和学习的规律,按照新课改的要求,接近于学生的"自学"。其实,自学这个词都发生了很大的变化,它是"自主学习"的简称,即我们在实践中推广的独学、对学和群学,群学你也可以称之为"组学"。如果你坚决反对"模式说",那好,我们换成新课改的词汇,说自主、合作、探究。或者我们这样说,课堂要贯彻这"六字箴言",自主即自学、合作即展示、探究即反馈。我说的课堂模式也就是指,课堂流程必须包含"自学、展示、反馈"三环节,这显然不是我们高效课堂自主发明的,恰是来自于新课改的实践发现。

好的课堂都必须同时拥有这样的"三个环节"。有了此三环节的课堂才有资格说是达标的课堂。当然,时下有太多的学校似乎都有自己的模式,什么四步、五步、六步的,并且把每一步都细分时间,其实这样做也没什么,课改初期需要这样做,因为不这样规范,则根本不可能完成课堂的根本性转变。你千万不可以任由教师去"审时度势"把握分寸,表面看起来是该这样,可实际操作时便会发现,一旦缺乏严格的规定,课堂仍然会一片混乱。这教师的"教"和学生的"学",很多时候是一对矛盾,他们甚至对立到了势不两立、水火不容。我反对把课堂模式化,但我主张课堂教学必须建模立章,这很像是红灯停绿灯行的"交规",你不可以因为哪辆车是"宝马"便准许它横行吧,可现在有很多学校一直在宽容有人"横行",还把"横行"美其名曰教学艺术,难道艺术就是"胡搞"?别指责我反对教学艺术,我不反艺术,我反的是表演课,这样的课堂再说"学生主体"岂不是谎言?如果非要我解释教学艺术，那么，我相信教师在两个方面需要"艺术"一些，一是要艺术地调动学生的学习兴趣和学习热情，另外如何"利用学生"则是教师课堂最大的艺术。其实高效课堂的支撑就是十六个字：相信学生、解放学生、利用学生、发展学生。千万别把"利用"理解成一个贬义词，我们忘了学生太久了，忘了他们首先是人，也不相信他们每个人都是天才。说天才更多的是在激赏学生，但教师必须接受这个观点，学生是教学的第一资源，而教师是班级第51名学生！

要鼓励教师利用学生，前提是要研究学生。教师如何利用学生？在实践中，我们的重点是利用了学习小组。当然高效课堂主张的小组学习和传统意义的小组学习不一样，分法不一样，功能和承担的任务也不一样。我们强调组间平衡，同质异组，组内分对，明确每个组员的职责，而对组内对象，又从差异出发，实现分层目标、分层学习、分层要求、分层达标。你这样理解小组吧，我们称为没有围墙的"小班化"，而每一个小组的组长，都相当于一名老师。在小组内部，每个小组必须自主解决70%~80%的学习任务，并且在小组组长的带领下，独立组织组内展示，这样的展示被称之为"小展示"。凡是学生自主解决不了的问题，再经由教师在学情调查环节发现，然后才组织"大展示"。小展示和大展示不同，小展示是展示学习成就，而大展示是"展示错误"。

其实，课堂模式有几步并不重要，重要的是课堂必须是基于学和服务于学的课堂。一旦围绕着学来组织，即便是没有具体的模式，也有资格称为好课。

"五步三查"模式的基本解读

"五步三查"是高效课堂在数年实践基础上总结提升出来的一套适合每个学科教学的模式。它的突出特点是,从学生出发,尊重学情,符合学生的学习认知规律,能够较好地完成三维目标对教学的要求,而且极大限度地利于学生学业水平的提升,具有简单、易操作的特点。"五步三查"模式体现了高效课堂所追求的"知识超市、生命狂欢"的课堂特色,具有主动性、生动性、生成性的课堂特性。

一、"五步三查"基本模式结构说明

(一)"五步":课堂环节五个基本步骤

1. 第一步:独学;
2. 第二步:对学、群学;
3. 第三步:组内小展示;
4. 第四步:班内大展示;
5. 第五步:整理导学案,达标测评。

(二)三查:课堂上的三次学情调查

1. 一查:在学生独学时;

2. 二查:在组内小展示时;

3. 三查:在整理导学案,达标测评时。

二、"五步三查"基本模式详解

第一步:独学。要求:找出问题。

在独学环节开始之前,通常要进行对上节课有关知识的反馈检查和新课的导入。

1. 检查反馈。从检查内容和检查对象上要注意分层次,并重点关注 C 层次学生(即潜能生)。是否需要检查,或者检查哪些内容和哪些学生,可依照上节课导学案整理过程中和达标测评过程中暴露的问题或学习组长反馈上来的情况而定。

2. 新课导入。导入虽然不作为课堂的一个基本步骤来看待,但它有自身的作用。由于"教学艺术不在于传授本领,而在于激励、唤醒、鼓舞",所以导入的作用主要体现在:激发学习动力、调整学习状态、创设学习情境、建构知识系统等方面。导入新课后要明确本节课的学习目标。

3. 独学。高效课堂下的学生独学,以导学案为抓手,以发现问题、解决问题为主线,并运用双色笔就独学过程中存在的问题做标注,带入对学、群学中解决。需要说明的是,独学是培养学生良好学习习惯和学习能力的关键,因此独学是学生最重要的学习方式。教师要特别关注学生的自主学习行为,所有能有效地促进学生发展的学习,都一定是自主学习。而发展的即时感受大多表现为茅塞顿开、豁然开朗、悠然心会、深得吾心;表现为怦然心动、浮想联翩、百感交集、妙不可言;表现为心灵的共鸣和思维的共振;表现为内心的澄明与视界的敞亮。所以教师在巡视时应留心观察学生独学的状态是否投入,是否入情入境,入心入神。高效课堂上学生自主学习状态之所以普遍较佳的原因之一,是后面的展示环节所创设的学习情境更好地激励了学生自学。

4.第一次学情调查。独学时,教师的主导作用体现在巡视调查,了解学生学习进度、对导学案独学内容的掌握情况(即基础类题目),并据此确定独学的时间,适时转入下一步学习。这也就是"三查"中的第一次学情调查。

第二步:对学、群学。要求:尝试解决问题。

对学、群学环节仍然是以解决问题为主线,首先通过同质学生的对学,力求解决独学过程中存在的问题;然后以学习小组为组织单位,由学习组长组织成员对照导学案开展有效的合作、探究、对子帮扶,真正实现兵教兵、兵强兵、兵练兵。

对学、群学的过程,既是解决独学中存在问题的过程,也是发现新问题、探究新问题、解决新问题循环往复,不断提升的过程,并借此培养学生发现问题、研究问题、解决问题的能力和创造能力。

第三步和第四步:组内小展示和班内大展示。要求:暴露问题、解决问题。

1.展示的基本原则——"三性"。无论是组内小展示还是班内大展示都要明确,展示是提升,绝不是各小组对导学案上问题答案的重复性讲解。为此要突出展示的三大原则,即问题性、互动性、创生性。

"问题性"是指从展示的内容上来讲,要展示共性度高的问题或易错点;"互动性"是针对展示的方式而言,要体现出师生、生生的交往,可以是疑难求助、对话交流、质疑对抗、文本批判、合作表演、诗歌朗诵等等多种形式的互动交流;"创生性"是指从展示的价值体现上来讲,包括学习的方法总结、规律探寻、学习的新发现、新思考、新感悟或新的成果展示等。这样就避免了展示不高效的情况,也真正体现出展示环节的必要性。这种生成既有预设中的生成,也有课堂即时性的生成,无论哪种生成都必须是有效的生成,而不是漫无边际、脱离主题的生成。

新课程下的课堂教学是开放的课堂,动态生成的课堂。一堂课缺乏动态生成性,这堂课一定是不精彩的,也很难感受到"生命的狂欢"。

2.小展示和大展示的区别。二者的区别在于展示的范围不同,问题的共性度不同,内容的层次不同。

小展示是由小组长组织的在组内进行的展示,目的是展示对学、群学的学习成果,暴露对学、群学中尚未解决的问题,并由学习组长将学习成果或暴露问题汇报给教师,便于教师把握学情,进行大展示。

大展示是全班范围内由教师组织的展示,教师的主导作用和课堂教学机制在本环节将得以展示。我个人认为好教师主导作用的体现就像《学记》中所说的:"道而弗牵,强而弗抑,开而弗达。道而弗牵则和,强而弗抑则易,开而弗达则思,和易以思,可谓善喻矣!"具体体现在:点拨、追问、即时评价等。大展示过程中力求达到课堂的动态生成效果,从教师的主导作用上来讲,教师要研究学生的最近发展区,适时追问、点拨、启发、引导,让学生"跳一跳能摘到桃子",自主寻找解决问题的方法。同时,教师要及时评价学生展示情况,创设学习情境,激发学生学习内驱力。

3.第二次学情调查。组内小展示时,进行第二次学情调查,调查的方式可以是教师巡视指导和学习组长的反馈。教师就小展示暴露出来的问题和小组备展的内容,灵活调整预设的时间安排,确定大展示的内容、时间,组织全班进行大展示。

第五步:整理学案,达标测评。要求:生成能力。

通过前面的小组学习与展示,学生回到座位整理导学案,而后教师组织达标测评。

1.学案整理的内容。主要包括对疑难问题的整理、个性化重难点、生成性知识整理、知识系统梳理,将这些内容整理在纠错本或者导学案的设定位置,并就重点内容用好双色笔标记。导学案整理一方面是为了课堂上问题、生成等有价值知识的落实,另一方面是方便学生以后的复习。

2.达标测评。教师根据导学案最后的测试题(也可以临时添加题目)组织小对子、小组长检查或抽测。题目的设计上要体现分层次的原则,按照基础题、提高题、拓展题分层,要简而精。达标测试检查的形式灵活多样,教师可以组织对子之间互查、小组长检查或是抽查部分学生,但最终要达到掌握学情目的,了解每一名学生的学习情况,尤其要关注潜能生。这也是对下一节课反馈检查的主要依据。

3.第三次学情调查。整理导学案、达标测评时进行的是第三次学情调查,教师了解整节课学生掌握的情况,分析不同层次学生存在的薄弱环节,作为下节课课前反馈和单元测试的依据。

三、"五步三查"基本模式效能分析

1.较好地落实了新课程的教学理念;
2.实现了"活"与"实"的统一;
3.实现了"动"与"静"的统一;
4.实现了"放"与"收"的统一;
5.实现了"预设"与"生成"的统一;
6.实现了"主体"与"主导"的统一。

四、几点说明

1.要重视导学案的编写。导学案是指教师根据一节课教学内容、学习目标,依据学生的认知水平、知识经验,为指导学生进行主动的知识建构而编制的学习方案。是集教师的教案、学生的学案、分层次的评价练习(练案)于一体的师生共用的"教学合一"的文本。其核心就是从学生的当前情况出发,在教师占有大量资料和综合把握的前提下,把学生所要掌握的知识和能力精心设计成问题的形式来导学、导练、导结。在高效课堂上,导学案被称为学生学习的"路线图",学生自学能力的培养,教师主导作用的体现,课堂学习是否高效等,导学案起了关键作用。因此要特别重视导学案的编写。尤其注意在问题的设计上要体现"知识问题化、问题探究化、探究层次化",注重学习的个体差异,做好分层导学,分层目标,分层训练,分层达标。

2."五步三查"基本模式是一个普遍意义上的共性模式。需要说明的是,由于学段、学科、课型、学校作息时间安排的不同,在导学案的设计和课堂环节上会略有调整。比如,课型如果是单元巩固提升课,在导学案的设计上应由侧重于"学"转向侧重于"练",由关注知识的分支转向更多地关注知识系统的梳理和方法规律的总结,同时在问题的设计上要强化新课教学时学生的易错点,在课堂环节上就要侧重展示和达标反馈,从而才能达到"单元清,人人清"。如果是预习课型,就可以侧重于学生独学、对学、群学的环节。

3."五步三查"基本模式就五个步骤的时间来讲,教师可以根据学情作提前预设,但是在课堂实际操作中还要根据"三查"来实际把握学情,从而对时间作出适当的调整。

4."自学、展示、反馈"是高效课堂上最关键的三个环节,当然也可以是三个课型。究竟作为课堂的三个环节还是作为三个课型,要视课堂内容与学情、学时而定。

5.高效课堂的课堂管理与评价,由原来对学生个体的管理转向对学习小组的管理。这里学习小组的建设与管理、评价就显得尤为重要。因此说高效课堂不单纯是课堂教学的改革,它是个系统工程,带来了理念、教学、组织、管理、评价、文化等一系列的改革。这要求老师要在"做中学",在"学中研",在"研中做"。

五、关于"五步三查"模式的几个"知识点"

1. "五步"其实可以合并,比如第一、二步合并,称为"自学",第四、五步合并,称为"反馈"。自学—展示—反馈依然是五步三查模式的基本框架。

2. 贯彻"五步三查"模式的主线:问题解决式教学,或者叫做学会不会的。它是按照发现问题—尝试解决—展示解决方案—反馈问题—巩固提升这样一个脉络来组织实施课堂教学的。

3. 教师可以讲吗?可以。但教师必须清楚讲是为了解决问题,而不是展示所谓的教学艺术。即便讲,教师也要清楚,在第四步上有的放矢、对症下药地"讲"。

4. 不可模式化操作:比如在第三步,小组展示时没有出错,教师则没必要再画蛇添足地组织大展示。

5. 能保证达标吗?这套模式的实用性恰恰体现在"学会不会的"上,对于每一个"不会的",一般情况下,经历了独学、对学、群学、小展示、教师反馈、整理学案、整理纠错本、对子测评 8 次学习,相信完全可以达标。

关于评课

如何评课?叶澜教授曾经有个五条,简称"叶五条":有意义、有效率、生成性、常态性、有待完善。

高效课堂也有一个评课五条,有人称之为"李炳亭五条",简称"李五条"。

李五条是——

◆ 看状态:是基于常识的判断,主要通过看动作、听声音、察表情来感知课堂上学生的学习状态。表面看起来似乎没有具体的量化标准,其实凡有一定教学常识的人,通过这三点都能做出基本判断。

◆ 看参与:通过具体量化来统计课堂参与度。我们主张参与是学习发生的最重要前提,要求是教师在课堂上统计到组,而组长负责统计到组内成员,以此作为小组和个人课堂评价的一项内容。

◆ 看流程:流程即效益。高效课堂认为,好的课堂一般都具有基本的流程,这个流程是基于"学"而不是基于"教",从学习的认识规律出发,要求少讲多学,先"学"后"交"再"教",在这个基本理念下,课堂要符合三步流程,即自学—展示—反馈。

◆ 看效果:从实然目标的角度来说,先要"学会",然后是"会学",也就是追求既要学会知识,更要生成能力。看效果,包含着要努力在单位时间内使课堂有效率、效益、效能,体现出高效课堂要求的立体式、快节奏、大容量。但课堂追求的"三个效",一定是拒绝应试教育的机械性灌输、训练,而是通过"三个度"的达成来实现的,即自主程度、合作效度、探究深度。自主程度通过自学时间量化、合作效度通过组内学习成果量化、探究深度通过组内质疑问题量化。

◆ 看师德:课堂是一个生命场,它是通过师生合作、共同发展来达成的,教师的基本作用和价值应体现在放手学、策动学、组织学、点拨学、反馈学上。

以上5条,每一条20分。当然,建议"李五条"最好是"放权"给学生。

课堂心理学

当我们讲教育就是"从儿童出发"时,那么"认识学生"则变成了一道无论如何都绕不过去的首要命题。课堂教学其实是一个认知、成长的过程,是一个控制系统。如果课堂不能"控制",那实在无法保证效率与质量,更不可能促进学生个性的和谐发展。

但必须理解课堂教学的控制不是强迫、囚禁、专制,而是调剂、调动、激励。

教师要实现课堂教学的控制,首先要承认学生的自主性,教师的控制必须经由学生的自主控制来实现,或者换句话说,教师的控制是为了促进学生的自控,除此外,教师单向的控制有可能是专制的代名词;第二,课堂教学的控制必须具有可接受性,否则,就变成了师生之间的敌对;第三,课堂教学的控制是一种师生互控、互动关系。

著名教育家裴斯泰洛齐说过,任何良好的教育,都要求有像母亲一般的眼睛,每天每时都能从儿童的眼睛里、小嘴上、脸颊上,判断他心灵中最微小的变化。一个不善于观察和了解学生心理状态的教师,很难说他(她)是一个好老师。

教师对学生的研究和认识,包括对学生认知心理状态、情感心理状态、意志心理状态的观察了解。心理状态是指人在一定时间内心理活动的综合表现,学生只有在最佳状态下,才能思维活跃、记忆清晰、情绪开朗,才有可能产生"超水平"发挥的学习"高峰体验"。如果学生总是处在紧张、压抑、受训斥等挫折的情绪中,他会表现出感受性降低、思维迟钝、注意力不集中等沮丧、厌学、抑郁、恐惧的心理状态。很容易判断,教师奚落、刁难、挖苦学生,或者令其当面出丑,会对学生造成怎样的心灵伤害。

高效课堂在课堂教学评价中采用的"李炳亭五条"(李五条),其中第一条就是看"状态"。这个状态是通过"听声音、看动作、察表情"来做出判断的。因为课堂教学心理学,其实就要求教师要善于观察和了解学生的学习心理状态。当我们说好教育写在脸上时,其实就是在说表情写在脸上、盛在眼中,眼睛是心灵的窗户。

那么,如何使学生在最佳心理状态下学习?

首先要明确什么是最佳心理状态——它是指最适宜学习活动的心理状态。那么,什么又是"最适宜"?它的表现为:最佳注意状态、最佳认知状态、最佳情感状态、最佳意志状态。而这一切的前提是教师应研究如何消除"不良心理状态",不良心理状态包括:紧张心理状态、恐惧心理状态、压抑心理状态、忧郁心理状态、松散心理状态。在传统的课堂教学中,一般教师很容易忽视这些"不良心理状态",甚至有些教师坚持以为,学习原本就是一件苦差事,因为教师就需要对学生严厉、训斥、挖苦、打击。我们还可以说,"上课像打仗"一样的课堂教学一定不符合教育心理学的要求。

不良心理状态产生的原因有多种。首先是学生自身的原因,如健康状态的影响、需求不能得到满足、缺乏课堂情境体验等。其次是教师的原因,这方面的原因所占比例甚大,其突出表现为:1.教师讲授的内容艰深晦涩;2.教师的教学态度缺乏对学生的尊重,教学方式方法简单粗暴、强制命令;3.忽视学生的认知规律、年龄特征及个性特征;4.教师性格的缺陷,常选择与学生对立。

教师对课堂教学控制的目的是为了调动、点燃、激励、唤醒学生的学习兴趣和学习积极性。顾明远先生曾概括说,如果爱是教育的全部,那么兴趣就是教学。教师要善于激发学生产生最佳心理状态。首先是要调适好自身的状态。要热情、鼓励、信任每一位同学。马卡连柯说:不能控制自己情绪的教师,不会成为良好的教师。其次,要善于营造课堂教学生态。对学生而言,其实每个人都是天生的学习者,而教师就是提供学习所需要条件的人,因而我们说,"教师即条件"。再次,教师要敢于尝试和创新不同的教学方法。千万不可因循守旧,教师不应该成为"迂腐"、"封建"、"顽固"的化身。最后,教师还要具有高尚的教育信仰,因此影响自己的学生,使他们能拥有百折不挠、知难而进、乐观向上的气质。

教师对学生学习的激励概括起来有十种:1.关怀激励;2.信任激励;3.期望激励;4.榜样激励;5.疏导激励;6.情感激励;7.意志激励;8.教师示范激励;9.表扬激励;10.谅解性激励。

教师要眼中有人、心中有生,如果要我简单总结,我的建议是,教师要敢于超越自己的经验和"艺术",围绕建构两个新型的关系去"认识"学生,即在教学关系上,变"教中心"为"学中心",在师生关系上,变"师中心"为"生中心"。你敢这样做,你就无形中符合了课堂教学心理学的要求,你也会恍然大悟,教学原本没那么难。

班本课程

  皮亚杰认为：教师研究必须立足于对学生发展的研究。教师需要对不同发展阶段的儿童的意愿非常敏感，从而使"教育个性化"。课堂作为一个"学习场"，要求教师放手发动，创设情境，提供条件，从而让学生在环境中发现结构的非正式的学习情境——在个体的儿童准备好之前，学习不能强迫发生。

  在皮亚杰的课堂环境中，教师应该针对以下方面做到：1.教师应鼓励学生去探求和实验；2.教学应被个性化，以便使儿童能按照自己的意愿去学习；3.教师应安排好课堂，以便使儿童有具体的材料去触摸、操纵和使用。皮亚杰的观点可以概括为：学校应是教师为学生创造的一个丰富多彩的环境课堂的非正式的学习中心。在今天，我们必须敢于冲破传统教育学的桎梏，敢于创立全新的教育学，并鼓励教师甚至要敢于放手让学生创立"学生教育学"，你不可以死守"教育遗产"，要循着世界、社会、人类发展的脉络，去革新文化和改变教育的过程，而不是让学生未出校门就被淘汰。教育不可以原地踏步，更不可以开历史的倒车，任何真理如果穷究下去，都不过是那个时代人的认知局限，没有一个人能把人类文明从"公元前"看到"公元后"，教育人必须敢于拒绝吃腐肉、啃干尸。当教育人僵化、迂腐和保守时，教育便难以幸免于难，除非找到规律。

我们从来不排斥儿童有堕落的行为，就像把水倒进杯子里，水就是杯子的模样，关键取决于我们这个"杯子"是什么形状。

在裴斯泰洛齐看来，给予学生一个"温暖的、安全的、像家一样的学校"才能获得学生的信任与爱。同样，卢梭认为，"学校经常阻碍学习"，"课程应该以儿童的兴趣和需要为基础，不应强迫他们按照成人的意志去做"。卢梭还坚持认为，"为保持儿童的善，儿童早期的成长阶段应远离社会的腐败"。洛克同样这样认为，"不恰当的教育会把儿童教坏"，他说：心灵是一块白板，一块没有任何观念的白板。夸美纽斯坚决反对传统教育的观点，即认为儿童是恶的，教师必须用肉体的惩罚去驯服他们。实际上传统教育的确对此乐此不疲，但这样做的结果有可能再制造更多的"堕落者"，因此，除非教师是有意为之，否则，以驯服代替教育显然是愚蠢透顶的。我们必须学会反思，那些选择"自甘堕落"的学生，是不是教师的错误观念的"杰作"？这一切对今天的中国教育应该是一个有价值的教训。或许正是因为看到了太多的不幸，夸美纽斯才想让教师成为"创造快乐和舒服的教学环境的有礼貌和富有爱心的教师"，他建议不要催促或压迫儿童去学习。夸美纽斯强调教师要遵循以下原则：1.使用物体或图画来阐明观念；2.把课程应用于学生的实际生活；3.强调所有的知识是宇宙的一部分；4.有次序地讲述课程，在一段时间强调一件事情；5.直到学生完全理解之后再进入下个主题……

其实，在自然主义的教育家看来，儿童的天性是善的。他们试图期望教育能把对儿童的精神之爱和强调大自然力量的精华结合起来，他们认为，儿童通过接近自然环境中的物体，能非常有效和高效地学习。（而儿童堕落论者则认为，儿童天生是恶的，这种遗传的缺陷能被严厉的教师所驱除。）正如福禄培尔认为的，每一个儿童内在的自我都包含一个激励自我积极学习的精神本质，因而他设计了一个"有准备的"、"随意的"幼儿园。而杜威把教育看做是一个"社会过程"，把儿童带进"群体生活",教育的唯一目的是"有助于个人和社会的发展"。按照杜威的观点,学校是一个小型社会,是儿童和年轻人的社会实践室,学校要利用儿童的兴趣、需要和问题来把社会和文化介绍给他们,通过科学的方法能考察出他们的思想和价值观。作为民主教育和学校教育的先驱者,杜威想让学校成为思想解放的环境,在这样的环境中学生可以自由地检验所有的思想、信仰和价值观,他理想的学校是教师、管理者和学生一起设计课程。毋庸置疑,在很多人看来,杜威的教育主张适合"美国文化",其主要特点是鼓励脱离绝对的束缚,鼓励学生对传统价值观提出疑问,它培养了一种实验的态度,催生了美国社会发明、创造、革新素养的形成。今天,当我们在反思中国教育,呼唤民族创新时,无疑不应该再一味拒杜威于门外,其实,接受杜威,就是在迎接一个文化革新时代的到来。中国是到了转型的关键节点上了。

教师基于教育思想的研究和自身教育教学观念的形成,必须明确一个方向——儿童中心,或者说是基于儿童和社会文明进步发展的。如果说学校是一个小社会,那么,教师该如何与他的团队成员一起建设这个社会?我很想说班级是一个"微型国家",那么基于"国家"的"主权"和"责任"甚至是"制度建设"、"国家管理"等等,我们该做哪些思考和尝试?我们可以推进"班级货币"吗?可以尝试"分而治之"吗?比如将一个班级,按照小组,分成AB两个班,让两个班轮流"执政",然后作出评价。基于"让学生做主"的班级管理尝试可以多种多样,前提是你必须敢于还权,并让孩子们当家做主。我相信穷人的孩子早当家所隐含的教育意义,有些时候,我们是过于小心了,不放手才会导致不省心。

我之所以要提出"班本课程",并且作为本章的主要建议来启发大家,我的用意是,教师必须清楚,"班级场"所应该赋予和承担的教育意义。班本课程作为一个新的概念,它的实施首先是通过改变班名来完成的。为什么改变班名?比如初一一、高一一的为什么不行?我是说,班名为什么不与班本课程研究联系在一起呢？至于班本课程，实在应该被视为一个精神发源的地方，甚至是子宫。一个班级，如果它压根没有统一的被认同的文化，没有独特的气质在，没有形成一种共同的信念和力量，那么，这个班级肯定是一盘散沙，算不得是一个集体。一个集体的支撑，一般有两种文化的作用，一种是自主，一种是合作。自主是指向每一个成员，而合作是指向成员关系。我常常这样设想，如果你是一名战士，你有幸是雷锋班的"普通"战士，那么，你是否会觉得有些"不普通"呢？为什么？到底是什么东西在浸染着你、激荡着你、鼓舞着你，又是什么在这样影响着雷锋班的每一个人？

现在，我们的初一——可以改名"雷锋班"了，如果真是这样，那么，我相信"雷锋精神"会映照着、影响着、荡涤着每一个人；我们的高一——可以改名叫"毛泽东班"，我相信"毛泽东思想"同样会深刻影响着每一个人。其实，不独是雷锋班、毛泽东班，甚至是周杰伦班、鲁迅班、李白班……都可以的。我们的目的不是为班级命名，而是为班级安魂和铸魂，找到一种有认同的、有意义的、能催人向上、奋发图强的东西。这样的影响不是靠外在硬性的纪律、规定，也不是靠说教、叮嘱，而是靠信念、价值观、道德和责任凝聚起来的，比铁还硬，比钢还强。

也不独是班级，其实学校也应该找到这样的东西。你可以把这种东西具象化为"旗帜"和"号角"。其实，中国新民主主义革命的胜利，就是依赖这两样东西完成的。如果说"旗帜"代表着的是信仰，那么，"号角"代表着的就是激励。你必须找到属于校本和班本的旗帜和号角，而至于班本课程，我的建议是，如果你是"鲁迅班"，那么，你完全可以把鲁迅的作品分类，然后按照组别去分配任务，比如一组负责研究鲁迅杂文，二组负责研究鲁迅书信，三组负责研究小说……这样每个组都有了"组本课程"。我在想，用不了一个学期，这个班的每个成员都可以作学术报告了，题目就叫"试论鲁迅的《野草》"或者"鲁迅杂文初探"……不仅如此，这个班的每一个孩子，从此都可能有了"鲁迅风骨"了,而他们的班歌、班号、班呼、班旗……都有了鲁迅印记。而你呢,你就成了永远的"鲁迅班之父",哪怕再过 20 年、30 年,你可以突发奇想,每年组织一次"鲁迅班"聚会,我相信那些分布在天南海北的孩子,会赶回来,一起聚拢在那杆思想的大旗下。这就是有灵魂的教育!

课堂文化

很多有志之士都建议学校应适当给学生"留白"。实际上,只要在学校,每一个学生都将面对两个世界里的生活——一个是与同龄人构成的世界,一个是和成人生活的世界。对于任何一名学生,他每天都会被告知何时走进教室、何时可以去厕所、何时可以回到宿舍……学生的行为完全被教师所控制。

不要以为学生是任人宰割的羔羊。面对教师的控制,很多青春期的孩子都有自己的对策。他们会给教师起外号,对教师的缺点一清二楚,甚至懂得如何虚情假意地迎合教师的期望,以此逃避惩罚。当然,某些经常遭受教师排斥和教师距离很远的学生,教育对于他们来讲,等同于煎熬,他们有可能会选择另一种行为来宣泄:盗窃、打架、逃学、杀人或者是跳楼。"和学生发展信任关系,是课堂教学的起点",教师必须清楚,没有相互尊重和信任的师生关系,你很难履行"首席"之责。实际上,教师很难在几个星期内将一个缺乏自信的学生培养成可爱的孩子,但完全可以在几天之内,甚至就几句简单的话,让一个活泼可爱的孩子,变得畏首畏尾,甚至从此一蹶不振。因而教师应该:

1.营建一个温暖的、自然的、充满信任的场所;

2.与学生平等;

3. 尊重班级文化,维持和谐的师生关系;

4. 对实施上述目标在路途、程序上不断调整;

5. 把握好自己的角色,不可越权、盛气凌人甚至总扮演某种权威;

6. 善于激励和奖励学生;

7. 不随意布置作业……

我依然要数落传统教育学对待学生的错误行径。威拉德·沃勒曾经在他的被视为"经典"教材里这样表达他的"高论":师生关系是一种"主导和服从的特殊形式",是一种"由制裁与权威手段支持的不稳定关系"。教师必须被迫充满这种角色,去限制学生的冲动,维持班级秩序。他还认为:如果在课堂上学生没有被教师控制住,那么他们将会联手为难教师,教师"不要顺从儿童群体的需求……而必须使群体适应教师"。这多么像如今许多中国传统教师的观点!与此对应,在整个世界教育范围内,几乎已经形成共识的是:一个好教师意味着肯定儿童的身份,培育儿童的需要,营造一个适合儿童成长的环境……

站在儿童的立场上,杜威讲,他们首要的需要是"找到同伴",而完全不是知识和成绩。教师不应该按照成绩和以自己的好恶给学生贴标签,或者以及格、良好、优秀、满意、不满意等评价学生的表现,教室里不可以人为地制造着"阶级"和等级。如果你是一个好教师,可以尝试用几句话来评价学生,对于学生确实存在的问题,你可以委婉地指出来,但最好是鼓励性语言。这就要求教师必须了解学生,把每个人装进心里,这是对教师职业态度的考验。实际上,很多教师并不喜欢现在的职业,甚至也懒于走近学生,他们情愿以自己的权威震慑学生,并特殊地关照成绩好的那部分,这是作为一项约定俗成的"技巧",很多年内在中国各类学校被推广的。根据珍妮·奥克斯的观察,如果学校不公开学生的成绩、不公开评价学生,那么,学生才会开始相互了解,并认为自己和别人一样聪明能干,先前的消极会有所减少。今天,在中国的江苏昆山前景教育集团,他们已经把学生的成绩列入了"隐私"。

教师不是课堂里的警察、法官,学生也不是小偷和犯案者,甚至教师都不是设计师,学生也不是施工者。菲利普·杰克逊在小学里的研究表明:教室在传统的教育学系统里,只是一个在固定时间内,必须发生某个事件的地方,而"不是因为学生需要它",因而,课堂是枯燥无聊的,是平平淡淡没有激情的。听教师讲课,然后被动接受他们的指令,回答问题,再没完没了地训练,这样的做法和当代教育观点背道而驰。你可能会说,谁也回避不了高考,这一切都是应试使然。但你或许忘记了,或者原本就不知道课堂教学究竟是什么。你不能因为自己不懂就坚持错误或者拒绝改变,更不能诅咒和反对变革!

实际上,课堂教学无法脱离知识教育。早在19世纪,帕克就开始钻研教育改革,在他所主导的学校,他强调孩子在教育中应该扮演主动角色。他要求教师要能激发学生的兴趣,鼓励他们表达自我;重视非强迫式的个人学习,并且将艺术、技能及学习融入到他们的课程里去;他建议应该借助阅读来识字,而不是机械地背诵;算数的课程则应该从孩子的实际生活中来,而不是只看着写在黑板上的数字;至于地理课的课程则应该安排郊外远足,而不是只看着教科书纸上谈兵;公开反对将分数、奖罚、排名、体罚用于教育。杜威甚至主张,教师在课堂上,"除了教导阅读、写作、算术这些外,也不排除其他实际生活上的技能"。

其实,我说了这么多,无非就是两句话:师生关系和课堂环境。现在我要谈的是学习角色的学习个性。对于任何课堂,它最终的考验是能否满足不同的学习方式要求,展现不同学习者的学习个性。在课堂上,学生有三种学习角色:教师希望的角色,即学生能"听话、守纪律、尊敬师长、易于管教";作为接受者的学习角色,即"能完成教师的课程要求";作为主动者的学习角色,包括学生的特质,"有好奇心,敢于主动探索,挑战权威,有一个独立而充满疑惑的大脑,坚持探究"。我在想,当我们由传统的讲授式、排排坐,而变革为以杜郎口为代表的师生互动、面对面围坐时,显然是一大跨越,那么,我们是否还可以更大胆、彻底一些呢？比如我们干脆取消小组和座位形式,任由学生来选择或坐或站,以及坐在哪里,和谁在一起等等。

我们还可以进一步思考,能打破班级界限甚至取消教室吗,让学生按照自己的基础和需要,自主选择适合自己的每一处学习场呢？如果我们说杜郎口代表的是第二代课改,那么,第三代、第四代课改应该是什么样的？我要推荐两所学校给大家看看,他们或许暂时还算不上"代表",但至少展现了某一种势头。一所是河南郑州市102中学,一所依然是江苏昆山前景教育集团。这样表述或许会遭人误解,我是说,教师要敢于把学习的选择权下放给学生,当然前提是学生必须会学,并能称职地完成自我管理和自我评价。如果仍交由教师驾驭,那永远不可能实现,除非你解决了两者之间的天然对立！有时候,教育的困惑恰恰就在这里。谁破解了这个"对立",谁就是胜出者,这或许成为教育改革关键中的关键。事实上,在一个以教师为中心的课堂里,学生要么是无所事事,要么就是如坐针毡,而在一个师生对立的课堂里,学生要么选择顺从,要么就生不如死！

如果需要用一句话或者几个字来概括课堂文化,我愿意这样表达,课堂文化就是遵从学习者的角色。展开来总结,它包括:1.课堂是一个集体概念；2.课堂是一个时空概念；3.课堂是由不同个性的学习者组成；4.课堂是一个环境生态概念；5.课本、作业、教材,都不过是学习的媒介；6.课堂不仅有知识,还有生命存在；7.教师必须是"与生俱进"的发展者；8.凡是有学习发展的地方都叫课堂……

我在想象,像江苏昆山前景教育集团这样的学校,他们的课堂早就实行了"一拖四":即一个教师同时上四个班的课。那么,对于已经"结余"下来的教师如何使用？我的建议是,可以给每个班级配备三名职业导师,一名负责学生日常的文体活动指导,一名负责学生的学业问题指导,一名负责学生的阅读指导。实际上,我从来不主张强迫学生阅读,但阅读又是一件顶顶重要的事情,怎么办？我的建议依然是引导阅读,你可以通过比赛讲故事开始,也可以通过寻找某一个书中的人物开始,总之,你必须把阅读变得有趣,这样学生们就会乐在其中了。而对于那个负责文体活动的教师,你可以申请开设一门手工课……至于课程与实践安排,那是校长的事情。如果课堂效益真正提高了,其实不在乎每天非要有7节还是8节知识课程,学校还可以压缩课程时间,为什么不可以开设30分钟的课堂呢？其实,不管教师具体的工作是做什么,都别忘记：在儿童发展的每一个阶段,教育都应该设法去开发、滋养孩子正在兴起及发展的每一项潜能,教师这个工作的意义,难道不是去开发与滋养吗？

课堂教学技术

评价一所学校教学成功的依据有三条：一是看实然指标，也就是能否真正让学生获取了足够多的知识；二是能否由此生成了足够强的学习能力；还有一条，看这个孩子离开学校，脱离了教师的监督之后，他是否还热爱学习。假如他依然对学习保持着好奇，至少说明这所学校没有抹杀了学生学习的兴趣，它就是一所成功的学校。如果一个学生每天8个小时盯着黑板，按部就班地完成教师枯燥的训练，那么，他很难保持一个健康的心态，同样，他走向社会，也很难找到一个能安身立命的位置或者有激情对未知的世界发起挑战，探索他们想要的东西，追寻曾经的渴望。

尽管我曾经用了8年左右的时间来深入学校研究课堂，并且掌握了一套行之有效的操作技术，但我在想，如果教育仅仅可以靠那些技术"配方"就可以提升的话，那么教师和厨师没什么两样，教育实在不是像做菜那样研究先放油还是先放盐的问题，而依然是取决于教育的思想和教师的人格、道德、信仰。赫特是"反学校"或说成是"非学校化"的始祖，他之后则由葛托等人加以发扬光大。葛托有本书叫《我们变笨了》，对学校教育大加批判。拉威琳则是对这些人的理念高度赞扬，她称学校大体上"基本一无是处"，"只有破坏力罢了"，她对传统的教学方法简直是"忍无可忍"。她说，很多学生在吃晚餐时，出其不意地说出宁可坐牢也不愿意读高中，或一到16岁就直截了当地表述不想上学了。

我对拉威琳的"兴趣"是她接下来的一段描写：学校就像是一所临时监狱，其特色是强制入学、严格的课程、强迫性的学习；老师口沫飞溅的说教只会导致学生更加叛逆；单调的教科书、重视死记硬背的考试，除了短暂的记忆外一无所获；还有就是学校冷冰冰的建筑。学校只培养出被动的、在大型的社会机制中没有思考的小齿轮；个人只知道追求自我、时时想着与他人竞争，还得借助分数、成绩来实现自我。学校把学习变成一件很呆板而无趣的事，学生在学校备受压力、遭受屈辱，还不得不接受填鸭式的教学方法。其结果是学子丧失了自尊和民主素养，学校只培养循规蹈矩的人，不懂得思考，一生努力工作，却成就平平……

拉威琳同意学校的确有某些功能，例如有一些特定的课程，给予学生一些体验，参与竞赛等等。但她同时又说，学生纵然离开了学校，也有机会感受这些情境，而且还可以避开学校里的限制，逃离自身的不愉快。拉威琳给那些逃离学校的学生"支招"，帮助他们如何才能学到学校所有的东西，并且有额外的收获。

她的建议是：

1. 找一个大人或者良师益友当你的指导员，这个人必须是你非常喜欢且尊敬的人，他愿意关心你且给予你建议、指导和支持；
2. 每天花两个小时在读书上，如果选对了书，你会在每个领域获得完整的知识（她并且开列了书目）；
3. 对于你额外想学的东西，乐器、编织、电脑等，另外安排时间学习；
4. 在当地的成人学校、社区学院或是工艺学校里选修科目；
5. 善用社区资源充实你的自我教育，如博物馆、美术馆、画廊、科技中心、图书馆、展览中心、公告栏……

6. 当需要学校的资讯就设法取得；

7. 针对有兴趣的行业试着去找找实习；

8. 就你有特长的领域，试着追逐一个工匠或是专家；

9. 安排户外观摩，如工厂、商店、名胜古迹等，能有助于你了解生活环境的场所都不放过；

10. 和朋友定期聚会，参加俱乐部组织；

11. 为老年人、贫民或需要帮助的人服务；

12. 安排时间旅行、露营或骑单车旅行；

13. 到别的国家旅行，或者参加一些国际志愿者工作；

14. 考虑参加高中学力考试，以显示你和别的高中生有同样的技能和知识；

15. 如果你想上大学，就参加学科性向测试；

16. 为自己设计一个自我学习的毕业典礼或仪式，告诉大家你已经是个成人了。

……

不难看出，拉威琳对学生离开学校的自主学习描写得相当令人神往、有趣、丰富多彩。但毋庸置疑，这种方式只适合于特殊的学生以及特定的家长，谁都不会轻易拿自己的孩子做实验。但拉威琳的很多建议，无疑对我们教育者有着非同一般的启发。我们能不能将拉威琳的设想，在校园内变成现实或者部分实现？如果这样，则无需教师绞尽脑汁地掌握太多的课堂教学技术。其实，教育的目的就是培养学生的自主、自立、自强，假如每个学生都能称职合格地为自己做主，何劳我们机关算尽？我甚至还可以这样概括我这几年实践的深刻体会，任何的教育教学技术都终究要回到教育的本原上来思考和矫正。但很多人依然纠缠和执迷于技术的追问，这颇让人无语。不是说技术不重要,我是说技术它原本需要支撑,就像一部汽车,那些各色各型的部件没有相互配合支撑是不能发挥作用的。

我还是无法回避讨论高效课堂的技术。现在,我简要罗列出来,介绍给大家:

1. 立足三维:知识、能力、智慧;
2. 突出三学:独学、对学、群学;
3. 强调三开:开放、开心、开窍;
4. 激发三动:身动、心动、神动;
5. 课堂三段:课前、课中、课后;
6. 教学三备:备学生、备学情、备学法;
7. 课堂三环:自学、展示、反馈;
8. 学生三宝:双色笔、活页夹、纠错本;
9. 小组三评:自学的温度、拓展的宽度、生成的高度;
10. 生成三专:专题、专项、专著;
11. 自学三要:从问题出发、围绕导学案自学、自主解决70%问题;
12. 展示三性:近共性、互动性、价值性;
13. 反馈三问:知识达标、能力生成、情感收获;
14. 课堂三查:查自学、查合作、查展示;
15. 课堂特征:主动性、生动性、生成性;
16. 三大原理:分层、展示、合作。

高效课堂教育是我们的发明吗?回答不是。它的基本理念支撑仍然是新课改的自主、合作、探究。如果算得上是发明的话,那就是对黑板的"极端"利用、小组合作学习的新意以及对导学案的推崇,尤其是对高效课堂内涵式的概括与表述——知识的超市、生命的狂欢,张扬了我们的教学主张,即课堂教学必须实现从关注知识到关注生命的质变和飞跃,这不仅体现出高效课堂的变革性,也体现出不同的教育认识和价值观。作为在当代中国教育界比较富有影响力的教学实验,它触及到的不仅是教学方法的革命,更是教育思想的嬗变,是怀着对未来负责而抵达的对学生人性、自由、权益、尊严的回归,更是对教师正确的专业发展方向的有益探索,是基于"人本"的思索和研究,因而它有着蓬勃的生命力,并赢得广泛的尊重和赞誉。截至目前,全国参与实验的学校超过1500所,参与实验的区域达到近400个县(市、区),正像某些关注一线的课程专家所言:它"正在深刻地影响着整个中国的课改大势"。

关于黑板:实际上,我对课改学校的建议是要重复、充分利用好黑板,黑板的解读有三个关键词:超市里的货架、展示的舞台、生长的原野。没有黑板,如何体现出选择性、丰富性、自主性?更何况,高效课堂模式中的"展示"环节主要是通过黑板实现的,黑板要呈现从"暴露问题"到"解决问题"的课堂流程操作,没有黑板就没有"步骤",也便没有学习的"发生"。教室里要尽可能多地设置黑板,就像超市要尽可能多地设置货架是一个道理。

关于小组:合作学习理论起源于20世纪社会心理学的研究。70年代初,欧美将合作学习理论应用于课堂,并发现了合作学习在教育教学中的重要意义。美国当代著名教育家J.R.嘎斯基认为:"从本质上讲,合作学习是一种教学形式,它要求学生们在一些由2~6人组成的异质性小组中一起从事学习活动,共同完成教师分配的学习任务。在每个小组中,学生们通常从事于各种需要合作和相互支持的学习活动。"

与传统的小组学习不同,高效课堂采用"组内结对"形式,遵循"同质结对、异质同组"原则。在概念上,我们把小组解读成"没有围墙的小班化",每个组长相当于一个小老师,在具体教学中,要求小组长要"代师传艺",以独立单元形式组织本组的学习。学习流程交由组长把握,并根据本组出现的问题自行处理,一般情况下,教师的建议是从独学开始,然后是对学,再群学,组长要对本组的学习过程进行监控、测评和反馈;组内对子之间既是合作者,又是竞争者和监督者,对子之间要相互反馈和测评。

关于导学案：导学案是课堂"施工"的图纸，也是学习的路线图。导学案三个字包涵着它的编制原则：导是功能，是导行；学是核心，是目的；案是设计，是图纸。导学案有三个常见的误区，必须明确：1.不是习题集；2.不是"教中心"；3.不是"惟知识"。导学案承载着学习体验，承载着能力成长，承载着生命情感，承载着素质教育的一切目标。学习本应是一个综合、完整的过程，因而在导学案设计时，切忌硬性腰斩，按照三维目标强行分成知识目标、过程方法、情感态度价值观。导学案必须具有以下几种重要因子：1.学习目标，而不是教学目标；2.学习流程，而不是教学流程；3.学法指导，而不是教学方法；4.学习总结，而不是教学总结；5.学习反馈，而不是教师作业。

关于学校课堂督查：建议学校要成立"课堂验评组"，指导思想：1.督促教师要按照高效课堂要求上课，使之规范化；2.了解教师上课情况，并及时做好反馈，使之专业化；3.每节课都要有评价，要求人人过关、堂堂达标，使之效益化。具体实施：1.督导小组成员每天查课两次，上下午不定时各一次，并做好详细记录，对上课老师及时反馈问题；2.值班行政每天查课一次，并做好记录，公示在学校课堂评价公告栏；3.每班设督查员一名，每天查课一次并记录，公示在公告栏；4.督导小组每周召开研讨会，结合行政和学生检查结果，对一周课堂进行全面分析；5.每周就督查情况向学校领导小组书面汇报，反映问题并提出整改建议；6.对问题课堂和"问题教师"专业帮扶。

关于备课六个化：1.集体备课制度化：坚持两个时段，即每周三的 7、8 节课列为全校集体备课时间；强化集体备课程序：集体研讨—分工主备—讨论定稿—审核印制—个人复备。2.备课计划明朗化：备课组长要制订出一学期的备课计划，按照章节、专题或单元，提前备课。3.集体研讨高效化。集体备课杜绝开茶馆、拉家常，要围绕教材、学生、目标、过程、方法、练习等进行深入研讨。4.备课格式规范化：按照学校提供的备课格式（一般是依据课堂流程)规范备课,要有主备人、复备人、审核人及备课时间等。
5.问题设计层次化:学习过程中问题设计要分为 A(识记类)、B(理解类)、C(运用类)、D(拓展类)四个层次设计。6.个人复备个性化:根据本班学生特点体现出学生的学习个性。(详见李炳亭、张海晨著《高效课堂导学案设计》)

22 条课堂注意事项

1. 想想在课堂上备受心理煎熬的不幸的孩子,老师如果不去关注学生的生命存在状态,而是一味地追求所谓的教学个性,无疑是卑劣的。

2. 课改就是从油锅里捞孩子。老师这个职业需要人性,需要使命感和责任感。

3. 评课不应该关注教学细节,而应该追究教师教育教学的观念。

4. 有什么样的观念,就有什么样的课堂;有什么样的课堂,就有什么样的学校;有什么样的学校,就有什么样的教育;有什么样的教育,就有什么样的国家;有什么样的国家,就有什么样的民众。

5. 观念不到位,就会差之毫厘,谬之千里。

6. 如果我们连什么是好课,什么是好老师,我们需要什么样的教育这样一些基本的概念都搞不懂的话,那么我们用什么样的标准评课?

7. 教师对儿童生命状态的漠视,让教育终于可以"伟大"到再次重新把人变成猴子。

8. "新教师"、"新课堂"、"新学校",解决三个"新"的问题,我们就可以培养出"新学生"。中国教育的希望在"新教师"那里,而一定不会在传统名师那里。

9. 无限放大教师的作用和教的功能，就是反教育。

10. 课改说穿了就是让教师变"二传"为"一传"，让学生与学习对话。教师的作用百分之八十就体现在"把湿柴火弄干"，剩下百分之二十体现在对流程的设计上。

11. 教书就是开汽车，第一步把钥匙插进孔里，点火（激发兴趣）；第二部踩离合，挂挡，就是自学、展示、反馈；第三步，抱紧方向盘，把握方向。

12. 教无定法的前提是教学有法。无论是宝马还是桑塔纳，一旦上路，就必须遵守交规。教学必须回到有法上来，有法就是把学习的权利还给学生，有法就是教师再也不可替代孩子的学，有法就是让孩子去经历。

13. 当你不可以替代孩子感冒的时候，你可以替代他学习吗？

14. 把课堂还给学生，把学习还给学生，只有还给学生，才能实现分层。

15. 学习就像是孩子在餐桌上吃饭，当妈的说这个菜再好吃，没有用，最好的方式是让他尝一口，他发现好吃，他就会去把盘子揽过来的。

16. 真正好的课堂，必须首先是动的课堂，每节课在锻炼身体，每节课都是体育课；每节课孩子们都在说，每节课都是演讲课；每节课都在写，每节课都是书法课；每节课都在合作，每节课都是交际课。素质教育的一切就在课堂。

17. 课堂教学必须重视情感。高效课堂是"知识的超市，生命的狂欢"。参加一场婚礼，我们会高兴三天，参加一场追悼会，我们会难过三天；遗憾的是我们很多老师可以把课上得像追悼会一样，一上台就像致悼词，连续一天八场追悼会，连续搞十二年。课堂必须是狂欢的，让每个孩子乐在其中，这就是对生命负责任。

18. 学生的课堂生存质量，即教学质量。

19. 要重新认识主体与主导。学生是学习的主人，杜威早就告诉我们，教师是学生学习的仆人。主体等于主人，主导等于仆人。

20. 重视课堂的流程，必须先学后教。天下一切好课都有共性，它的共性就是自学—展示—反馈。

21. 如何评课,李炳亭五条(简称李五条):第一,看学生的学习状态(听声音,看动作,察表情,好教育写在脸上);第二,看参与度,一节课不能少于一百人次的参与,老师在评价过程当中,要评价到小组,每一小组的组长要落实到人;第三,看流程:自学、展示、反馈;第四,看效果(自主程度、合作效度、探究深度);第五,看师德(有没有侮辱打击性评价,有没有群问群答,教授时间超过十分钟,师德不达标)。

22. 坚决反对群问群答,为什么不反问一句,换一种方式:同学们,这道题还有谁不会?

第六章
课 改

课改其实很简单！

2012,得课堂者得天下

要预先说将要发生的,实属冒险。连续两年,我都曾大着胆子对中国的课改走势做过预判。2010年,我预言中国的课改将走进"模式年",2011年,我的预测是"学生主体年"。其实所谓预言只不过是一种基于某些经验和观察的"个人"判断,当然不具备"纲领性"的指导特质,它最多只能算作一种思考性"提示"。

我预言,2012年,中国课改将步入"教师角色年"。

课改呈现什么规律

新课程改革推进10年,可谓成效显著,它至少直击和试图解决三大问题。第一,教师教育教学观念的问题,教师不再是知识的"搬运工"和"灌输者",学生主体、教师主导,教师如何做才是主导?二是基本厘清了教学关系,是教服务于学,还是学服务于教?如果说杜郎口中学是变"教中心"为"学中心"的典范,那么,它的启发至少体现在要"少教多学",甚至是"先学后交"。"教"的不情愿"退出",是否意味着传统课堂已完成最后的绝唱呢?不尽然,我们不能不无奈地说,传统灌输式的知识课堂依然占据主流,而且越是"名校"、"名师"越更固执地坚守,课改在中国虽然方向明确,却仍旧任重道远。三是大多数学校都从未像今天这样如此高度关注课堂教学。当"课改"变成一种国家意志之后,"课堂"将在未来很多年里持续成为一个"热词"。"得课堂者得天下",今天很多课改"名校"的异军突起,当无需惊诧。

纵观和分析课改"名校"的崛起秘诀,他们几乎无一例外地走过了一条荆棘道路。《中国教师报》从中推波助澜,其发挥的助推和引领作用,被很多专业人士和一线教育者认为不可小觑。课改到底要如何走?有没有经验和规律可循?回答是"有",而且是一条必由"铁律"——"课改四步曲"。简单概括为:第一步:理念变观念;第二步:观念变方法;第三步:方法变文化;第四步:文化变信仰。这"四步"的价值和意义在于,它涵括了教育的"人本"属性,遵循了"学生自主"的学习和成长规律,解决了学习动力培植的难题,达到了素质教育追求的育人目的,回答了很多人对课改片面和错误的认识。课改到底是改什么?课改是改良吗?不,课改是改革和再造,是改变原有以"控制"为主的教育教学思想,课改说穿了就是放手,是点燃、激励、唤醒。教育终究是一种"信仰",基于当下现实教育的问题,我们可以把"信仰"解读为"以人为本、尊重生命",而在具体的办学理念上,教育应该遵循的是"教师为本、学生第一",我们甚至还可以换成另外的一种说法——发展学生、成就教师,再通俗一点可表达为"通过发展学生,从而成就教师"。

理念终究要呈现为一种方式方法。细数方式方法的演变,其大致的脉络是:从以"教中心"为标志的盲目膜拜,到以"有效教学"探索为载体的对教的质疑,再到以"学中心"为支撑的高效课堂的推崇;从对学习者的强制灌输,到教学环节的尝试性开放与对话,再到落实实现学习者真正的自主;从考什么教什么的功利驱使,到"一切为了"句式的浮夸性教育思考,再到追求"知识的超市、生命的狂欢";从把学习者单纯作为被动的受教者,到视学生为"产品",再到被作为最重要的教育教学资源,并被高度关注基于成长者的权益和尊严。这时候,教育的概念已发生了质的变化。

课到底应该怎么上?"实操性"如何则成为对课改学校的最大考验。近几年来,模式的竞相建构并非是为了赶时髦,而是课改发展过程使然,但比较具有争议的是模式的建构思想:它到底是应该基于教还是基于学?我们是否能够找到适合每个学科的通用模式?模式的背后是什么?从"模式"建构,到关于学习者"主体"的研究,再到"教师角色"的深层辨析,课改就这样逐步深入、拨云见日。

课堂的背后是什么

关于模式的建构,可能有两种思路。一种是基于学科本身的,一种是基于教学对象的。如果说前一种依然是围绕"教"而谋,后一种显然是围绕"学"而做。那么,什么是学习,学习的规律是什么,则成为"目中有人"和"目中无人"的两种教育的分野。教师必须清楚,好课永远都是"学生的课",而非"教师的课",是"学的课",而不是"教的课"。课堂的背后是什么?是教师对教育的理解,是学生成长方式的认识,是教师的人性、道德和思想。

对"人本"教育者而言,他们主张教育应该"从儿童出发",这样的教育显然是"人学",学习则是一件"私人化事件",是一种自然"发生"的过程,他们认为儿童有两大天性,即好奇心、展示欲。对于教师而言,他应深刻认识到,他在教别人,其实也是在教自己,他用教别人的东西教自己。如果说,教师本身很难体验到教育的幸福,那他一定无法让学生获得幸福。按照马斯洛的"需求观",教师应尽可能满足儿童的自主、主动、创造,而前提当然是"发现儿童",因而教师这个职业甚至可以概括为"儿童发现者",他应该把全部的身心花在"认识学生"上。

当我们说学习即体验、成长即经历时,教师要建立基于学习对象的三个基本常识:第一,学生即"在学中生",离开了"学",何谈"生";第二,一切的学习都是自学,当然"自学"是自主学习的简称,它包括三种学习方式,即独学、对学、组学(群学),合起来为自学;第三,学生是课堂教学的最重要、最主要资源,而教师被视作"第51名学生"。

在新的课改背景下,教师应该真正理解课堂的"新教育学"概念。课堂是一个学习场,是知识、能力、情感、智慧受孕的"子宫",是展现生存、生活、生命状态的舞台,是一种全新的生命时空概念。教师要敢于营造这个"场"。教师还应有能力让学习和成长无处不在、随时发生,"凡是有学习发生的地方都叫课堂"。

教师需要什么样的教育教学思想支撑?相信学生、解放学生、利用学生、发展学生。相信学生是"新师德"。解放学生是教师毕生的使命,解放时间、身体,解放思想,解放创造。利用学生就是有意提醒千万不要忘记学生是天生的学习者,是最重要的教育教学资源,是一个能够成功、积极向上、敢于进取的人。其实,教师的教育教学艺术都不该是讲得如何、是否精彩,而应该体现在调动、利用、唤醒学生的学习成长上,"利用"从来不应是一个贬义词,而是教师一较高下的利器。发展学生,是教育教学的本意和旨归。

第一个教师是谁

课堂教学必然会向着"自学"一路狂飙。岁末,有一个课堂"事件"值得关注——江苏昆山前景教育集团,突然推出了一个新的课型:"一拖四课堂"。所谓一拖四,即一名教师同步上四个班级的课。"一拖四"注定会遭遇到争执,就像当初的杜郎口。有人讲,这是课改的"大跃进",而该校董事长张雷却"固执"地以为,教师就是个"看菜园的人",在他看来,学生就是自然生长的"青菜"!

前景教育集团的探索,意味着的是更大的教育教学认知的挑战,它甚至是对新课改"教师主导"的颠覆。它引发的思索是:如果没有教师,课堂会怎么样?

无独有偶,山西省新绛中学和陕西省宜川中学,两所学校都不约而同取消了每天下午的"正课"而改为任由学生自习。同为课改人的山西省教育厅副厅长张卓玉,曾经在自己的教育专著《第二次教育革命是否可能》里曾经这样大胆设疑:假如取消了学校会怎样? 如果你认为教不可替代,那么,第一个教师是谁教出来的? 在前景教育集团,为了保障学生的学习和成长权益,该校还出台了三部"法典",分别叫《学生学习法》、《学生生活法》、《学生成长法》,用"法"来划界保护,至少不失为一次有益的尝试。前景教育集团追求的至高学习境界叫"无师自通"。这个"自"既是"自己",更是"同伴",他们信奉——有困难,找同伴。

放大学习和学生的作用,是否意味着冷落和贬低了教师呢? 显然不是的,在很多先行的课改人看来,教师不是"二传手",而恰恰是一个敢于放手发动学习"一传"的人,是一个学习条件的提供者、成长环境的营造者,同时还是和学生一起发展的人。

教师的新角色

2011年,《中国教师报》提出"四新":新教师、新课堂、新学校、新学生。这当然不是一个简单的教育学概念的发明,在我们看来,"新教师"承载着教育振兴和民族复兴的未来。新教师是一个什么人? 新教师要树"三观":"人学"的教育观;"以学评教"乃至"以学评'学'"的教学观;学生是第一教学资源的学生观。

我们必须明确甚至加以界定教师的角色和作用。尽管这个问题很富有挑战,但如果划不清界限、分不清权益,主体和主导仍然会纠缠不清。我是这样理解和表述的,姑且称之为"二八理论":教师80%的作用是点燃、激励、唤醒;教师20%的作用是课堂流程的操作。

  点燃什么,激励什么,又唤醒什么?学习的动力、兴趣、目标,乃至是人成长的"精神系统",他为什么学,他有什么样的人生信念,他的精神气质如何,等等。教师必须正视"组织"的存在,即小组组织和班级组织,当我们把好学校形象地表述为"好学校是一方池塘"时,那么,小组和班级同样应成为"小池塘",其实,每个学生也应该成为"池塘",让池塘里有鱼、两栖动物、水鸟、水生植物。教师是点燃学生的火种,而学生应该是干柴,教师必须明白,熊熊燃烧的正是柴火和学生本身。

  当我们说教育即信仰时,教师应该首先成为一个信仰者或者传播信仰的人。教师的基本准入是富有人性,其次是热爱学生,再次是具备一定的专业技能。我们必须走出对知识权威的盲目迷信,去"苛求"教师的人性、人格、道德、信仰、责任!

  而需要教师掌握的课堂教学流程,它首先不是"教设计"的流程,而是从"学规律"出发,基于学习对象的学习认知规律的总结,教师需要将学生"带入"学习情境,然后任由学生去"体验"和交换体验,再慢慢在"经验"中感受"成长"。那么,依据这样的"学规律",好的课堂实在都应该具有这样基本的流程,即自学—展示—反馈。如果非要谈一点技术,我愿意把新教师应掌握的那点东西,概括为"五个一":编制一个导学案;构建一个学习组织;给予学生一个学法;设计一个课堂流程;明确一个学习任务,此外,无他!

  注:此文发表于2011年12月28日《中国教师报》。其中观点散见于前文。因此文立足年度课改盘点,故原文收入本章,未作删减。

学生是教学质量提升的关键

按照我本人对课改研究成果进程的划分，我把10年课改分为"三个代"。

第一代课改的代表性学校是洋思中学，他们之于对传统教学的批判，更多的是体现在对"教"的质疑和改动上，洋思的改良意义无疑是巨大的，但支撑他们改良的缺憾是仍然没有跳出"教为主、学为辅"的圈子。我对第一代课改的概述是：基于"教为中心"的传统课堂教学的低效，以期通过调整、改进课堂教学的手段和方式，实现从"低效"到"有效"的跨越。洋思中学是新时期教育改革第一个吃螃蟹的学校，它代表着一个时代的高度，尽管它"有效"地解决了课堂效益的问题，然而它仍然不能挣脱"教中心"的教学框架对课堂"生产力"的束缚。

第二代课改的标志学校是杜郎口中学，它与洋思的相同之处也是从改变"教"的手段切入，所不同的是，杜郎口较大幅度地提升了"学"的地位，符合了新课改"学为主体、教为主导"的基本理念。如果说第一代课改是改良的话，那么，第二代课改则有资格称为改革。第二代课改与第一代课改最大的区别在于，其实现了从"教中心"到"学中心"的飞跃，构建了全新的课堂教学"学中心体系"，也可以说二代课改是第一代的"升级版"。

第三代课改的基本特征是不过分纠缠于课堂"技术"细节，而是以"人本"为基石建构全新的"课堂规则",从对"人"真正的"发现"来"认识"学生,清晰界定"学习者"和"学习条件提供者"的角色关联性,通过成就学生从而促进师生和谐、全面、可持续的发展。他们的基本教育理念是教师为本、学生第一。

但目下第三代课改尚缺乏一所真正意义上的领军学校,从现在崭露头角的几所学校来看,如江苏昆山前景教育集团、河南省卫辉高中、陕西省宜川中学、河北省清河挥公实验中学等,三代课改的"共性"体现在:1."无边界"张扬学习者的主体作用和地位;2.尝试去除"教师主导化",极端放大学生自学,甚至普遍采取"一拖N"课堂形式(即一个教师同时上N个班的课);3.空前体现出知识的超市、生命的狂欢。他们的核心理念是:相信学生、解放学生、利用学生、发展学生。坚持认为,学习即自学,教师只是学生学习条件的提供者,是"带资"的"同修"者。

改革需要激赏,我们期待着第三代课改的喷薄而出,当然,没有一项改革是十全十美的,所谓好与坏只是相对而言,无论它是第几代,他们都注定会被写进中国当代教育史里,中国教育就是这样生生不息,在传承和超越中不断进化,谱写着恢宏的篇章。

主导"主要在引导"

其实,新课改的基本理念就是"学生主体",所谓"教师主导"只是一部分学者在传统与现代之间"妥协"的结论。有时候我们需要妥协,妥协是一种智慧。就像我们提出的"高效课堂",它其实是一个完整的教育学观念,而不单单是为了提升课堂效益。任何新的教育概念的提出,都必须"带入"更多人的行动兴趣,因此,高效课堂从"效益"入手,应该也属一种妥协。

但"妥协"的结果有可能会制造超出预想的混乱。比如"教师主导",按照辞海的解释,"主导是指主要的并且引导事物向某方面发展的",那么,

"教师主导"则显然是指教师是主要的并且引导学习向着自己预期方向发展的角色。辞海对"主体"的解释是"事物的主要部分",那么"学生主体"显然是在说"学生是课堂学习的主要部分"。"主导"、"主体"如果都是"主要"的,谁应该围绕谁,谁到底服务于谁?正因为缺乏确指,因而长期以来,针对"谁做主"的争论甚嚣尘上,导致了完全不同的两种课堂形态和尖锐相对的两种评价方式的撕扯,于是有人提出"双主体"概念,这显然不是学术,而是典型的和稀泥的"哲学"。

上世纪钱梦龙先生针对传统的讲读教学模式提出的"三主"导读教学模式,曾对当时的课堂教学尤其是语文教学产生了深远的影响。"三主"即"以学生为主体,以教师为主导,以训练为主线"。钱梦龙指出:"学生为主体"是教学的前提,着眼于使学生"善学";"教师为主导",是强化学生主体地位的条件,着眼于"善导";而学生的"善学"与教师的"善导"都必须通过"善练"的科学序列才能实现,所以说"训练为主线"是"主体"与"主导"相互作用的必然归宿。"以教师为主导",钱先生解释说:即确认教师在教学过程中处于领导、支配的地位,而教师的领导、支配作用,只有通过"导",才能得到充分发挥。导之有方,学生才能成为名副其实的主体。

不过在后期,钱先生又开始怀疑自己的"三主",他在接受媒体访谈时说:我认为现在的语文学习有三多三少,凌空蹈虚的人文感悟多了,生动活泼的人文训练少了;缺少智慧的重复训练多了,有个性有创见有合作的学习少了;学生在学习的时候听的多了,自主、自在的语文表达少了。钱先生批评说:教师仍然以滔滔不绝的"分析讲解"为能事,偶尔穿插些提问,也是为了"活跃课堂气氛"的需要,而且大多属"教学圈套",千方百计诱使学生"入我彀中",学生不是做"听客",便是被一个个问题牵着鼻子走,根本没有学习的自主权。

教师这个角色的使命,是学习的引导者。必须加以强调,"引导"和"主导"在教学上的含义截然不同。

作为学习的"引导者",鼓励教师:1.能激发学生的学习情趣和动力;2.是学习发生的必要条件;3.学生是课堂教学最重要的资源,教师只在学生遇到学习障碍时给予适时的点拨、指导。

作为学习的"引导者",反对的是:1.替代学生的学习;2.诱使学生一步步进入教师预先设置的"教学圈套";3.只重视传授知识和注重自己的讲授艺术,无视学生的存在。

如果是作为学习的"主导者",那么教师很容易找到"替代学习"的借口支持,并且教师的"知识水平"必然客观地决定、制约着学生的"学业水平",教师的见解、观点、思想决定、制约着学生的高度和视野。马斯洛曾说:在一个身高不足一米五的房间里量身高,所有人都不超过一米五。这就是为什么当下传统学校争相抢名师的根源所在。教师因为是作为学习的"主导者",就天经地义地要求学生要"归从"于自己的教学要求、预设、结果,在这样一张密集的大网下,学习个性很难成为漏网之鱼,学生只是一个被动的知识接收者,教学常用的手段无非是讲授+训练。作为学习的"主导者",其实还常常阻挠着新课改的推进,他们总有一千条理由为新课改担心,比如万一学不会怎么办,学生讲得不如我生动、到位,万一影响考试成绩怎么办,等等。

当年杜郎口的课改,是从"刹讲"动手的,"讲"的背后是什么?是教师仅仅不甘心从讲台上走下来吗?不是的,从本质上讲,是"主体与主导"之争。"放手"的背后是"放权",课改与其说是改变教学关系,不如说是一场师生间的"权益博弈",从"主导一切"到"引导学习发生",表面看是"师退生进",实则是一场教育思想的重大变革。

学生才是学习的关键

从世界上比较先进的教育主张里,都可找到一条大致的认同,即学生是决定教学成绩的关键。

这句话或许会彻底改变中国传统的课堂教学现状,乃至于改变师生共同的生命状态。

学生是关键,意味着的是:1.他有什么样的学习个性?2.他是否愿意学习?3.教师如何满足他的学习愿望?

然而,传统的教育教学不关注学习者,不了解、不"认识"学生,不在意学生心中所思所想,更不研究学生的学习认识和成长规律,这样的教育显然不是"从儿童出发"的,更不是"以人为本"的,或者说我们的教育观是出了问题的。那么,教学的改革,则有可能不是改革教学关系这般简单,它或许要触及到更深层的思想、文化价值观。

课堂的背后有三大东西在支撑着:1.教师的教育观;2.教师的教学观;3.教师的学生观,亦即教师对学生生命成长方式的认知。如果课堂教学不从"人的规律"出发,不敢于放手让学生去体验,不契合儿童的生活经验,不尊重儿童的差异,不准许儿童用"自己的方式",那么,这样的教学显然是"离人万里"的,甚至是"反儿童"的,是缺少"生命"的,是没有"温度"的,是貌似"成熟的"而非"幼稚的",是"工具的"、"绑架的",而非儿童自身发展"需要的"。

儿童有儿童的天性,他们乐观好奇、争强好胜、渴望被接纳、赞美,他们富有童心、童趣,这决定了儿童的可爱、可贵。每一个学生都是一个"天然"的学习者,都富有合作能力和创新精神,都热爱集体、敢于担当、胸怀大志,然而遗憾的是我们不了解他们,我们总在想方设法抑制和扼杀他们的天性和天赋。我们习惯了"教导"、"训斥"、"强迫",我们以为教育就是"管制",而认识不到恰恰是点燃、激励、唤醒;我们忘记了每一个儿童都有可爱的一面,每一个人在适合自己的领域里其实都是天才;我们忘记了教育原本就是爱和欣赏,是自由和无条件的接纳。就像峨眉山的猴群,在儿童的世界里,儿童也有自己的"规则",成人对儿童的爱和尊重,就是尽可能减少对儿童领地的侵占和野蛮开采！

错误的教育观导致了错误教育的发生，错误的教学观同样导致了错误的教学行为的发生，错误的学生观导致了教育悲剧的发生，一切的厌学乃至于厌世都可以从这里找到根源。因此，课改才被说成是觉者的选择、智者的发现、行者的担当，它是有良知的教育者共同的使命。

学生才是教育教学质量提升的关键，要求教育者：1.把学习交付学生，把学习者置于学习过程的"核心"地位；2.为学习者配置和提供可选择的丰富的学习资源、条件；3.最大限度地使他们在获取知识的同时，拥有获取知识的途径和能力，并且让他们尽情享受这样的成长。

学习从来不应该是一件枯燥、无聊、痛苦的事，对于乐学者来说，学习就如饮琼浆，教学一旦顺应儿童的天性特点，那就如同鱼游大海，一切的奇迹都无需惊诧。

学习是什么？学习即体验。

学习规律是什么？就是带入—体验—感觉—兴趣。

当我们主张课堂教学要注重流程时，其实好的课堂无外乎这样的共性：自学、展示、反馈。自学是一切学习的别名，它其实就是"自主学习"的简称，独学、对学、群学，合起来就是"自学"，而展示是发表、暴露、提升，反馈则是"对症下药"，是拓、悟、思、挖，是情感的升华，是人格的形成，是生命的拔节。这一切都可以浓缩为十个字：知识的超市、生命的狂欢。

"去主导"并非"去教师"

教师的最主要作用是什么？"认识"学生。唯有真正的"知"和"懂"得学生，才能找到其"兴趣中心"，投其所好，对症下药。

如果教育的变革仍然停留在"教学关系"、"技术"与"艺术"、"主体"与"主导"的研究和争执上，是走不远的，改革必然要回到本质和内涵上去实化思考,因此才有了"去主导"的更为大胆的尝试。

去教师"主导"需要一个先决条件,即学生的学习无需教师引导和帮助,可自主满足教育教学的要求。

其实在孩子的成长过程中,我们每一个人都有过这样的经历,从孩子会使筷子的那天开始,当父母的才算真正获得了"解放"。教师的解放来自于哪里?显然需要从学生会学那一刻开始。

我们一直在讲,教师不应该是传统教育教学的牺牲者,当然我们鼓励教师要敢于奉献,但"化作春泥"或者"蜡炬成灰"并未能成就教育伟大的现实蓝图,我们该如何给教师定位?

从"人本"教育的主张看,教育必须首先维护和满足教师的"权益"——教师是一个生活者,其次是一个发展者,教育能否传递给教师以幸福,决定着教师能否带给学生以幸福。如果教师是一个生活的失败者,那他绝对无法让学生成为一个生活的胜利者。现实的严峻性在于,我们依然有很多高中学校在鼓吹"三苦、三上"精神,10年课改,如果我们的学校还停留在这样的教育认知上,那实在是极度悲哀的。一个被认定的事实是,在很多课改学校,当教师被要求选择课改时,起初或许他们需要经历一场"旧情"折磨,很多人过分迷恋所谓的"教学经验",而缺少超越自己的教育勇气。然而,几个月之后,当老师们步入一个全新的教育教学境界时,他们觉得以前的行为原来那么可笑、原始。教师的幸福必须从积极参与这场"课堂革命"中来获取,这几乎被认为是一个共识。

"课堂革命"给教师以崭新的定位:1.不再是一个贩卖知识的"二传手",而是一个发动学习"一传"的角色;2.和学生一起学习、成长,是"平等中的首席",是一个得到发展的人;3.是一个信仰者,给学生、小组、班级乃至同伴以信念,教育是抵达幸福的途径,而教学不过是一种手段,课堂只是一个载体,教师是完成这个目标的"责任人"。

很难想象,这一切如果没有教师会怎么样?"去主导"貌似"去教师",

从本质上讲是转换另一种表达体系,即教学更加关注学习者本身。如果单纯立足知识教学的角度,在没有教师时学生完全可以学会绝对是有可能的,我也相信很多人都曾有过这样的经历。但是,当教师这个职业客观存在时,如果我们一味呵护学生而敌视教师,或者漠视教师的存在、权益、尊严,则和传统教育犯一样的错误:不尊重教师!

事实是,在一些实验学校,比如前文提及的江苏昆山前景教育集团、河北省卫辉高中等,他们的"去主导化"实验,恰恰是从尊重、解放、发展教师出发,尝试把"完整"的学习还给学生,信任学生能自主、自立、自强,教师从传统课堂重复、繁重、辛苦的劳动中解脱出来,然后完成对自己的"自主"。在这些实验学校,教师们教学行为的改变,大多是取自于自动、自发、自觉,他们还大胆地把导学案编制甚至是考试还给学生,像前景教育集团的张雷校长就说:我们到底要试试看哪些东西不能还给学生,哪些东西离开了教师学生就玩不转!作为一种必要的尝试,无疑他们的实验是有价值的,正如卫辉高中校长李宪文所感慨的那样,"教师解脱了,学生鲜活了,这样的改革意义非凡"。

"去主导",换一个说法是"去控制"。

其实,被人控制的人生一定是屈辱的,被人控制的学习一定是被动的。被人控制的成长一定是"非自然的"。

"去主导化"最显著的特征是,"最大限度"地相信学生和利用学生,在他们看来,这才是真正的新课改的精髓。必须要强调说明的是,他们的"去主导化"是从"一抑一扬"的辩证角度出发的,"抑"不是"扼",而是鼓励教师转换另一个"扬"场,同样"扬"不是"纵容"、"包庇",而是激发学生的责任感和自我管理能力。如果对立地看问题,或者强加给他们"胡搞",那你不是在欣赏孔雀开屏,而是在挑剔和为难改革,"去主导化"显然是在挑战很多人的教育"常识"。

事实上,在他们的课堂上不是不需要教师的存在,而是教师的角色通过转换之后,去承担和完成另一种职责——学生成长的见证者、激赏者、记录者!或者说他们正在赋予"教师"以全新的意义,他们实验的价值是,一旦教师的概念发生了变化,那么,则必然引发关于课堂、教学、教育的变化,因此我称他们在书写"新教育学"。

改革有时候还真需要"走极端",但任何教育改革都必须是基于教育的规律和内涵,也就是尊重人性、人本、人权。教师同样是构成教育的有机部分,真正好的教育一定是能让师生共同发展、进步、成功的教育。教师是教育的基石,这句话什么时候都是对的,但教师过分"越权"或者借着对别人"负责"来"剥夺"学生则是十分错误的。须知,学校首先是"学生"的学校,其次是"教师"的学校,它是师生交互、相映、合作、影响、享受、发展的生命场,这样的教育才通往伟大!

课改四步路

还是回到具体的课改上来解读我的实践。如果之于一所学校,他们真的要课改,而不是借此沽名钓誉或者敷衍上级的要求,那么,基于八年的实践经验,我的总结或许能对他们有某些价值。我不敢把话说满了,否则会给别有用心的人留下口实。

对于任何一所试图课改的学校,他们面对的质疑或者困难都有如下相似之处。简单概括,分为三大类。

一、学校管理者所担心的——

1. 课改会影响升学率吗?
2. 家长反对课改怎么办?
3. 学生乱起来如何管?
4. 杜郎口具有普适性吗?
5. 如果学杜郎口,是不是有辱名声?
6. 课改是改良还是改革?
7. 学校如何建立新课堂评价?
8. 教师不改怎么办?
9. 课改只是课改,为什么要触及到文化和管理?
10. 是找几个班做实验还是全面推开?

二、发生在教师身上的——

1. 少讲或者不讲,要我们这些教师干什么?

2. 不讲、不灌、不练,学生能学会吗?

3. 模式岂不是制约了自己的教学艺术?

4. 学生啰里啰唆,不如自己讲得效果好。

5. 放手给学生,会影响教学进度。

6. 一放就乱,如何维护课堂纪律?

7. 准许学生自由发言,教师一旦被难住,岂不丢面子?

8. 文科自学可以,理科不讲岂能学会?

9. 教师还能惩罚、批评学生吗?

10. 学生主体、教师主导,教师主导如何发挥?

三、学生的问题——

1. 学生压根儿就不会学怎么办?

2. 有些性格内向的学生,不愿意展示怎么办?

3. 差生怎么办?

4. 是否会耽误尖子生的时间,影响他们的成绩?

5. 学生不适应新课堂怎么办?

6. 某些学生不愿意帮扶同伴怎么办?

7. 学习自觉性太差怎么办?

8. 自学学不会怎么办?

9. 模式适合每一个学生吗?

10. 遇到假学习、借机聊天说话怎么办?

其实,我们在课改中遇到的问题远远比这复杂得多。如果就这些问题刨根问底去归因,大多仍然可以归结为教育教学观念的问题,其次就是方法、方式的问题。

在旧的教育观念里,我们往往大多不太"相信学生",当然更不去研究如何"利用学生",学生始终处于被动者角色——被动地被设计,被动地领受任务,被动地按照某一种旨意去执行,被动地被占据一切。在很多人眼里,教育只是接受知识的灌输和强制性训练,而学生生命刻度里的每一分甚至每一秒,都被安排得井然有序。他们没有自由,也没有自主、自我,没有创造,也没有生活、灵性,他们完全被一种强大的力量所支配,就像流水线生产出来的一般:机械、死板、僵化……教育哪里有人性和生机?这样的教育不是育人,简直是在造孽。可依然有人在讲中国的"国情"、"教情",在大谈校长和教师的无奈,我们准许那些不负责任的人开脱自己的责任,但教育一旦消弭了良知,丧失了人性,便辱没了它的神圣性。你可以这样做,但你不可以说你做的是教育;你不可以这样做,因为被祸害的是学生!正如杜威所言:根本的问题不在于新教育和旧教育的对比,也不在于进步教育和传统教育的对立,而在于究竟什么东西才有资格配得上"教育"这一名称!

教育的问题其实不复杂,前提是我们真的尊重教育规律,教育规律即学生的认知和成长规律。回到这个规律上,便是推动课改的意义所在。因而,与其说课改是改课,不如说是在改变教育思想和育人观念。

大致说来,一所学校的课改,总需要走过四步路:理念变观念、观念变方法、方法变文化、文化变信仰。

第一步:理念变观念

这个理念是指新课改理念,不是指中国传统教育教学的理念,也不是指单纯的西方教育理念。中国传统的教育理念是儒家所给予我们的"道德准则"——通过等级制度和服从规则来引导人们的关系。美国著名教育家丹尼尔这样概括:"他(孔子)把庞大的中华帝国设想成一个巨大的延伸的家庭,由帝国的父亲——皇帝进行家长式的统治。所有的帝国臣民都处于顺从的次要地位,并对他们的统治者表示出深深的虔诚。"当然,在具体的教学方式方法上,丹尼尔还是对孔子表达了足够的肯定。但我们必须清楚,教育实在不能简单化为教学,"一个人确实是从教师那里学会成为一个统治者的,正如记载中所说的:'三皇五帝的统治者就是这些老师教导出来的'"。

无需我赘言,相信大家都比我更知晓新课改理念。问题是,当我们熟知了新课改理念之后,再来反观我们的教育教学,你会愈加惊诧,为什么我们的许许多多教育教学行为是与新课改理念背道而驰的呢?是有意这样还是没能领悟新课改的思想精髓?现实的情况告诉我们,仅仅知晓和熟悉新课改理念,看来并不能解决教育教学具体的问题,理念和实践属两张皮,这是其一;其二是,理念有时候只能是理念,而影响和支配我们行为的,往往是观念。所以,理念能指导行动,而决定行动的恰恰是观念。

我们需要什么样的观念?也就是理念要变成什么样的观念的问题。我的意见是,首先要建立"人学"的教育观,即以人为本的教育,这个"人"理所当然应该是"学生"。基于人本的教育思想的建立,还要求我们牢记以下16个字:相信学生、解放学生、利用学生、发展学生。在我看来,相信学生是今天教师最大的"师德",相信学生是教育的基石,而解放学生是教育终身的使命,利用学生则是教师全部教育教学艺术的体现,发展学生是教育的宗旨和意义。其次,我们还需要建立"以学定教"、"以学评教"、"以学代教"的教学观。教是为了不教,不教而学是教学的高境界,但最高的教学境界是无师自通。再次,我们还需要建立"学生是教育教学第一资源"的学生观。按照极端的说法,一所学校甚至可以没有老师,但不可以没有学生。没有老师未必就没有学习发生,但没有学生一定没有教育!因为教育可能会因教师而存在,但一定是因为有学生才有意义,因而学校才会被称为"学"校,而不被称为"教"校,如果叫"师"校,那一定是"教师"进修学校。

究竟应该如何理念变观念?我只提供一种建议:从一节传统课,甚至可以是大家公认比较精彩的课入手,先评课找问题,注意,必须是以新课改标准来"诊断",这是第一环节;第二个环节是"开方",也就是征询改进意见;第三个环节是"尝试",也就是上实验课;第四个环节是"达标",要求人人过关;第五个环节是"树标",给大家找到模型课;第六个环节是"改进",对照模型课,改进自己的课。

第二步:观念变方法

什么方法?是教的方法还是学的方法?回答当然是学的方法。

中国传统的教育教学主要的特性是"教中心",它衍生的主要技术是"练为主",教与练几乎构成了教学的全部。过去我们注重的是教学目标、教学进度、教学设计、教学手段,如今我们却要求教师要研究学习目标、学习方法、学习达成。从"教中心"到"学中心",一字之差带来的是全新的教育思想和观念的变革,它是性质完全不同的两个系统,甚至我们无法把教的经验和技术带入到学的系统中去。因而,新课改推进之难,恐怕难在"学中心"经验的缺失上,甚至对"学"的研究,几乎是一项空白。不是有意诘责中国教育,因为"学研究"至今也属于世界级难题。所谓难,难在"研究学"其实就是在研究学生、研究人。人为什么学习?学习的过程和结果是什么?如何给学习下定义?学习者的思想和信念在学习过程中起什么作用?什么又是值得我们研究的"学习研究"?它有没有不同的范式?我们又如何对学习方法作出科学的评估?评估学习的方法有哪些……

但无论怎样研究和对比,教的低效甚至是负效都在制约着我们今天的教育教学,而唯有学,既能够解决课堂教学的效益、效率要求,还可以帮助学生实现能力的成长和精神的狂欢。没有经验启示也没关系,那么,我们就去实验,去行动中求解,甚至是"从战争中学习战争"。这样,不仅创造的是经验,而且有可能是在书写中国的"新教育学"。当然,你一定不可以以

"旧教育学"的概念和理念来给新尝试"刻舟求剑",纵观世界教育的发展,教育学的历史也是一部变革史,是不断超越和否定的历史——教育的先驱者从来都是重新解释先辈们的工作,创造了他们的教育学。比如福禄培尔通过探索儿童的精神天性挑战了经验主义;杜威通过激励团队协作挑战的是斯宾塞的个人竞争的道德标准;蒙台梭利富有首创精神地挑战了传统的有精神障碍的儿童的教育观点;皮亚杰则增加了儿童探索环境的重要性;而卢梭则不相信现代技术,他坚持认为学生直到12岁以后,才应该被允许读书……

我相信,中国一线教育的田野里,会长出我们期待的"新教育学",那些带着泥土芬芳的"方法"、"理论",闪烁着汗水和智慧的光芒,映照着人类教育的天空。我甚至乐观地判断,在未来的三四年,中国教育必然会重新洗牌,一批真正的教育家将会从田野里走出来,伴随着他们的崛起,一批传统的"名校"、"名师"会黯然退出历史的舞台。历史从来就是这样,大浪淘沙!

关于对"学中心"方法的行动研究,前文多有涉及,此处不再赘述。简单概括起来,还是那"五个一"——1.构建一个学习组织;2.提供一个自学方法;3.设计一个课堂流程;4.明确一个任务;5.给予一个学案。

第三步:方法变文化

首先必须明确,我所主张的文化显然不是成人的文化,也不是成人设计的文化,而是面向学生的、学生自己的文化。我一向认为,教育的两翼是文化和课堂。文化和课堂又是什么关系?如果说文化是土壤,那么课堂则是花朵;反过来也可以这样说,如果课堂是花朵,那么,文化则是种子。很多时候,课堂和文化互为因果,但课堂一旦离开了文化的支撑,课堂则会颓萎。所以,课改改到深处是文化,或者说,课改就是在改文化。如果说改方法属于对"术"的探索,那么,改文化便是对"道"的膜拜。

在这方面,安徽铜陵铜都双语学校,深有体会。他们以"课道"来支撑其教育教学体系。一位教育专家在考察了该校之后,这样满怀深情地写道:"课道"是精神。从铜都双语学校"五环课道"的成型过程中我们可以看出课改人不断追求精益求精的精神,每一次否定都有新的期待,每一次否定都是一次新的重生,最终成就了凤凰涅槃。只有这样对事业执著追求的人最终才会创造奇迹,只有这种精益求精的精神才会创造成功。

"课道"是方法。"定向导学、互动展示、当堂反馈"三大导学模块;"自研自探—合作探究—展示提升—质疑评价—总结归纳"五大课堂环节;自研课、展示课、训练课、培辅课、反思课五种课型。其对我们的启发是,只有科学合理的课堂教学流程和操作技术,最终才会成为引领发展的课堂文化。

"课道"是文化。在铜都双语学校课堂上,我们看到的是一种对生命的理解、关怀与尊重;我们看到的是一种"人"的精神气象,一种氛围;我们看到的是对教师和学生生命质量的共同关注;我们看到的是一种开放、自由、和谐、智慧的课堂生态、课堂文化。

"课道"是大道。铜都双语学校"五环课道"所遵循的是学生的认知规律,是人的发展规律。依据"五环课道"所构建的课堂生态环境给师生提供了良好的氛围和平台,在这样的氛围和平台中,学生自由展示、自主学习、快乐成长,教师迅速完成由旧到新的嬗变、呼吸自由的空气,整个学校充溢着成长的阳光,散发着"泥土"的芬芳,学校成为成长的"大池塘"——"课道"无疑是通往高效课堂的大道,是遵循教育发展规律的大道,是通往课改前方的康庄大道。

其实,所谓变文化,便是为学校、班级、小组三级组织"安魂"。

第四步:文化变信仰

美国学者 Marzano 在《学校如何运作》一书里,用狄更斯的一句话来描述公共教育现在的地位——这是最好的年代,也是最坏的年代。当今中国社会发生着根本而迅速的变化。随着社会的日益发展,我们必须发展教育以适应当代社会,更要设计教育以面向未来,这一切,我们总要依赖学校来帮助我们完成。那么,我们的教育应该向何处去?就教师和教育家而言,什么是我们真正的目的?它又是如何影响着我们的孩子们的?我们今天的学校造就的是我们和整个世界需要的人才吗?

1990年,美国总统布什签署了《国家教育目标》文件。这份文件最重要的主题是推进对知识公民的培养,使他们得到很好的培训,成为负责任的人——能够适应一个瞬息万变的世界;能够有见地地对待世界文化遗产和世界人民;愿意接受并维护美国在21世纪的领导地位。这份文件争论的焦点是,如果"想维持我们的力量和国际竞争力"的话,就必须在学校中进行"彻底的变革"。最初的报告列出了到2000年要达到的6大国家目标。1994年,美国国会通过了《2000年目标》(附录:国家处在危机之中:教育改革势在必行)。2001年,小布什总统颁布法案《不让一个孩子掉队的法案》。2002年,《美国教育部2002~2007年教育战略规划》,开始了新世纪的第一场教育改革。

教育日益体现出来的民主化、主体性、终身化、社会化、信息化、全球化等趋势,决定着教育重中之重的地位。联合国教科文组织国际教育发展委员会主席埃德加·富尔在《学会生存——教育世界的今天和明天》的报告中指出:"多少世纪以来,特别在发动产业革命的欧洲国家,教育的发展一般是在经济增长之后发生的。现在,教育在全世界的发展正倾向于先于经济的发展,这在人类历史上大概还是第一次。"国际21世纪教育委员会主席雅克·德洛尔在《教育——财富蕴藏其中》的报告中说:"为了迎接未来的挑战,我们必须把教育视为一种取之不尽、用之不竭的宝贵财富,因为教育在个人与整个社会的发展中可发挥根本性的作用……面对未来的种种挑战,教育看来是使人类朝着和平、自由和社会正义迈进的一张必不可少的王牌……在一个世界性社会将在阵痛中诞生的时候,教育比任何时候都更处于人和社区发展的关键位置。"他还把拉封丹的寓言故事《农夫和他的孩子们》中,农夫临终时告诉孩子们的话——千万不要把祖先留给我们的产业卖掉!因为财富蕴藏其中!——意味深长地修改为:而老人是明智的,他临终前告诉儿子们:教育是一种财富。联合国教科文组织的其他报告,如《教育的使命——面向 21 世纪的教育宣言和行动纲领》《从现在到 2000 年教育内容发展的全球展望》等也使各国认识到了教育的重要使命。这些教育思想和教育文献成了各国教育改革和发展的重要指导纲领。

当然,我并非崇洋媚外,正如拉森总结的那样:"美国的教育体制,就算它有各种毛病……但它教育孩子之多,传授能力之广,教育环境之丰富,在孩子生命中占据时间之长,每个学生花费之少,胜过人类历史上曾有过的任何一种教育体制。"我的意思是说,当整个世界都开始图谋教育的发展和变革时,我们,该怎么办?

每一个教育者,必须怀着强烈的责任心去直面和解决教育的问题。教育即信仰,这句话不仅隐含着教育者对教育的责任和热爱,还应包括教育其实就是培植信仰,其中既有学生对生命的爱和尊重,也包含有他们必须对自己、对他人、对社会、对人类应负的责任。我们不可再以任何理由来诘难和推卸、抱怨和诅咒,这将无济于事,当教育丧失了希望时,人类也便走向了穷途末路,今天的中国,是每个人的中国。如果你是一个教育者,你就必须要对教育负责,而今天中国教育人的信仰应该是"改革"!

从课改出发

——我在第七届中国名校长高峰会上的讲座

开场语：我是一个有影响力的人（听众稍愕），还没开始作报告，许多听众就被吓跑了（会意笑，因为临近会议的尾声，有部分人为了赶车提前走了）。

我希望今天的讲座换种形式（没用PPT，当然也没看稿子），希望诸位在座的校长们可以给我提问题，哪方面都可以，讲座也得变传授式为对话式，灌输式是原始落后的。

老师们，说到课改，实在不是该不该改的问题。我只问，现在的课堂快乐吗？学生的生命是由无数个45分钟组成的，如果12年都不快乐，请问，谁敢保证他走上社会会快乐？传统课堂，让孩子几乎失去了除了知识之外的大部分东西，什么创新、创造、思维、实践、动手、合作，甚至是说话的能力、生活的能力。我们原本活泼可爱的孩子们，一个个弓腰塌背、未老先衰、目光痴呆，眼睁睁就变成了失去水分和生命光鲜的木乃伊模样。我真的不明白，有什么样的知识比孩子们的生命更加重要？！有什么样的借口可以公然去荼毒生灵？！难道我们不再在乎孩子，而他们也不再是希望和未来了？

教育的底线是对身体、生命负责，否则那就不能成其为教育！有人说，我们传统的教育就是六个字：老师讲，学生记。这是美国的朱棣文总结的，通过教育看中国，他还很"反动"地说：无需担心今天中国的崛起，因为他们的教育没有未来。有个日本人也学着说：中国没有未来，满大街的洗头房，独没有书店，一个不看书的民族是没有希望的。或许是耸人听闻，别生人家的气，但我们必须警惕一些"非教育"的东西正在侵蚀我们的教育。有一个共识却是：教育不改革，国家没希望。

现在，连小学一年级的学生都厌学了，把学习当成了负担，因为成了"负担"才有了"减负"一说。一旦某件事变成了负担，哪里还有乐趣可言？这不能不说是今天教育的悲哀。我一向认为，减负从来不仅仅是减量，而是想办法"增趣"。当学生不喜欢学时，哪怕每天只上一节课，一节课只有10分钟，都是负担，但学生愿意学时，他就会废寝忘食，乐在其中，不能自拔。遗憾的是等待观望，乃至批评诅咒改革的人还有那么多！

有人痛心疾首地说，应试教育已毁了两代人，我们不能继续毁下去了。有则故事说，爷爷每天接送孙子上学放学，路上爷爷告诉孙子说你要好好学，爷爷在你这么大时是没学上的。孙子停下脚步问那是个什么时代，爷爷说那是万恶的旧社会。孙子说，爷爷，我何时才能回到万恶的旧社会。有老师给学生布置作文，题目是"我的理想"，学生的作文题目是长大了当"贪官"，养"小蜜"。今天的教育已经迷失了理想，扭曲了道德，玷污了信仰，当警惕呀！

学生为什么厌学？为什么在网吧却不厌学？网吧的魅力何在？网吧里才有真正的儿童需要的教育，玩什么、学什么，不用接受老师安排，不用听命于某种指令。能不能把网吧的"学习法"做一个移植？也就是用儿童的方式去学，任其自主选择，与同伴合作。我相信，一旦你真的移植了，任何学校的课堂都可能成为"杜郎口"。现在我们思考：假如用传统课堂的手段去网吧学习会怎样？我相信网吧也便成了枯燥无聊的教室了，学生恐怕也会逃离网吧。你看，假如像上课一样上网，在规定的时间、规定的地点、倒背着手坐好——开始上网，上网只能按规定的方式玩规定的游戏，玩完还要留作业写篇"网后感",那么学生还会对网吧感兴趣吗？再比如,喝酒也用传统课堂教学的那一套,那么什么酒鬼也会讨厌酒的。

我不说课改,我把课改换个词叫"放生",我写过一篇文章《课改就是从油锅里捞孩子》,捞晚了学生就"焦"了,焦了就会跳楼自杀。当然跳楼的原因很复杂,但谁敢说多少厌世不是来自厌学呢？中国"要命的教育"的确缺了许多东西,但最缺的是教育人的良知和人性。我在想,即便你不是做教育的,你只是个普通人,但看到孩子在课堂上受尽煎熬,度日如年,你仍能无动于衷,稳如泰山,真的是 I 服了 YOU 了！很多人总找借口说,着实是想改,但不知道如何改,我觉得这不是理由。没有谁因为自己不是大夫,就拒绝给孩子治病的。

课改到底如何改？我以为必须走四步路。第一是理念变观念。今天的中国教育实在不需要再去发明什么新理念,新课改理念就很好。理念必须落地,转换成行动,才能"鱼游大海"。中国的教育专家都应该像袁隆平那样,把教育科研搬到田间地头去,去手把手指导一线教师的教学行为,当然能真正促进学校变革的仍然是一线教育工作者,教育必须由一线教师来救赎,教育家只能从一线产生。第二,观念变方法。第三方法回到文化上,即方法变文化。第四文化变信仰。因为时间有限,我也多有论述,就不展开了,笼统地阐述一下——

现在大家都学杜郎口,那么到底学杜郎口的什么？有人说杜郎口的成功是管理的结果,那么,什么样的管理才是好的？管理到底是管制、囚禁,还是激励、放手呢？如果说管理,我以为全国就两家"单位"做得好,一家是杜郎口,另一家是寺庙。你见过哪所寺庙的方丈忙得像校长一样,每天打卡考勤的,为什么？因为寺庙里的每一个"员工"都把工作当做信仰。杜郎口其实改的不是课堂,是文化,甚至不是文化是重塑教育信仰。教育说穿了就是信仰。信仰什么？简单说就是 8 个字:以人为本、尊重生命。教育首先是爱,不热爱教育,不热爱学生,甚至不热爱自己,妄谈什么信仰。我现在负责《中国教师报》的采编部。《中国教师报》16个版,服务于教育课改。有人把《中国教师报》叫"中国课改报",我很高兴,这就是媒体的信仰和使命。我觉得每个中国教师报人都有这样的信仰和使命,因而才敢说"守住教育的最后一道防线",才敢期望"让中国教育因你而改变"。天降大任,我们必须敢站出来、去承担。

有人问我,李老师,课改太复杂了,你能否简单概括什么是课改?我就说三句话。

第一句:让学习发生在学生身上,就是课改。形象地说,如果一个不认识字的老太太想学习麻将,按照一般的学校建议,往往是需要先认字,那么认字需要学拼音,而且还要补学繁体字,数学老师教一加一,校长还要开设财会课,最后还得请专家作麻将技法20讲……如果这样,一搞就是四年,老太太没毕业,死了。其实,想学会打麻将有更快捷、实用、见效的办法,只要一个下午,给老太太找三个老头嘛——陪着她打,会了。其实学习原本很简单,简单到让打麻将"发生"在老太太身上。我要强调的是"发生"!

第二句,遵从学生的方式就是课改。坚决反对用成人的方式替代儿童的认知。成人的认知一般是从经验出发处理事情,而儿童必须有经历才有经验。这就意味着被剥夺经历就扼杀了经验。因此,必须把经历权还给学生。举例说:学习就像打篮球练投篮,第一次没投进去失败了,别怕,失败是成功之母。再投一次,又失败了,那么基于两次失败,从中就会总结、反馈、矫正。第三次再投,就进了,这叫成功是成功之父。失败—反馈—矫正,就是学习的规律。一切的成功其实都源自于失败。我认为,教育的主要任务就是"发现"儿童和"发展"儿童,而前提是先要研究儿童,研究儿童才能"认识"儿童,什么课题离开了对学生的研究和认识都没有意义。研究什么?找四个字,杜威的兴趣中心。天冷了,毛衣就是兴趣中心;肚子饿了,面包就是兴趣中心;女孩子的兴趣中心是逛街;男人们的兴趣中心是喝酒。研究儿童还包括,认识儿童的天性,我认为最主要的就是六个字:好奇心、展示欲。满足好奇心就有学习,满足展示欲就有学习动力!学习是人的本能,也是人的天性。今天的课堂,成了和孩子的天性作对的地方,没有对儿童的研究,脱离了儿童的方式,岂有真正的教育?

课堂是什么?咬文嚼字,"课",言果也,言的是"果";"堂"这个字好玩,上是学字头,离开了学,谈什么堂。课堂两个字反复告诉我们的是:表达。每一个汉字都富有深味。宇宙是混沌的,"一"分为"二":清者上升,浊者下沉,是为"二",二是天、地;"三",天、地、人;能把天地人通起来的就是"王";王一点头就是"主";"一"两头一对接就成了零。"言",就是能通达天地人"三才"并说出"道"来的行为,你看一万年前的人都懂得新课改理念了。今天的新课改是符合"道"的,让学生动起来——说。

第三句,动就是课改。"动"的前端是"活",活动,一活就动,因动更活。"同学们,静一静!"你要那么静干什么!须知,当"活"和"动"相生时,那么"静"和"死"常常相伴。高效课堂要求让学生不开小差、不打瞌睡,最好的方式就是让学生动起来、"走两步",没有谁边走边睡觉的。但仅仅有"身动"还不够,还有要有"心动"和"神动"。"动"中解决了素质的要求。别以为你搞什么书法比赛就叫素质教育,20人练书法,3000人当观众。你看人家杜郎口,一动解决了所有素质的问题;每节课都动,这岂不是体育课?每节课都说,是演讲课;每节课都写,是书法课;每节课都在合作,是交际课、德育课。课堂必须"动",别怕纪律乱!只要在学,你管他跪着还是趴着干吗?只要不学,哪怕坐得像墓碑一样直又有什么用?

有人开始质疑了,那你放手让学生学,教师还有什么用?别急,教师有用,而且有大作用,关键是用在哪里、什么时候。我现在来解答这个疑问。

传统教育的过失是,给教师的角色定位搞错了。记住"二传手"这个词,教师就是个"二传手",所有的一切都需要经由教师去传递。可学校的产品是课堂,教师之间也有差异呀,就像五指有长短一样,请问,不会传的"二传手"如何传?即便是每个人都是二传的高手,可不想"传"又会怎样?你思考过吗,因为传统课堂完全是依赖于教师的"传",因此导致离开了"教",学生将不会有"学",我们培养的就是一批批完全依赖于教、不会学的学生。新课改最关键的关键是拨乱反正——转变教师的角色,也就是放手发动学生一传——让学生和知识直接对话,取消老师的"二传",实现教师真正的解放。在新课改理念下,请大家记住两句话:教师是"平等中的首席",是课堂上的第51名同学;课堂的第一资源是学生。

我这个人喜欢穷究追问,那么,既然知道了教师的角色,接下来该研究教师的作用是什么。

我形象地说是"为李大娘报仇"。如何解读?比方说打仗,前方是日本鬼子,架起了机枪;学生是土八路,大刀长矛。这个时候"李大爷"的作用就要发挥了,他会走上前去,对着战士们控诉敌人的罪恶,什么烧了房子、杀了李大娘等等,一片群情激昂之时,指挥员只需要拔出手枪高喊一声"为李大娘报仇",战士们一定会如潮水一般冲出去……

"为李大娘报仇"就涵括了教师最大的作用:点燃!还可以形象地概括为"把湿柴火弄干"。如果你不注重这个,上来就讲,讲完就跑,柴是湿的,讲有什么用?教师要把学生的情绪调动起来,形成"干柴烈火",因而教师的作用就是点燃、激励、唤醒。所谓课堂的"导入"实在不应从知识上、进度上,而应从情感上、情绪上。教师的作用就是主导,主导即"主要在引导",主导发挥在四个方面:学案主导,学习主动,问题主线,活动主轴。我不展开细说了。

如果单纯立足知识教学的角度,我以为课堂的任务就是"学会不会的",前提是首先让学生找到"不会的",得先定向,有了目标再出发呀,不能盲人瞎马,然后自主解决。你要懂得"自学"这个概念,自学不是一个人学,是自主学习,即独学、对学、群学,合称自学。我曾经在一所学校试验过,课堂有五个学习指标,第一班,教师45分钟讲授完成不了;在另一班,我在教室里准备十个篮球,告诉学生谁学会谁去打篮球,结果15分钟后,教室空无一人了。教学是多么简单的事啊！一旦教师越俎代庖，就变得复杂了。

编制导学案，围绕三个学，坚持三个原则。备学生，备学情，备学法。三个原则：必须变教学目标为学习目标，必须变教法研究为学法指导，必须变单纯知识利益为能力利益。要知道比灌输知识更重要的是培养能力，应用是掌握知识的最好手段。而应用就是动手、经历，这非常重要！好比知识是一张纸，如果讲授，它仍是一张纸，而让学生动手呢，这张纸就变化了，比如叠成小鸟、飞机，纸就变成了艺术品，假如再受到赏识，纸就变成了情感作品，价值无量。告诉的、听来的，和学生动手获得的，是两码事。

有校长问我，搞课改如何应试？我的建议是"利用前十名"，实施兵教兵。除此外，要找到一套模式。有人讲不是说教无定法吗？这样狭隘的理解是错的，教学有法，但无定法，贵在得法，不要断章取义。教书也有三境界，看山是山，看山不是山，看山还是山。魏书生的六步教学法、李吉林的情境教学法……都是有套路的，甚至不是套路，是规定，是规范教学行为，防止胡搞。再次，要坚决以学评教，变教为学。

有人问：你如何评价现在的小学语文课堂教学？

我愿意这样作答：什么样的是好教练？在篮球场上，能让学生会投篮就是好教练，光会自己投，学生不会投不是好教练。遗憾的是现在某些所谓的优质课，特别是小学语文课，简直让人不忍卒读，课堂艺术迷惑了我们的眼睛。当我这样说时，一定有人指责我偏激。或许是吧，但我是在维护新课改理念，新课改理念概括为最基本的8个字：学生主体、教师主导。请问在这样的表演课上有学生主体吗？大纲规定，学生的地位是什么？学生是主人啊！老师是什么？老师是仆人！英雄所见略同，杜威也是这么认为的。小语的现状呢？"仆人"占据着"主人"的舞台，指着"主人"的鼻子大吼。这是乾坤倒置啊！我们说教师不该跪着教书，可谁有权力让学生跪着学习啊！如果说，一个让学生跪着学习的民族是没有出息的，那么，一个剥夺学生学习的教师是卑劣无耻的。别替那些"表演大师"们辩护了，他们口口声声学生是主体,却是事实上的口是心非,不仅犯了"课堂作风"错误,同时也是不道德的。主体地位必须回到课堂上,回到学生的学上。学会—会学—体会学习的快乐—创造学习,让每个学生感受到创造学习的快乐。教师必须敢于超越低级、原始的教学经验,超越艺术的"小我",从"人"的发展的高度服务于学、设计学、成就学,通过发展学生,从而成就自己。要敢于从高端做,你会体会出升学只是副产品。(主持人以添水的方法提醒时间快到了,李自嘲,那就再一分钟)。

最后,我用一分钟总结一下如何"课改"。

教书,和开汽车一个道理。第一步把钥匙放在孔里——点火!这与课堂上"为李大爷报仇"的点燃何其相似;第二步踩着离合挂挡——按照模式和流程操作课堂;第三,握紧方向盘,不要乱扭——按照导学案预先的设计去完成;第四,遇到危险及时刹车——做好达标测评。

总之:1.点火;2.流程;3.学案;4.测评。

谢谢大家!

区域课改推进"三部曲"

——与樊城课改实验校校长座谈

樊城要打造区域教育样板,河南殷都区的经验值得借鉴。我简单给大家介绍一下殷都区课改的背景。之前,中国教育学会小学专业委员会的姚文俊先生在那里搞了八年,在教师专业发展和学校文化建设上打下了很好的基础。殷都区同时还有一个优势,区委书记李南沉是个教育狂,他的名言是"教育是最大的政治"。他把教育列为最大的民生工程,要求区委、区政府所有的班子成员必须深入学校,并且听课、评课。去年一年,李南沉书记就参加了十三次课堂教学改革会议。他的教育理念和我们高效课堂完全一致,惊人的一致。他比喻学习就是骑自行车,教育就像养孩子。我的团队进入殷都区,目标很明确,就是帮助他们解决课堂教学问题,当然,也要结合殷都区的具体实际,比如我们的"五步三查"模式在殷都区就变成了"双向五环"模式。

我始终认为,搞课改需要讲究策略,离开了"策略"无形中会自寻烦恼、自设障碍。当然,更要坚持原则,比如有人批评我偏激,指责我怎么给传统课堂打零分,我说这一方面是策略,是改革路上"矫枉过正"的选择,另一方面,我的确看透了传统课堂对师生发展的"不道德"。大家说,传统课堂除了满足了分数、升学的要求外,它带给了人(师生)什么样的贡献?当教育开始无视生命的存在,甚至逼迫学生跳楼时,那这样的教育显然是不具有人性的。没有人性的教育还能称为"教育"？难道我们的保守派们还真的是在为"非教育"辩护？传统课堂的问题其实是一个什么样的教育思想的问题。不把学生当人，不把教师当人的教育，还怕批评？还不敢批评？有人说，要学会扬弃，简直是荒谬！课改既然是革命，那么，就要坚决、彻底地改！所谓坚决彻底就是三个变——变专制教育为人本教育，变教中心为学中心，变师中心为生中心。教育是人学，他需要首先"从儿童出发"，为儿童的发展提供其自然成长的一切条件，而不是"专门与儿童作对"！教育必须促进儿童的自然生长，让每一个儿童享受"自主"，使之成为一个身心健康的、敢于担当的、具有能力的"新学生"。

《中国教师报》在去年提出一个"四新"概念："新教师"、"新课堂"、"新学校"、"新学生"。其中，"新教师"是关键。什么样的是"新教师"？我说他需要树立"三观"：教育观、教学观、学生观。什么样的教育都必须是把学生当人，只有非教育才不把学生当人。教育不是捏橡皮泥，捏橡皮泥的教育喜欢一个词叫"塑造"；教育不是做盆景，而是把树苗种进原野；教育不是控制，而是放生；教育甚至不是把短板补长，而是以长避短，让长处更长。如果你是一个唯物主义者，你说谁是完美无缺的？怎么能要求儿童没有短板呢？所以，必须清楚教育的基本"功能"，它不具备让每一个人完美无缺的能量，我是说能让儿童长处更长的教育已经很了不得了。

实际上在殷都，从我带团队进去到做出成效来也就四个月的时间。我对我们实验校，历来的要求就是四个月内必须达标，我来验收。这个验收，就是人人过关，每节课、每个学科都必须过关。就像卫生检查一样，不能出现死角。我们制定了一个分几步走的战略。对于区域课改来说，要做的时候也是这样，需要步调一致。就像出操一样，大家只有踏着一个点行进，才能走出个模样来。

大家仍然要做好充分的思想准备，课改推进过程很艰难，你会遭遇到很多的抗拒。你不能祈求所有的教育者都对教育有着清醒的认识，能做到

"知、思、行"合一的教师不多。教师这支队伍,客观讲,是一支创新不足,相对保守的队伍。课改说穿了就是"改人",没有比"改人"更难的事,校长们要准备好挨骂。

但真当你迈出这一步,回头再来想想,你会觉得也不过如此。就像李校长所说的那样,"要成功,先发疯,头脑简单往前冲"。就像汽车陷入淤泥一样,你一加油门,冲过去也就没什么了,否则你就总是在淤泥里挣扎。我们搞课改就是这样,你要是兼顾所有人这样那样的看法和想法,什么事都干不了,所以,我有时会主张,课改初期要敢于"不民主"。不知道大家能理解我的"不民主"否?

现在,我们的很多实验学校的老师就是冲过去的,化蛹成蝶,能过这一关真的不易。现在,你再让他上课,他再也不会像原来那样去上了,回不去了,因为他真正完成了教育思想的升级、人生的升级。实际上,帮助一个人去完成了他的升级,我认为是最重要的。

前天,我们《中国教师报》开会总结一年来的工作。坦白地讲,我们可以作为一个案例来研究。走过这一年,大家感觉收获特别大。同样,你无法忽视课改的质疑乃至于抗拒。你不要管,往前蹚。最终学校必须要形成课改文化主流。就像一个染缸,水是黑的你怎么能要求有人独白?一旦形成了这种改革的主流,不改革的人就慢慢没有了市场。所以,我常常是这样总结的,带队伍实际上就是建文化、带作风。崔其升常说的一句话对我影响很深。他说:我们的教师队伍常常是一人一把号,但我要求必须吹一个调。所以,我认为改革最关键的是要两手抓:一方面要硬,要规范;另一方面要考虑人的接受心理,也就是要通过一些软性的活动,比如说通过一些突发事件、一本书来完成一些很巧妙的变化。

那么,在具体实施时,实验校应该怎么做呢?

第一步

第一步,从改造文化入手。

具体方法是,先让每个人给单位找问题。我把它叫做二次创业大讨论。总结什么呢?总结办学以来学校的得失、所处的位置,盘点家底。我这是步步为营,"诱敌"深入,发扬民主,欢迎挑刺嘛。而且这种挑刺要有组织。怎么组织?以小组为单位,让老师放胆来挑呀!你可以按照学科、按照年级划分为几个组,然后每个人按照高效课堂理念,先自主,再合作、探究。挑完了之后进行归类,形成每个小组共同的意见。然后,学校专门组织一个专题会,给老师们一个舞台,让他们尽情发泄。这一点很重要,我认为管理中最重要的一点就是要敢于让人宣泄。这是第一阶段,以小组为单位让老师们挑刺。在这个过程中,你们校长要稳坐钓鱼台,别急,也别怕出丑、难堪。我可以给你作一个预判,你会发现,老师们的意见十个至少有六个是惊人的一致。这一方面表明,大家的认识都在一个水平线上;另一方面表明,你学校的确存在这些问题。最终,你通过大家的发言,找到学校发展中存在的十大问题。就像我们去医院,你要先体检一样。

第二阶段,让每个人找出自己身上存在的十个问题。还是利用小组,再分类,再合并。最后你和老师们都会发现,每个个体也有一些共性的问题,都差不多。比如说,什么进取心不强呀,学习意识差、不太负责等等。这样就找出了我们教师这个群体身上存在的十个问题。找出问题怎么办?提交给他们,让他们研究,让他们说怎么办。是改变,还是继续病下去?在此基础上,你就可以顺势引导。

第三阶段,改造我们的工作。让老师们针对问题提出整改意见,又是十条。好,现在大家都知道了自己单位有问题,怎么办呢?就好像开车的人,你知道车子有问题,去送汽修厂吗?还可以再打个比喻,假如自己的孩子生病了，有人会抱怨没钱医治或者干脆不治吗？我相信，哪怕就是卖房子也得给孩子治病。那么，如果每个教师真把学校当成家，把学生当做自己的子女，请问，他还会拒绝改革吗？改革不需要理由，关键是引领的问题。更何况，教师本身就是传统教育的受害者。关键是你是否让教师认识到了改革的必要性、紧迫性，因为这是和他们自身关联最为重要的东西。

第四阶段，表彰树标。这一步隐含了很深的用意。我的目的不是为了树标而树标，树标是为了促进教师队伍的裂变和分化。裂变就是改变，分化就是发展！

分化是什么意思？就是让好人成为好人，让坏人没有市场。人们喜欢按照"二八"来划分人群，其实这种"二八"分法是不科学的。按照国外的现代企业管理理念，应该按"271"来划分人群。"2"是最优秀的一部分，"7"是中间群众，另外的"1"就是10%需要淘汰的。所以，国外的现代企业用每年淘汰10%的方式促进70%的分化。70%的人群中又可以分为"271"，你要认识到，每个群体当中也有区分，有些人是应激成长的，马上就转变成"2"了。实际上，管理越是"倒置"越好。"倒置"的意思就是优秀的人越多越好。在一个团体当中，"2"和"1"这部分你永远不用管，它是自然存在的。所谓管理，其实就是抓中间70%部分。70%当中也分三个层次，也有"271"存在，因此管理目的就是让这个70%中的"2"走进第一个团队。所以，我说的管理就是促进教师队伍分化，让优秀的队伍越来越庞大。在此阶段当中，我要提醒大家，要善于使用"内部粮票"机制。对于那些肯干的，你就要敢于提拔重用，校内承认不就行了嘛。中国教师报有18个人，你知道我们现在有多少个领导吗？24个。18个人怎么有24个领导？我们就是广泛采取了分组。在这个组，你是组长，到了另外一个组，你就是组员。把大家捆绑到一块，什么意思？就是让大家相互监督，相互制约，相互促进，相互管理。我认为课改最重要的，就是团队文化的改造。我认为这才是基础的基础。平时我搞讲座，大家好像不太愿意听我讲这个东西，他们希望我讲课堂。其实很多人不明白,课堂的前端还有东西,就叫文化。你单纯地搞课堂改革,是推不动,也改不好的。

我们学校历经了"前三阶段"不是找出很多问题了吗?好,现在就围绕这些"小课题"做行动研究。怎么分?竞标。采用什么方式?自由组合。以小组为单位,让他们自领任务,围绕十个问题组成研究性团队。你只需要要求课题负责人必须吸纳五个人进来。这样,你的教师不就形成了几个大致的研究性团队了嘛。苏霍姆林斯基有句话说得特别好:要想让教师找到幸福,就要设法把教师引领到研究上来。这个办法好!

研究性团队组建好了之后,你还得利用高效课堂的理念,给他们展示的平台。我建议下放权力,所有的会议全搞成"会议超市"式,这是个很有意思的课题。你校长不要再讲了,会议即培训,会议即展示。那连会都不开了,校长干吗?校长就是个组长,做评价,做反馈。这样,你就可以把教师队伍引领到研究上来了。你不知道让教师展示有多么重要。其实,教师在人格上的自尊比学生看得更重。得让老师们去展示,这些问题是教师们提出来的,自己研究解决的。如果你坚持这样做,那么,一年后,你学校的一本书不就出来了吗?你可以把它叫做《学校发展100问》或者叫《课改100解》。人家再到你那儿参观学习,你把书往这一摆,你看,有多么强的指导意义呀!好了,这是第一大块。

第二步

第二步,也就是第二大块,真正进入课堂,做"五步三查"模式的统一要求。这个时候大家想一想还有阻力吗?没阻力了嘛,水到渠成。在这个时候,你至少要在校内成立三个中心。三个中心必须要解决六个最基本的概念问题。我先讲六个最基本的概念。

第一个基本概念:什么是好学校?你必须让每个老师明白。校长们,带团队就是目标管理。你必须让每一个老师们都知道为之努力的是一个什么样的目标。要敢于喊目标,要给老师们说,一年以后,我们学校发展到什么程度,两年后到什么程度。你不要像别人那样说,一年后学校成为区内名校,两年成为市内名校,不要这样谈。你要用一些具体的实话给老师谈目标,让老师们明白团队目标是与他休戚相关的。这还有另一个好处,有了团队目标,很多有良知的人开始要维护团队目标。你不维护团队目标,你就是大家的敌人,就是绊脚石。关于好学校,前文已专章论述,此处不再详谈。

第二个基本概念:什么是好教师?现在教育的问题在于很多老师并不知道什么才叫好老师。与之相关,你必须要理解什么叫教育质量,什么叫教育水平。到现在为止,我们很多教育工作者都还在以为升学率就叫教育质量。我说错了,我们必须回到素质教育当中来看。学生在学校的生存质量才叫教育质量。他的生存是快乐的,是幸福的,是轻松的,是成长的,你的教育质量就高。如果学生一脸的痛苦,满腹的怨言,学校的升学率再高也不是好学校。什么叫教育水平?学生的学习水平才是教师的教学水平。我看教师教学水平就是看学生的学习水平。好教师首先必须热爱教育、热爱学生;其次要人格健全,富有人性,具有高尚的师德情操;再次,有一定的专业知识和专业技能。

我对人的研究概括为这样的一句话,"角色与道德"。你始终要明确你的角色是什么,你要是围绕角色做些正确的事,你就是一个有道德的人。你扮演不好角色,你就是不道德的。现在很多教育工作者对自己扮演什么角色并不清楚。

第三个基本概念:什么是好课堂?传统的好课堂是讲得清楚,讲得精彩,讲得到位。在我们看来,好课堂应该是"知识的超市",是"生命的狂欢",是自主的课堂,是放手的课堂。具体论述见前文。

第四个基本概念:什么是好学生?我最近给好学生作了这样一个解

读。好学生第一个标准,必须是身心健康的。没有什么东西比学生身心健康更重要的了。第二个标准,要敢于担当,有责任意识,对自己负责、对他人负责、对社会负责、对国家负责、对民族负责、对人类负责。我说教育不光是为了一个国家,教育是为了促进人类文明的进步。这才是教育的终极目标。在我们小的时候,要学黄继光,学董存瑞,学赖宁,那是要求你牺牲自己的生命来保护国家生命财产的安全,那是不对的。教育不能仅仅把孩子培养成为国家的工具。教育更多的是要对人类负责。第三个标准,具有一定的合作意识、创新能力、思维能力、学习能力等技能要求。

第五个基本概念:什么是好班级?现在在很多学校,已经没有班级概念了。班级没有名称,没有烙印,没有灵魂,没有气质。所以,我们必须明确什么是好班级。好班级必须成为一支信仰之师,成为一个团队,要有共同的价值观,要有共同的精神目标,要有共同的担当,要有集体的规则意识。团队最重要的一项就是规则意识,就是要知道哪些可为哪些不可为。当我说好学校是一方池塘时,班级就是一方水洼。

第六个基本概念:什么是好的小组?分组时,要告诉学生好小组的标准。如果学生不清楚,你分组有什么用呢?你要告诉他们一个目标,让他们知道怎样构建才是好的。事实上,这个概念中又隐藏了我的一些用意。校长们,只要解决了小组的问题,教育的一切问题都解决了。因为班级是由几个小组构成的,学校是由班级构成的。你回到最基本的原点上,就像一棵大树的原点是种子一样,小组就是种子嘛。因此,你要明白你担负的一个伟大的使命,从某种意义上说所谓区域均衡就是小组均衡。这也是现阶段教育主管部门容易忽略的一点。小组均衡则班级均衡,班级均衡则学校均衡,学校均衡则区域均衡。我再告诉大家一个区域教育内涵均衡的途径。当我说一个班级是一方池塘的时候,一个小组就是一方小水洼。你告诉我:你这个小组有没有鱼,有没有两栖动物?你的小组要只是一个单纯的学习组织那是不够的。这里面需要有共同的人生观、价值观、文化观,需要有共同的精神目标,如果这样,你的小组问题就解决了。

现在我再回到刚才提到的三个中心上。首先,你要知道你目前学校的管理架构都是计划经济体制下的架构。这种架构是管制式的。要明确,管理不是管制,管理是放手,是激发。你学校现在的管理是激发的体制吗?不是,你是金字塔式的结构,所以很多事情经过逐级传达到了教师那儿就没了。而且你会发现,这种管理效率太慢,环节太多了嘛。所以,课堂教学改革它是触及管理的思想革命。你要围绕怎么激发生产力、激发创造力来做。学校要敢于实行扁平化的管理。你会发现中间层次是最主要的。我可以下个结论:课改,校长是关键,成败在中层。对于学校中层的问题你必须要重视,中层干部必须到年级、班级中去当第一责任人。校长们,你们一定要记住,不要把什么事都往自己肩上扛。学校只有一个决策者,除了你之外,所有的人都是执行者。不要多头决策,现在有些学校副职以上都是决策者,形成了一股强权势力专门来监督老师,你说老师怎么能服?他的气不顺嘛。因此,扁平化,除了你之外,其他的干部都去当第一责任人。

怎么当?我的建议是让一个人管几个班,班上出了问题就拿他是问。所以,你必须要有一个日常工作的评价墙。怎么做呢?一进校门要有一面文化墙,这个文化墙就是工作的评价墙、展示墙。首先,按班来分,比如三个班,第一责任人是谁,把他名字标出来,然后就开始对他进行评价。怎么评价?他的小组建设、班级文化、课堂评价、教师评价等。既然我让你充当这三个班的责任人,这三个班任课教师那都归你评价。你看这样一来评价就简单了嘛。你学校有200个教师,你一个校长能给他们一一作评价?现在好了,就像分橘子一样,这是一堆,那是一堆,不就完了嘛。就把这几项全部列在墙上,而且打出分数。分数出来了找谁?你找第一责任人嘛。这样一来你当校长不就轻松了嘛。每天到这个时候你就看评价墙,然后把责任人都叫过来,开现场调度会。你就是一个将军,面前就是一个沙盘,你不就在调度整个学校工作吗?你的评价墙不就是你的沙盘吗?"啊,为什么××负责的三个班出问题了?"这时××就会有压力。校长不要去管老师,不要直接与老师对话,因为你和老师的中间还有领导。老师出现问题你不要管他,你就罚第一责任人。所以,你现在就对其他领导有监督,有考核了嘛。你看,这个时候评价墙就有意义了吧,你的工作就变简单了嘛。所以,第一个中心就叫评价中心。我再教你一招,你让每一个第一责任人再相互评价。第一责任人再评价第二责任人,第二责任人再评价第三责任人,这就形成了比、学、赶、帮、竞的氛围了,你就不用再管了。他们评价出了问题,老师还找你报告吗?他们会去找第一责任人,和你没关系。你看你校长当得多轻松,你不用管。这就是毛泽东的"群众路线",也就是利用群众完成该做的事。现在不是你校长盯他们,而是他们之间相互盯。就像你们今天的课改一样,只要你们六个人相互比,刘局长不就轻松了嘛。

第二个中心,一定要关爱教师。校长们,你关爱教师,你就博得了民心。其实,刚才我建议你们搞扁平化管理,实际就是想把所有的问题都让中层去负责。你干什么呢?现在,你就成立一个教师发展中心。

你在学校找一找,看哪个地方有空地。比如,教学楼里的某个拐角。你弄两把椅子,放个小茶几,摆个咖啡壶,放几本书,让老师下课了在这儿坐一会儿,休息一会儿,聊聊天,看看书。这样,你就把关爱做到了老师心坎儿里。你不要小看这细微的一个举动,细节里面有乾坤。弄个教室简单装修一下,为老师们做个卡拉OK厅。当校长的不妨经常招呼大家:"来来来,今天晚上咱们来唱唱歌。"你们都是当校长的,想方设法赢得老师的心没错。

我再教你一招,你们一定要学会玩自己的节日。每个学校要玩出自己独立的节日。你搞你自己的节日。比如说,到了三月份,就用一个月的时间搞一个女教师节,用一个月的时间要求所有的人都去关爱、关心女教师,让人人都对女教师献爱,不就把女教师全送到幸福堆儿里去了吗?到了四月份,你就搞学生节,再收买学生的心。全校发动,让老师关爱孩子。你可以围绕这个主题开展各种各样的活动,这样不就成了一个节吗?

校长们,要记住,你除了评价人就是赢得人。这就叫营造文化,营造学校发展的环境,构建学校发展的生态。刚才的做法就叫构建发展生态。继续深入地说,教师即条件,教师就是学生的条件,校长更是条件。校长是一个学校发展生态的构建者。我们当校长的,在家都是当爸爸的人。当爸爸能带给我们什么启发呢?我说你就是一个家庭生态构建者。你要是个严肃的人,你家里就会整天充满紧张的气氛;你要是一个民主的人,你的家里就会气氛融洽。对不对?所以你要知道,课改不是改课,课改说穿了是建设新文化。

第三个中心,叫做学生的发展中心。包括这么几块:

第一,情感。你要关注学生的情感。我建议你们,楼梯拐角处全部弄成爱心超市。什么叫爱心超市?你把它设计得温馨一点,如果学生在生活当中有什么困惑,他就贴个纸条儿,然后有很多有爱心的人就帮他解答、解决。如果说过节时别人给我送了几个文具盒,我也可以捐献出来放在那儿,当然你也可以去取,但你取了之后,要有一个评论,留个字据。最感动人的是什么?大家思考一下。就是被别人关爱。我们首先要关爱别人,你关爱了别人,才会被别人关爱。你的学校,你学校的生态,你这样一个团队,处处充满了关爱,你想你的学校会怎么样呢?我给大家讲,千万不要忽视孩子的情感。我们有些学校搞心理教育之所以成效不大在于用词有问题。因为心理这个词儿太小,而且被慢慢变成了个贬义词,一说心理教育就表明心理不健康,学生们都不来了。不要谈那个词儿,要与时俱进,就用情感。

第二,学习方法。学生的核心是什么?学生的核心一定首先是会学习。学生来到学校,最大的收获是什么?是学会了一生的技能。只要一个人会学习,就会终身受益。一个人真正的核心竞争力就是学习力。所以,学校必须对学法有一个研究。学习方法很多很多,你的楼梯文化,你的学校的主题文化设计,与学习相关的所有学习内容、学习方法、读书方法,太多了。这个学习方法甚至可以引申到如何阅读,如何实践,如何研究。坦白讲,我对樊城教育最初的设想就是要打造一个学习博物馆。你们每一个学校都是一个分展馆。你对学习的感悟和理解是什么?对学习的感悟和理解可以分几个学习主线,第一个大的学习方法,第二个按照学科进行,第三个按照知识的逻辑,按照文明的发展。简单举几个例子:中国交通工具的变化,中国灯具的变化,中国农具的变化,可探究的东西太多了,学校对哪一个东西感兴趣,就来搜集这种事物的变化历程。除了教室之外,你的墙壁、楼梯间、树干上、学校外墙上都可以体现学习方法的引导。其实,我是在告诉大家:围绕学来做,围绕人文历史的变化、文明史的变革、工具史的变革来做一些东西。你学校如果树多,我就希望你围绕树来设计,树荫下可以放很多小凳子,树上可以做很多鸟窝,这样你就可以拥有一所鸟语花香的校园了。

第三是学业或者作业评价。这里必须明白,谁是评价的主体?传统教育把教师列为评价人,这是不对的。我一直在讲,学生主体的主体意味着什么?他仅仅是学习者吗?他到底还应该具备什么权利?我建议校长要敢于把评价权交付学生,甚至连考试都要交付。为什么不试试让一组出题考二组,二组出题考三组呢?不仅是学习,学校工作的一切评价都应交付学生。这样的学校才是学生的学校!其实,一个现代校长必须"确权"学校是谁的学校,这里还包括需要我们弄清楚,学生的含义是什么?——在学中生,简称学生。学习呢?——学而习之称为学习。现在,在我们的很多实验学校,班主任由学生担任,甚至校长也都是学生担任,今天大家必须清楚,千万不要侮辱学生的能力、低估学生的智商。相信学生、解放学生、利用学生、发展学生,甚至要树立这样的学校管理观——有困难,找学生!

这就是三个中心。如果你从三个中心入手,你的管理就不再是传统意义上的管制，而转型为一种关注和服务了。学校在管理上就发生了一种质变，这是第二大块的前三步。

第二大块还要呼应第一大块。我刚刚讲过内部粮票机制。你一定要敢于任用提拔积极分子，敢于提拔负责任的人。让能干事的人干事，就是一种管理引导，也是学校良性发展生态的体现。只要整个的教师队伍全动起来了，只要积极分子都动起来了，不动的人就会没市场，就会改变。

第三步及要求

第三大步，才是我说到的课改技术。那些技术都是些小儿科，很简单的一点事，什么怎么分组，怎么评价，怎么备课，还能有多难呢？我讲的可能颠覆了大家的一些认识，以前你光关注第三大块。不关注前面两部分，你会发现，课改很难，改改你就会发现遇到一个问题，做做又发现一个问题。实际上，你现在触及到课改，就触及到了整个教育。那干脆我们来个最简单的，这样分成三步来做，就快乐了。不要急，可以按月来做。一共四个月就可以做成。第一个月做第一步，第二个月做第二步，第三个月做第三步，第四个月就开始变成反馈了，就变成你真正研究课堂技术的问题了。

然后，再给大家提几个要求。

第一个要求，从第一天开始就忠实记录学校的课改历程。你学校的改革或许是未来学校教育的一棵大树。必须要忠实，你不要回避，我建议在座的校长们要开自己的博客，敢于面向社会，敢于成为教育家，敢于担当大任。我希望我们樊城能走出几位教育家，教育家没那么神秘的。教育家首先是一个行动家；第二，教育家必须能写，你的思想、你的行动、你的思考都要通过你自己来表达，不要让别人代替，别人也代替不了。写作也是这样，忠实地记录，不要修饰，不要刻意贴教育理念标签，不怕不完美，因为你是在写自己的教育学。这是第一个要求，忠实地记录。

第二个要求,学会做独立的"决策者"。尤其是我们的校长,就这样做,不用商量。尤其是在改革中,不要人云亦云,这样会自乱阵脚。有人说:三个臭皮匠顶个诸葛亮。这句话是错误的,三千个臭皮匠也顶不过一个诸葛亮。臭皮匠搞的是"臭皮"的问题,他没有那么高的见解。如果三个臭皮匠顶个诸葛亮,那么全国都是诸葛亮了。我们根本就没有诸葛亮,你就是个决策者。你们要明白学校中只有一个决策者,例如在家庭中到底是老婆说了算,还是你说了算。就这么简单。只有一个决策者,其他人全是执行人,这就是独立的含义。你就是个定位决策的人。除此之外,你的第二个身份是评价人、反馈者。你就是在指挥一场战争,谁是攻东门的,谁是后勤的,谁是抬担架的,你必须清楚。我的建议是每天下午一个反馈会,在你的评价墙上召开当天的调度会。改革就是打仗,看看这一天我们打得怎样。而且,也要学会站着开会,不需要像今天我们这样摆着台签坐着开会。开会的目的是当天必须拿出整改方案,你要作出很多规定。规定带来压力,压力促使改进。

第三个要求,也是最重要的,你们必须知道课改。课改首先要改老师,改老师的目的是啥?希望让学生学得好。改老师不是目的而是手段。关键是学习必须要落实到学生身上。必须两手抓,尤其是要抓学生学习、成长方式的观念转变。学生动起来,课堂活起来,效果好起来,学校火起来。学生一到位,你的课堂还会担心吗?还有学生不发言吗?

如何让学生动起来?首先营造氛围,再者抓好评价。再回到我们的六个基本观点,让学生知道什么是好课堂、好班级、好小组、好学生。让学生活起来,逼着教师改。有时候我说学生就是课堂中的纪委,学生动起来,一切能解决,因为是学生才是发展者。如果一味地动老师,老师不又成"二传手"了吗?

所以,要反复研究如何发动学生。我有几个建议:第一,校园的媒体,如广播站、橱窗、校刊,交给学生,一个班负责一星期,让各班互相打擂并进行评价。有了比赛,孩子就会认真。学校的课改氛围很重要。每个班级还可以出版自己的报纸,也不需要给他们钱,让学生自己学会拉赞助。比如说,找到酒店老板,喊两声叔叔,说我们想出份报纸,你给我们200块钱,我给你做下广告,你说哪一个人好意思拒绝孩子们。这不就是很好的社会实践活动嘛。第二步,每天一个班会,让孩子自己讲,让他们认识到传统课堂和传统教育对他们的毒害,而且也要他们认识到,他们的成长是自主的。让学生说,让学生讲,学校可以把它搞成活动课。学生的视野宽了,接受面宽了,思维活跃了,效率不就高了嘛。下午可以压缩一节课,搞成擂台。如果学校处处都是擂台,学校生活不就丰富了嘛。让他们说,让他们讲,多发奖状。甚至可以这样设计,三个班级奖就可以有资格参评校级奖,三个校级奖可以评大奖。要创造一切能让学生成长进取的机会。让学生感到被关注,被关爱。一定要记住,动老师重要,动学生更重要。现在的学生在传统教育模式下,变得越来越没有生气。转变学生比转变老师更重要。我今天教给大家的都是实招,我再说一遍,课改是很简单的事,教育没那么复杂。

注:鸣谢樊城区教育局胡涛,2012年1月7日,根据讲话录音整理而成。收入本书时作者另作修改加工。

第七章
对 话

向着一个特定目标前进的人,全世界都会为之让路!

——爱默生

答 问

1. 课改到底是改什么？

李：这个问题需要从不同的认识程度上回答，课改表面上看是改课堂结构，是少讲多学，实质上是改变的教学关系，也就是在学为主体、教为主导的理念下，重构新的教学关系，即变"教中心"为"学中心"，但从本质上来说是改变教育教学思想。一节课究竟看什么？我以为要看到课堂背后的两个支撑，即教师的教育教学思想和对学生生命成长方式的认识，有什么样的观念就有什么样的课堂，有什么样的教师就有什么样的学生，那么，课改则变成了对教师教育教学思想的考验。

2. 您多次说过课改是改人，如何理解？

李：当我们说课改是改教育教学思想和观念时，实际上就是在改造人。然而，很多学校至今还把课改理解成改结构、改方法，当然，改总比不改强，但要真正让课堂完成质变，仅仅靠改"技术"（课堂结构流程、教学方式方法）是无法抵达最终目的的。改人，其实意味着的是教师要敢于转变角色成为"新教师"，那么，能不能完成这个新"角色"是一个考验，如果这个"角色"不改变，说到底仍然完不成课堂的本质变革。

3. 教师要完成真正角色的转变，很难。

李：是的。一方面，教师受旧有教育教学经验和观念的支配，缺少"自我否定"的勇气和智慧;另一方面,应试教育的现实性和功利性让很多教师不敢轻易去改变;同时,传统的教育教学不习惯于"放手"和"信任"学生,唯恐一旦让学生动起来不好管理,不能不承认中国教育缺少一些"人本"情愫和"人文"关怀。但更重要的,我觉得是我们的大多数教师教育观念还比较落后。

4.为什么说有些教师教育观念还比较落后?

李:教育即"人学",也就是说教育必须首先从儿童出发,或者说,唯有儿童才是真正重要的课程,无论是教育还是教学,一旦离开了对儿童的研究、认识和发现,则无法成其为教育!长期以来,在应试教育的蛊惑下,我们缺少对学生的尊重、研究、认识、发现,我们一味地研究书本、教法、教学目标等,因为忽视了学生作为"人"的存在,忘记了成人和儿童的差异性,而让教育失却了"人性",让教学失却了"情感"。我们有太多对学生的强制、要求、替代、包办,而缺少对学生的信任、放手、激励、点燃。教育要回到"人本"、"学本"、"生本"上来,让学习发生在学生身上、让成长发生在学生身上、让发展发生在学生身上。我们必须清楚,无论你的愿望有多么的美好,无论你有多大的能耐,谁都不可能替代、代替儿童的生活和成长。

其实,当教育一旦回到"学生"和"学习"时,在当下则变成了一个全新的挑战,所以我说课改也在书写当下的"新教育学"。

5.教师课改的动力到底是什么?

李:我觉得教育的最高境界是"教育即信仰"。然而,遗憾的是在一个师德相对缺失的教育时代,要强调教师的教育信仰真的很难。我所主张的"信仰",其实是一种教育的底线,即"以人为本、尊重生命",或者通俗地说,教师至少应该关注学生的生命存在,努力保全学生的生命,坚决不能逼迫学生去以跳楼来逃避教育!教师要从生命的高度来看待自己的职业,尽可能让学生多一点轻松快乐,要敢于"放生",进而敢于"从油锅里捞孩子",这显然不是刁难教师吧,而是基本的"人性"使然。

另一方面,教师要"认识"自己、善待自己。我把教师分为几种角色,但我以为不管是哪种角色,你至少得成为一个"明理"的人。一个甘于强调和炫耀牺牲自己的人,他至少缺乏对自己生活和生命的尊重,哪里有什么"高尚"?如果教师真的理解"以人为本"这四个字,就必须清楚和尊重自己,教师理应享受做"人"和做"教师"的尊严,教师必须作为一个发展者,去唤醒学生,去成就教育,去贡献人类。

第三,教师必须成为一个改革者,这是一个必需条件。否则,他就是逆势而为的人,是在反弹琵琶。

第四,天降大任,教师要学会担当,而不是抱怨"体制"、寻找借口。

6.教育的问题不是体制的问题吗?

李:我当然知道体制正在制约和束缚着教育的变革。但一味把教育的问题归因于体制,也显然是不负责的。教师其实也是体制的一部分!有什么样的人,便会有什么样的体制,或者说体制的问题是每个人的问题。教师在体制变化相对缓慢时,难道不该有所作为?有时候,还真得学会豪迈点,改不了别人,难道我们还改不了自己?我总是在想,如果每一个教师改了,教育其实也就改了。反之,即便是领导要求改,教师自身不改也是问题呀。现在我们遇到的情况很发人深省,那些区域推进课改的地区,有些教师想尽办法抵抗,而没有推进区域课改的地方,教师们却反过来抱怨领导不改!更何况,我们的教育体制正在发生着空前的变化,只是很多人并没感受到而已,乐观一点,我预测在未来三五年内,中国的教育会重新"洗牌",它意味着的是一个时代的结束、另一个时代的崛起,让我们拭目以待。

7.教师不积极参与课改,可能是怕牺牲升学率吧。

李:理解。但谁说课改会牺牲升学率?好的教育从来不会因为考试而改变,当然更不会在考试中败下阵来的,无数的事实已经证明,成绩只是课改的副产品。话说回来,即便真的是为了成绩,教师也应该认识到,当以

"反学生"作为常用的教学手段,违背儿童的意志,忽视学生的学习兴趣和认识规律时,仅仅靠灌输、训练,教师讲、学生记是不可能取得好成绩的!在习泳者没见"大海"之前,我们习惯于膜拜"浴缸",而在"浴缸"里是训练不出索普的,如此而已。

8. 为什么不尊重学生的认识规律就不会有好成绩?

李:这很简单。学习是一种"自我"的认识理解经历,是一种"个性化"的情感体验过程,儿童有自己的世界,有自己的视角,有自己的语言编码,有自己的情感和需求。遵循了儿童的规律,儿童就会乐在其中,主动去学,违背了这个规律,学习则变成了一种被动的任务接受。

其实,每一个儿童都是天生的学习者,都充满了好奇心和展示欲。满足其好奇心就会有学习发生,进而就会有展示的欲望。当我们讲教育要"从儿童出发"时,实质上就是在提醒教师要从"学习者"的角度,让教育教学体现出"学习"规律,这或许是解决"厌学"问题的最佳良策,一旦学生沉迷于学并体验到学习的"狂欢"时,成绩自然是"副产品"。

9. 如何改?教师苦于缺少方法。

李:我承认教师可能缺少具体的方法,但方法的问题有些是观念和认识的问题,教师一旦真的爱学生、心中有学生,那么,他至少会围绕着服务于学和学生来设计教学,这就对了。你要什么方法呢,它考量你是否肯"服务于学"、肯"服务于学生",你看这又是一个挑战,因为很多人不愿意服务于学和学生,而恰恰认为学和学生必须"听命于"自己、"服从于"自己。从儿童学习、认识、成长的规律研究学生,这就是方法。至于导学案如何编制、如何分组、如何调动学生、如何评价、如何反馈,我以为这一切的技术和手段都将受制于教师的教育教学观念。我不太愿意谈技术,我怕过多谈"术"会误导一部分教师,尽管很多教师热切地希望我多谈点技术。

10. 你刚才谈"术",那么,教师需要什么样的"师道"?

李:我概括为16个字:相信学生、解放学生、利用学生、发展学生。

11."利用学生"作何解读?

李:教师全部的教学艺术,实在不是体现在如何讲授上,而是调动学生和利用学生的艺术,这是一个很重要的教学观点。教师学会利用学生,前提是必须"认识"学生的价值,我们主张和强调课堂教学"最重要"的资源是学生,不仅是为了突出学生主体,更是为了彻底解决教师的知识水平决定着学生学业水平的永恒困惑,教师再也不要充当知识的贩卖者和二传手,而是必须能够让学生的学业水平超越教师的原有知识水平。马斯洛晚年曾说过一句话,对我启发很大:在一个身高不足一米五的房间里量身高,所有人都不超过一米五。教师唯有把学习交付学生并且善于利用学生,学生才有超越教师的可能性。

12.教师到底应该在教学中发挥什么作用?

李:千万不要以为课改是"与教师为敌",但也必须清楚:无限放大教的功能和教师的作用同样是错误的。教师显然不应该成为知识的"二传手",而应该充当发动学习的人——让学生和学习直接对话,我以为这是教师最重要的作用。我把教师的作用解读成80%是对学习者的引领、点燃、唤醒、激励,20%可算作课堂操作技术。在这里说到一个细节问题,教师应如何做课堂导入?显然,它该能"以情动人"。

13.教师只需要掌握20%的技术,这个技术是什么技术?

李:在高效课堂操作上,我以为教师要掌握的不是"教的技术"而是服务于"学"的技术,前提是教师必须从"学生"和"学习"出发,前一个是"人"的成长规律,后一个是"学习"的认知规律。围绕着这两大规律,教师要做到五个一:第一,编制一个导学案;第二,给学生一个学习方法的指导;第三,构建一个学习组织;第四,组织一个学习流程;第五,明确一个基本任务,即学会不会的。

14.好教师的标准是什么?

李:这真的是一个世界级命题,但大致说起来,教育比较发达的国家和地区基本有一个共识:教师首先是一个热爱教育和喜欢学生的人;第二,他具有一定的使命感,能担当教育应肩负的伟大意义;第三,具有正确的教育观和一定的专业知识、技能。但在中国,我们今天的教育必须纠正一个严重的错误,认为知识水平越高的教师才是好教师,教师首先要具备一定的德行、人性和"人本"教育思想,要"认识"学生,有一定的教学心理学基础,此外才是知识能力和所谓的"教学艺术"。

15. 教书育人,这个育人如何理解?

李:应该是育人教书。育人永远是第一位的,这是教育良知、责任和道德对教育者的基本要求。育什么样的人?我一直以为教育很简单,但要真正做出高度的确很难。说教育简单,是因为我们只需要弄清楚四个基本概念,即什么样的是好学校,什么样的是好教师,什么样的是好学生,什么样的是好课堂,这四个"好"支撑着新的教育学,尤其是前面的三个"好",支撑着最好的那个"好学生"。什么是好学生?我认为:第一,身心健康的;第二,敢于担当的;第三,具有一定知识和能力的,如学习力、思维力、合作力、实践力……教育必须满足和服务于社会结构的各种人员(未来公民)的组成。我喜欢这样的三句话。第一句:教师每天走进教室,首先面对的是人,其次才是课本;第二句:孩子就像玫瑰花蕾,有不同的花期,最迟开的花与最早开的花一样美丽;第三句:教师每天走进课堂,都在对世界施加着影响。

16. 如果学生不会,教师可以讲吗?

李:我从未不让教师讲,但必须重申教师的讲一定是基于"先学"之后,即"先学后'交'、然后再'教'"!这个"交"是指学生之间的"交流"。课堂教学有时候恰恰需要"憋一憋"学生,等他们实在解决不了的时候,再讲也不迟。

17. 课堂教学到底需不需要模式?

李:这显然不是问题了,大家早就有了基本的共识,课堂教学需要模式,模式是规定、规则,甚至是规律。百度搜索"模式"一词,解释如下:模式(Pattern)其实就是解决某一类问题的方法论。把解决某类问题的方法总结归纳到理论高度,那就是模式。模式是一种指导,在一个良好的指导下,有助于你完成任务,有助于你做出一个优良的设计方案,达到事半功倍的效果,得到解决问题的最佳办法。高效课堂认为,大凡是好课,一般都有一个共有的基本模式或流程,即自学—展示—反馈。当然,自学是指"自主学习"的简称,它包括独学、对学、群学;展示,即发表、暴露、提升;反馈即教师归纳、提升、拓展。我们高效课堂的"五步三查"其实也是基于这个基本共性的。

18. 课堂到底需要什么样的模式?

李:当我说课堂的背后是两种支撑(教育教学思想和对学生学习、成长方式的认知)时,教师要遵循"学规律"去设计和组织课堂教学,在这个不可挑战的基本原则之下,课堂可以只需要两步,比如 25＋20,即学生自学(自主学习)25 分钟,教师基于学习困惑的解决 20 分钟;而三步,则应该是 20＋10＋15,即自学 20 分钟,展示 10 分钟,反馈 15 分钟;四步:10＋10＋10＋15,即自学 10 分钟,展示 10 分钟,点评 10 分钟,联系 15 分钟;五步或者六步也没什么,总之你要遵循"先学"。当然,时间的划分不需要过分僵化,视情况而定,但这个情况必须是"学情",而不是教师的自我意愿。

19. 教无定法,教师如何体现出自己的教学特点?

李:这句话没错,但属于断章取义,不完整,也不严肃,这句话的"完整版"是"教学有法,教无定法,贵在得法","有法"—"无法"—"有法",是符合了教师的学习、认识和成长规律的,这就像练武术、习书法一样,离开教学的"法度"而放大"无定法",是不负责任的,也是违反常识的。即便是教师已经"破帖"形成了自己的教学艺术,但这个艺术仍然要求有"法度",就像张旭草书,他仍然有基本的"常识"和"元素",我们不可以肆意把"胡搞"理解成教学艺术!我们鼓励教师要敢于创新,但必须是基于新课改的基本框架,新课改理念是必须守住的寸土不让的阵地。

20.课改如何推进?

李:就一所学校来讲,课改的推进要走好四步路:第一步,理念变观念;第二步,观念变方法;第三步,方法变文化;第四步,文化变信仰。尤其是第一步,是基础,不能操之过急,前面我已谈过,课改从根本上是"改人",观念不到位时推进课改,也只能是修修补补做一些改良,课改成败在校长,主体却又是教师。

21.文化和课改又是什么关系?

李:文化是土壤,课堂是果实。我们讲,课改的终极目标是培养什么样的人的问题,也就是这场始于课堂的改革,其目的是改变传统的教育教学思想和育人模式,回到"三本"(人本、学本、生本)上重塑新学校、新教育,而新学校、新教育需要新文化作为支撑。从"人本"理念出发,教育者必须转变管理观念,也就是教育不应该被理解成"控制",而恰恰是放手和点燃。我可以这样说,学校文化一旦陷入"控制"时,那学生不可能有主体地位,学校也便很难让学生有"生命狂欢感"。思想观念的不同,会呈现出不同的教育形态,造就不同的教育结果。我们主张,学校的一切文化都应该是"儿童的文化",具有儿童的特点,充满着童心、童真和童趣。我的建议是小学阶段,文化应突出三大主题词:童话的、自然的、人性的,围绕着三大主题词去构建儿童的课程、活动、教学;初中三大主题词是自主的、自然的、人性的;高中的三大主题词是自主的、自然的、思想的。

22.为什么一个教师可以同时上四个班的课?

李:这有什么奇怪的?当学生学会了自主、拥有着必需的学习力并开始享受学习时,他实际上是不需要老师来设计自己的学习的。生活的常识告诉我们,当学会使筷子时,是不需要有人来喂饭的,问题是,我们必须敢于把学习交付学生,并注重学生学习力的培养。江苏昆山前景教育集团、河南卫辉高中、陕西宜川中学等等,早就一个教师同时上N个班的课了,当然我不否认这样的课堂存在很多问题,但尝试总有意义,怕的是拒绝尝试。如果敢,一个教师可以同步上十个班的课,也不会差到哪里去的,再差难道还会比应试教育的课堂更糟糕?

23.教师这个职业能否找到自己的幸福?

李:教育必须对教师负责,让教师找到尊严感、幸福感,前面也谈到教育的"人本"首先包含的是尊重教师。教师要成为一个积极的人、发展的人、热爱生命的人、敢于负责的人,这一切都需要教师有超越传统的教育勇气,成为一个"课改人"。在今天,我可以这样说,一个合格的教师必然是参与课改的教师,这是一条底线。离开了这个底线,则很难找到自己的幸福。教师要明白,唯有通过"发展学生",才可以"成就自己",而绝对不是"牺牲学生、成就自己",这是很不道德的。

沙 龙

对话嘉宾

任永生　辽宁省葫芦岛市南票区教育局局长

张　雷　江苏昆山前景教育集团董事长

李　平　兖州一中语文教师

陈　立　中国教师报·全国教师培训基地主任

对话任永生

高效课堂是单纯的课堂概念吗

任永生： 我一直以为高效课堂不是一个纯粹的教学概念，它应该是个教育的概念，高效课堂追求的是高效率与高效益的统一。高效率就是让学生乐学、会学、学会，这是高效课堂的知识指标。高效益就是让学生在自主、合作、探究的过程中体验生命的快乐，培养学生的优秀品质与健全人格，这是高效课堂的生命指标。高效课堂本身是想通过课堂革命促进整个教育的变革与突围，是用课堂做支点推动整个教育的发展。

李炳亭： 我们一直在对驶入课改深水区的区域和学校强调高效课堂是

一个完整的教育概念,就像小组学习要分层分类,姑且把先期有些课改心得的区域和学校称为 A 类吧。为什么一开始一定要避开高效课堂是一个"教育概念"的说法而从"课堂"切入？我想,这其中还是要有一个策略问题。一是教育是一个需要具体途径与方法为实施载体的复杂的"系统工程",假如一味讲教育是什么恐怕仍然无法变成具体的方法落地。二是传统课堂也的确困扰着很多人的教学,比如大家普遍关注的就是"效益",因而高效课堂这个提法或许更能"投其所好"。我相信很多人开始就是冲着能"高效"去的,但等真正进入有些许感悟之后,他们会发现高效课堂则不仅仅是一个课堂的概念,课堂的变革可能会撬动进而引发深层的教育变革。三是无论什么样的教育,总要找到手段、途径、载体,而课堂正是教育的载体,因而撬动课堂的变革,就能直达教育本身。

教育必须是"人学",它必须直面答复生命的全部内容、权益、要求。教育唯一高尚的企图就是让学生"成为他自己"。如果一定要提到"革命"这个词,有可能是在更加控诉传统课堂的无良。当然,我需要"辩证"一点解释我所指向的传统,是那些以"专制"面目出现,而不把"人"当人的传统,是以"升学"为唯一"质量"和"意义"旨归的传统！

评价高效课堂教育的巨大价值,不仅可以用效率、效益、效值、效果等指标来加以衡量,我认为更应看到这些词汇闪烁着的人性、道德以及生命色彩,没有比我们所畅想的"知识的超市、生命的狂欢"等令我激动的了。

我们应该构建怎样的教育学

任永生:我们必须构建一套具有正确的教育立场、先进的教育理念、科学的行动策略、革命的创新精神的教育学。

教育立场:1.一切从学生的发展出发;2.从最后一名学生抓起;3.让每个学生都成为最好的自我;4.全体学生全面发展;5.教育的基本任务是让人成为人;6.相信每一个学生都能够成才;7.教师在成就学生的同时也成

就自我;8.教育是用心灵塑造心灵的事业;9.教育归根结底是关于人生的科学;10.教育应该像植物园一样给孩子提供成长的条件。

教育理念:1.以生为本,以学为本,以素质为本;2.教是外因,学是内因,教是学的条件;3.教师的基本任务是点燃与点拨;4.以学定教,以学评教,以学促教;5.学是高效课堂的逻辑起点;6.学生是课堂教学的最大资源;7.利用学生是高效课堂的核心技术;8.分是课堂教学的副产品;9.知识的最高境界是道德;10.好奇心和表现欲是儿童的两大天性。

课堂理念:1.课堂是素质教育的主渠道;2.课堂是学生获得知识和能力,培养品质,构建人格的场所;3.学习必须成为学生自己的事情;4.学习必须发生在学生身上;5.学习必须按照学生的方式进行;6.能够让学生会学、学会、乐学的课就是好课;7.自主、合作、探究是学习的基本形式;8.预习—展示—反馈是课堂的基本流程;9.真正的好课不可复制,因为课堂生成不可复制;10.好的课堂是学学相长、教教相长、教学相长。

李炳亭:其实任局长是对十六字"真言"的阐释。高效课堂的立场、理念、策略、方法都包含在"相信学生、解放学生、利用学生、发展学生"中,教师在其中将扮演一个很重要的角色。有什么样的教师就有什么样的课堂,有什么样的课堂就有什么样的学生。我还可以说教师全部的教育教学技术和艺术其实也都包含在内,这或许对一般教师乃至于传统的教学评价都是个巨大的考验。

如果需要再凝练一些,那我愿意这样表达:围绕"学"和"学生"构建全新的、全面的、完整的、和谐的基于"人"的信仰。

课改的关键究竟是什么

任永生:我一直认为,课改的关键不仅是一种责任和担当,更重要的是一种教育基本概念的颠覆与重建。

根据辩证唯物主义的基本观点,结合教育实践,通过一系列研讨活动,我们认为包括教在内的一切教育条件和行为都是为学服务的,学是学生学习和成长的内因。基于这样的基本认识,我们对基本的教育常识有如下认识——

学习就是学生利用已有的知识和能力进行知识体系和能力体系的自我构建过程。

学生只有在"学"中才能"生","学"是"生"的内因。

教育是为学生自我学习、自我构建、自我成长提供外因条件的。

教师就是为学生自我构建和自我成长整合教育条件的服务者。

学校就是为学生学习和成长提供重要外因的集合体。

课堂是学生体验生命成长并为生命发展奠定基础的重要场所。

教学是学生成长外因当中的最重要的条件即最重要的外因。

分数是学生在课堂上形成能力和素质的同时形成的副产品。

校长是为学生成长和教师成长搭建平台的服务者。

局长是为了学生和教师的发展让教育始终不离开本真的导航者。

对这些基本常识重新认识后,我们提出了教育观念的三大转变,由以师为本转变成以生为本,由以教为本转变成以学为本,由以知识为本转变成以素质为本,构建了我们新的教育观念体系。

李炳亭:要知道课堂的背后有三大东西作为支撑:一是教师的教育思想;二是教师对学生生命成长方式的认知;三是教师的知识认知能力和教学能力。前两个都属于"观念"问题。那么,课改改什么无疑很清楚,回答是改观念。观念不变课难变,观念一变一重天。观念是"道",如果过分执著于"术"的研究,可能会走入死胡同里。因此,我们从多年的课改实战中,总结出课改必由的四步路:第一步,理念变观念;第二步,观念变方法;第三步,方法变文化;第四步,文化变信仰。第一步是基础,万不可操之过急。基础不牢,地动山摇!

对话张雷

高效课堂 vs 校长角色

张　雷：在高效课堂实践中我有个深切的体会，就是高效课堂不仅是课堂教学方式的改变，也是对课程内容的改造和提升；不仅是课堂中教与学重心的颠覆，也是教师灵魂和观念的修炼与重建；不仅是新教师与新学生的生长途径，更是新学校与新教育的创造成长途径。这就要求校长必须突破传统型学校的教师发展、学生成长、组织成长过程中相互制约、相互矛盾的瓶颈，创新出以人的发展为本的组织文化与发展模式，李老师在这方面能否给将要做和正在做课改的校长们一些建议？

李炳亭：这个问题很有价值。其实，当我们认识到课改本质上是在改写教育时，实际上就意味着"系统"的重建，并且要重新解读一些基本的教育教学常识概念，进而建构这些常识概念之间的新型关系。

对于校长而言，要真正"认识"三个角色：教师、学生、自己。要真正理解四个基础概念的基本内涵，即什么是好教师、什么是好学校、什么是好课堂、什么是好学生。然后还要厘清"四好"之间的关系，谁是核心，谁是关键，谁是手段，谁是目的？

如何理解"课改"？课改不仅是课堂改革，也不仅是课程改革，而是育人思想、观念、方式、方法的改革。改革不是改良，也不是修补，而是重建。重建的立足点是"从儿童出发"，是"认识"儿童，是尊重、接纳、顺从儿童的天性，是呵护儿童的自然成长，是遵循生命成长的规律关注、守护、记录甚至是静待将要发生在儿童身上的一切！如果说教育对儿童的成长有什么干预，那就是激发、点燃、唤醒儿童的生活渴望和生命热情！如果真的能这样做，那么，我想中国的学校一定从此充满了人性的温暖、诗意和感动。

高效课堂 vs 教师角色

张　雷：一所学校的价值观一定体现在是培养面向"未来"的人还是培养面向"传统"的人。高效课堂作为一种完整的教育创新体系，其核心价值就是培养的学生是具有创新精神和实践能力的有责任感的公民，这与素质教育的要求完全一致。作为校长应如何全面认识和理解这个体系，又对校长个人提出了一个怎样的要求？

教师的改造是课改走向成功的关键，要求教师每一个具体教学行为的背后不仅要有教师个人的教育思想和对待生命的态度，更对教师的职业角色、生活角色改造提出了新的定义，好教师已不再是传统意义上的知识"垄断者"，那么对于好教师的评价最重要的角色定位应是什么？课改对于教师的发展开启了怎样的途径？

李炳亭：我对"开启"这个词有好感。教师的"改造"其实是从转变教师角色开始的，进而改变了全新的教育生活方式，开启了内在生命和精神的变革。

教师当然不是知识的"垄断者"，更不能苛求他们成为"真理化身"，这是毫无疑问的，这样说并未是对教师的"蔑视"，而是基于对人、对教育教学规律的研究之后的"重大发现"。教师这个职业无疑是"神圣"的，但不可以因此而"神话"。如何给教师以更加准确的定位，才能让教育体现出它应有的人性色彩、生活意义和生命质感？我曾经在很多文章里都谈及过我所理解和主张的"角色"，在此不再赘语。

我们必须清楚，对教师而言，传授学生以知识只是其中一项"不可少"的任务，但未必是"必不可少"的最重要担当，教师承担的伟大使命是"为一个尚未出现的世界"培育公民。这就要求教师要高瞻远瞩，要学会如何善待生命，要具有很强的创造力和创新精神。

有人只片面地看问题，指责高效课堂为什么限制教师的讲。在此，我必须再一次强调，教育的问题哪里是讲与不讲这般随意、简单？你是谁，你有什么样的意图，你在干什么，你的对象是谁，他对你有什么样的期待，他有什么样的"儿童化"感受，他的视角与成人有什么不同……这些问题必须首先考虑清楚，否则只能盲人骑瞎马，结果可想而知。

高效课堂 vs 还权

张　雷：课改是让教育回到人性，信仰生命，以将学习的权利还给学生的课堂为起点，到将一切学生应有的权利还给学生，这是一个自然发生的教育人性之道。从这个意义上说，课改即还权，课改即回归，但就一些校长和老师的现状来说，孩子都拥有哪些权益，怎样通过小组建设做到放心还权，还权对师生意味着什么，认识上还较为模糊，请李老师深入谈谈！

李炳亭：当明确了教育的对象不仅是儿童，其次还包括教师时，教育的要求意味着将要从根本上发生巨变；当儿童同样被当做重要的教育教学资源来开发和利用时，教育便开始被赋予了全新的内涵、价值和意义，其对传统教育学的颠覆性就开始空前地凸显出来了。

教师不再被单纯作为"教育者"向儿童提供精心设计的教育，儿童也不再单纯被作为"被教育者"被动接受教育者提供的教育，教育的"双向性"、"丰富性"、"选择性"被空前放大。

当儿童作为教育教学资源直接、主动、积极地介入到教育教学的具体行为中时，教师就必须予以儿童应有的地位，那么，权益、权利、自主、自然、自由、生活、生命、创造、发展等这些具有"主体"色彩的词汇便开始熠熠生辉、活跃起来了。生命中注定有一些东西神圣不可侵犯，每一个人都应该是自己生命的主人，而不是违背自我意志做一个"被生活"的人，学校给予儿童多大的空间和机会将成为决定学校教育优劣的标准。

学校的一切组织、活动、教学、课程等等都应该是基于儿童的需要任其自主选择的结果。当然，好的教育一定能够使儿童具有团队组织的"规则"

意识，但这个"规则"不是刚性的"纪律"，而是内在的责任和尊重，是一种自我的行为担当能力。

必须深刻地理解和认识小组的巨大作用，其不仅是作为课堂教学的基本单位出现，它同时是作为一个"有灵魂"的"组织"而不可替代，它必须具有以下三种功能：1. 共同的文化认同；2. 共同的行为认同；3. 共同的生命价值认同。

团队组织的目标是培养觉察、觉悟和觉醒的人，快乐生活的人，具有远大志向和较高道德水平的人，能担当责任和使命的人。如果学校管理者仍旧认识不到这一些，那就试着从放手开始，尽情让儿童去寻找自己吧！我相信，他们会告诉我们答案的——教育是什么，其实每个孩子都懂！

对话李平

高效课堂与有效课堂的概念辨析

李　平：2011年7月在北京香山会馆的"50工程"培训时，我曾向来自全国的精英班主任们表达过这样的观点：我们每个学校的课堂模式各有不同，但从教学层面上都是"先学后教、以学定教"的，从学习层面上都是"自主、合作、探究"的，从教育层面上都是以"自主、团队"为核心文化特质的……当时是基于归纳、提炼我们全国一千五百多所课改学校的共同点，找到我们"课改圈"内的话题点而有此说。

事后反思，我越来越坐立不安——"先学后教、以学定教"这八个字未免偏颇、狭隘了吧？把我们原本指向"人"的课堂限制在了"教"的终点上，罪莫大焉。殊不知，我们的课前之学、课中之教（师与生两方面的教），其目的更在于课后之再学；我们的校内学习之知识与能力、过程与方法、情感态度价值观，其目的更在于校外人生之智慧啊。

炳亭主任在本书第一章讲道：高效课堂的核心是人本，高效课堂围绕着"人本"建构教学关系和师生关系；在教学关系上，主张"学本"，在师生关系上主张"生本"；高效课堂的"三个本"支撑起自己的"教育学"……

请您再为我们一线的老师们具体明确一下"高效课堂"跟"有效课堂"两个概念的异同吧？

李炳亭：我也曾跟着"李平学语文"（李平老师专著《李平老师讲语文》）受益匪浅。作为高中老师，李平老师也要面对高考，但她却依然敢于变教为学，大胆地把课堂还给学生，我想这不仅是一种胆量、气魄，更是一种教育认识、境界和高度。

"有效课堂"仍然是从"效"的角度来概述的，它的根本追求是让教学"有效"，它最大限度属于"教学"范畴。

如果我们回到"教育"上思考"效"的问题，则必须追问：1.为什么要少教多学？2.什么才是真正的学习？3.学生学习认识成长的规律是什么？正是这样的基本教育教学认识、观念、思想支撑着课堂，决定着课堂教学的形态、手段、方式、流程等。我之所以反对"教"，不是说教的效果差或者效益低，而是说教意味着的是无视学习规律，是对学生权益、能力、尊严的蔑视，甚至是"反学生"的；它无益于学生现在的生活和未来的发展。

而高效课堂是从生命价值，或者说从"人学"的角度思考和阐述"教育"，它是一个相对系统、完整的教育概念。不能简单认为它与"有效课堂"仅仅是"效"的区别，我是说在内涵上这两个词汇有"根本"的不同。

关于高效课堂的理论支撑

李　平：炳亭主任在序言部分提到，高效课堂的理论支撑是马斯洛的自我实现论、罗杰斯的自我理论和卢梭的自然教育、杜威的儿童中心。其实，我的愚见——承认教育是对人的终极关怀；承认教师的共同专业是教育，其次是相同的政策、法规、课程、教学、心理、学生管理等等，最后才是有差异的学科知识和学科知识教学法——只要是建立在这样两个承认基础上的教育教学理论都可以支撑我们的高效课堂思想。比如,新西兰教育家克里斯蒂的"友善用脑"的理论和方法。

"友善用脑"是以人本主义思想为基础、以神经学、心理学科学研究成果为依据、以教(学)会学习为理念的,强调教师、学生、家长三方互动、积极学习的新方法。

其核心理念包括:对学生而言:"人人都是天生的学习者"。对教师而言:"如果学生无法适应我(教师)的教学方法,则就让我(教师)教会他们以他们自己的方式学习"。对学校而言:学校的任务是遵循教育规律,遵循学生认知规律,创造一切条件,为学生"学会学习"服务。对家长而言:家长是学校教育的大后方,家长在了解了相关知识后,可以让孩子吃得更好、更科学,做好学生的后勤保障,还有学习、休息、运动需要有机的结合等等。

这种理论下的技术操作跟我们高效课堂八大支撑系统是不谋而合的:

"友善用脑"理念下的学习环境是由新鲜的空气、方便的饮水、多彩的视觉元素、激励性平台这样一些要素构成的温馨氛围——八大系统之文化建设;

"自学导航"是"友善用脑"课堂教学设计的有效组成部分,是基于学生学会新知、学会学习的预习文案。设计"导航"要以学情为出发点,以"导学"为目标,课外重感知尝试、质疑存疑,课内重合作探索、交流展示——八大系统之导学案的设计;

"友善用脑"以着力营造友善的学习、生活氛围为基础,以解决问题为目标,"问题"设置力求开放,有利于激发兴趣,拓展思维;"解决"要多元化,开发学生的多方面潜能。通过尝试,力求达到既能使学生掌握基本知识和基本技能,又可以有效地培养学生的创新精神和实践能力——八大系统之课内、课外的展示系统;

"友善用脑"教学改革的学习团队是指有共同价值取向和奋斗目标,

互相学习、互相交流、互相启发、共同进步的学生群体。在团队学习中，学生的学习力、生存力、创造力、合作力不断得到提高——八大系统之小组建设、班级建设……

我个人认为，"友善用脑"是一种教育理念，更是一种教学方法。我把它融入到我们的高效课堂理念之中，在课堂的一些环节上做了一些尝试：

如，"友善用脑"教学方法中的思维导图是根据人的认知规律，借助图像帮助人们思维或记忆，表现人们思维过程、记忆习惯的工具和媒介。我在课堂小结、课后反思及周导学案的梳理环节要求学生：用不同的符号、图形、文字、颜色画出你学到的知识。

此外，常用的技术还有，用音乐激发孩子学习的动力、做健脑操缓解人的压力、用冥想帮助整理和存储信息等，这些方法符合人的认知规律，能够让学生获得学习的成功！

李炳亭：教育有两个取向，一种是专制的，把人当工具的唯知识教育；一种是人本的，把人当人的自然教育。

中国教育改革注定有较长的一段路要走，我们的教育还不太习惯于把原本属于儿童的一切还给儿童，我们尚未建立一整套基于纯真的"儿童学"的认知与实践理论，我们甚至一直在违背教育的常识和规律，更难以从根本上扭转极端荒谬的应试教育的方向性错误，我们过分迷恋传统教育的旧经验，甚至喜欢讥笑和苛责改革，我们缺乏应有的教育信仰，做任何事都热衷于寻找捷径，我们受尽传统文化的桎梏，不敢创新也缺乏创新能力，我们甚至没有想象力……这一切都让人心情凝重。

其实西方教育发展也走过了一段不同寻常的历史，从手工业时代的个别化到班级授课制，再到个性化的人本教育，从中贯穿着一条叫"回归于人"的脉络。我们当然不是盲目地崇外，但我们必须敢于汲取西方的教育勇气和智慧。即便是东方的日本，也曾有过一段"类应试"的历史，但他们却果断选择了改革自救。其实，我想说的是当教育开始危及民族和国家生存时,如果一个人良知尚存,他断不会首鼠两端,甘为"应试"作伥。

我一直固执地认为,教育其实很简单,前提是你找到正确的方向。教育简单到只需要牢记两个字"人学",或者"复杂"到有五个字"从儿童出发"。好的教育绝对都是基于对"共性"的"共识"。在这样的共性框架下做具体的教育教学行为的探索、总结、归纳,无论是"八大"还是"三大",其实都不应成为唯一标准、模式。总之,只要是围绕学生,顺应学、适合学、服务学的就是好的。

高效课堂背景下的PCK

李 平:炳亭主任对于"新教师"是这样界定的:

教师角色具有三重意义:一是学校生态的建构者,是提供学习和生长条件的人;二是一个学习和生长的开发者,包括对学生潜能、思维、学习力等基本素质和能力的开发,对学习的开发,对生长的开发;三是一个信念的传播者,教师必须以自己的信念去影响学生的世界观、人生观、价值观。

美国舒尔曼(Schulman)于1986年提出来了PCK的概念。PCK(Pedagogical Content Knowledge),是学科教学知识或教学内容知识的简称。其意是指教师必须拥有所教学科的具体知识:事实、概念、规律、原理等,还应该能够将自己拥有的学科知识转化成易于学生理解的表征形式的知识。

我理解舒尔曼的学科教学知识大致包括这样四个层面:事实性知识、规律性知识、学科方法论、哲学。仅仅这样四个层面好像并不能够涵盖"新教师"的学科教学知识,比如,在学科方法论与哲学之间,至少还应有教育学的一席之地吧?再者,高效课堂背景下的学科方法论也应不同于传统课堂的吧?

李炳亭:"凡是不能自我发展、自我培养和自我教育的人,也就不能发展、培养和教育别人"这是德国做出的关于教师规定的原话,其启发性非常大。自我发展、自我培养、自我教育作为三个基本概念,奠基了德国的教师角色支撑。我们是不是还可以这样延伸:1.教师是在用教学生的方式教自己;2.教师在用教学生的那些知识教自己;3.教师在用教学生的态度、情感、价值观教自己。

我当然承认不同的学科知识一定有它不同的学习特点,教师在知识占有量上理应成为学生的"先生"。但我们所主张的高效课堂的学科方法,实在是不同于传统学科教学的那些主张。我依然要强调,学习也有两个取向:一种是基于学习者的,我们认为所有的儿童,无论是中国的还是美国的,北京的还是兰州的,都有共同的学习认识成长规律,所谓教育就是研究和探讨这个规律;另一种是基于知识本身的,这就很复杂了。有些人把知识分为几个类别,一级、二级、三级,主体、客体、时间、空间,对知识的管理又分为易访问的、广泛适用的、综合的、一次性的……人类从蒙昧走向文明的过程,实际上是一个不断认识自然、认识社会、认识自我的过程,我们强调学科知识特点,旨在便于学生能顺利获取知识门径,而不是执著于知识本身,或者借助把知识"神秘化"来彰显学科个性。

说到哲学的问题,我更看重心理学。但有时哲学和心理学又难以有清晰的界定,比如弗洛伊德的文本,就带有强烈的哲学色彩,因为精神分析理论在类别上可以递归为心理动力学,即寻找意向的原动力,而尼采的形而上学尤其具有独特的心理学色彩,后来的柏格森和福柯都借鉴了的。真正的心理学,是如胡塞尔所说的那样,是"纯粹心理学",也就是说注重"体验",把"眼睛"转向"内"部。胡塞尔的现象学,或称"第一哲学",就是要从"体验"出发。一切学问都是人学,没有人就不会有一切学问。有人曾这样说:如果把学问比作一棵树的话,哲学的使命就是要找到那个"树根"或"地基",树可以有树枝、分叉、不同的花叶,但"树根"却只有一个,必须扎实可信。

作为更高级的"新教师",理应找到支撑其教育的"根基",只是这样要求有些为难大多数一线教师。我认为,教师中的大多数,他的"哲学"就是

"人学",而"心理学"就是"认识儿童",或者叫"发现儿童","学科的方法"也就是学生"他自己"学习体验的方法。

对话陈立

高效课堂 vs "保护、丰富、发展"

陈　立：成年人社会对未成年人社会的责任和使命是保护、丰富、发展,绝对不是什么控制、灌输和替代。这一点落实在教育行为层面可以解读为"从儿童出发"或者叫"以人为本,尊重生命"。基于此,我们才敢说,高效课堂不是"技术流",而是符合人本理念和科学精神的、体系完备的"教育教学系统"。我想请您谈一下高效课堂对儿童的"保护、丰富、发展"是从那几个层面立意和着力的?

李炳亭：课改当然不是仅仅改进流程、方式、方法,但也不可轻视课堂操作的"技术",中国教师报·全国教师培训基地之所以这么多年引领着课改,就是靠课堂诊断、技术操作立身的。但这样说又显然是对他们的不公平,我们必须看到"技术"背后的支撑,或者这样表达：假如技术是经,那什么是纬?

陈立小姐作为新课堂的研究专家,又有美国留学背景,她真正是参透了高效课堂这门新教育学的内涵,说穿了就是"从儿童出发"、"以人为本、尊重生命"。

"保护、丰富、发展"是对这一内涵的具体阐释,或者说是三大"关键词"。三大关键词其实就代表三大层面：1. 保护：对儿童权益的捍卫；2. 丰富：满足个性化的多元选择；3. 发展：提供和建构发展条件,促进每一个生命的自我成长。

三大层面再具体实化,则成为高效课堂的三个要求：1. 少讲多学,把学习和评价交付学生;2.视学生为最重要的教学资源,关注课堂现场生成,强调合作互助、展示交流;3.注重学习能力、生命状态和精神道德发育。

三个要求再系统化则可以归纳为三个体系,即高效课堂的教学系统、评价系统、文化系统;三个体系又可以简称为"三本",即人本、学本、生本,从而构成了高效课堂教育学。

当然,我还必须重复强调我们传统的教育观念其实是错误的。对于学校教育而言,什么时候想象力都比知识更重要,我们必须敢于纠正自己,为无视儿童而羞愧,去捍卫儿童的天性,去保卫他们的童年,去满足他们的好奇,去激发他们的潜力,去放飞他们的想象,去培养他们的兴趣,去激赏他们的创造,而不是以拙劣的手段,以发展认知的名义,以牺牲生命的形式,把一个个好端端的孩子"塑造"成没有灵性、听话的、会背诗做题的"小大人"!

教育不是控制、干涉、囚禁、规范,是放手,是体验,是平等,是无条件的接纳,甚至是纵容,是让孩子成为孩子。

我曾经给小学三个关键词:童话的、自然的、人性的。而中学也有三个:自然的、自主的、创造的。如果我们能紧扣这些词,我相信中国的学生从此再也不会是世界上最累最苦、最不快乐、最没创造力的孩子了!

新教师 vs 教师成长

陈　立:在组织和开展教师培训的过程中,我们发现,教师观念问题成为基础的基础。传统的教育教学思维在当下依然很有市场,理念容易接受,课堂技术容易上手,但理念真正转化为观念、观念实实在在指导行为却成为症结。这种现象也引起了我们的反思:课改背景下,我们到底需要什么样的教师专业化成长?您多次撰文论及"新教师",我想请您谈一下"新教师"的成长有哪些路径?课改教师培训立足催生"新教师"可以从哪些方面作出努力?

李炳亭:从本质上说,课改一旦触底就是"改人"。传统教育过于低级、原始、功利、短视，实质上从来就没涉及过教育真正的那个层面。在很多人的教育视阈里，教育就是教学，教学就是上课，上课就是灌输，灌输就是分数，这样一路"狭窄化"，慢慢的教育就退进死胡同了。

如何拓宽教师的视野是一个命题，教师能否敢于完成自我超越，舍得丢弃"旧经验"的那些瓶瓶罐罐则将是他们面临的一大挑战。我一直觉得教育教学不仅需要勇气、智慧，更需要良知和责任乃至于信仰，或许教师的高度就建立在良知和责任之上，而不仅是知识水平、教学能力，这才是我所认可的"教师专业化"！

教师的成长途径有多种，但唤醒教师内在的成长愿望才是首要的、根本的，当然我并不排除强制要求等外力的作用，有时候还真得需要有一些硬性规定不可，比如学校要做出一些基本的课堂教学行为规定，如讲授不能超过10分钟等等，这很容易理解，就像"交通规定"一样，红灯停、绿灯行。传统课堂教学的无序乃至演变成纵容某些人的"胡搞"，就是缺少基本的课堂规定导致的结果。

此外，则要引领教师具备一定的"专业性"常识，比如什么是好课、什么是好教师、什么是好学校，什么是好学生，也就是我们概括的"四新"。如果能把常识变成标准，乃至于形成基本的教育教学观念，或许效果更好，认识不到位，就会对牛弹琴、劳而无功。

在此基础上，我的建议是再做"技术"的输入。教师普遍困惑于缺乏新课堂"技术"的支持，这的确是事实。技术的支持还要用具体的实践带动，在实践中去发现问题，反思技术，完善操作。

当然，其中还包括"教师文化"和"教师团队"的培植和建构，等等。

教师培训的确是一套系统，这些年，中国教师报·全国教师培训基地，在实践中总结了一套行之有效的教师培训新模式，甚至包括他们的培训形式，都是"新课改"型的。培训再也不能劳民伤财，甚至变成教师不能承受的"重负"了。

中国教师报 vs 中国名校共同体、全国教师培训基地

陈　立：外界一直搞不明白中国教师报是一家媒体，怎么也做培训服务，中国名校共同体、全国教师培训基地和中国教师报之间到底是什么关系？

李炳亭：这个问题很有意思。说实在的，中国教师报作为"中央级"媒体，始终有着自己的媒体信仰。凡是来中国教师报总部访问和熟悉我们的教育界朋友都能感受到这份媒体"与众不同"的性格和气质，我们提出要"打造一支有教育信仰的传媒铁军"，旨在"让中国教育因你而改变"。中国教师报的定位和核心竞争力就是"课改"，因而中国教师报又被一线读者戏称为"中国课改报"！

我们认为，媒体尤其是教育媒体必须应具有担当和时代良知，用行动来推动当下教育教学的深刻变革，而不只是发现典型和推广典型，我们试着再向前"跨一步"，也就是培植典型，并且利用典型来引领教育教学改革。正是基于这样的思考，2006年我们开始组建"中国名校共同体"，实践证明，当年那些不是"名校"的"名校"，如今均已成为课改的"标志符号"！一方面说明中国教师报应时而为，选择是正确的，教育媒体也要敢于改革，另一方面也说明课改的确是顺应要求、大势所趋。

中国名校共同体其实是拉动了中国教师报的影响力的，属于相得益彰。当课改的需求开始成倍增加时，我们再次决定选择"跨一步"，于是成立了中国教师报·全国教师培训基地。

必须声明，我们的意图是推动这场名曰"课改"的教育的伟大变革，对于那些不了解我们的某些怀疑和指责，我相信无需辩解，事实自当有公论。还是那句话：改革原本艰难，做事难免会有争议，但如果都不做，改革就永远躺在襁褓里。总要有人站出来。既然站出来就不怕困难，这就是我们的态度，更是我们的选择！

书 信

近期有不少老师向我咨询他们课改中遇到的问题,本来我曾在中国教师报·香山会馆(读者俱乐部)开辟"李炳亭课改诊断",但因为诸多因素,没能坚持下来。在此,做个迟到的回应,并致上真诚的歉意。

第一封信:从人本出发的教育才是好教育

贺迎兵老师:

抱歉迟复!

有些东西不要对立看,学习总归要多学,教师的带入(大家习惯讲的引领)的确重要,我们高效课堂也从来都是着重强调这点的。我鼓励教学要改革,课堂不仅要诗意,教育更要诗意。但现在的教育比较不诗意,因而我们需要去改,改就是寻找——找到丢失的教育诗意。

但改革需要方向感,而不是越改越差。向何处改?只能是变专制为人本,专制教育的主要手段是控制,即校长控制教师,教师控制学生;人本教育即把人当人,也就是康德说的"使人成为人"。如果课改人看不透这一点,只一味纠缠于技术或者讲与不讲那是走也不远的,因而我也反复讲,课改不是简单的改课,甚至不是简单的改变教学关系,比如如何讲等等,而是改观念。改观念其实就是改人,课改之难恰恰难在这儿,很多人不愿意改,是因为认识不到这一层!

人本思想在教学上就是我们常讲的"从儿童出发",教育其实就是一门"儿童学",研究学生、发现学生、认识学生、接纳学生,就是呵护"自主"。千万不要对立看问题,课改从来不是反教师,"人本"教育更不是把教师置于教育的对立面,这一点太重要了!遗憾的是,很多人根本不理解这点,而撰文批评我在反教师,呵呵,真是可笑至极!

我所主张的"人本"教育的前提是首先把教师当人,不把教师当人,教师也很难把学生当人,如果教师不幸福也很难带给学生幸福,因而当我说课改就是"从油锅里捞孩子"的时候,必须理解课改也是从油锅里捞教师!

但鼓励教师讲或者表演其实并非是尊重教师,而是在放大教师原本不该承担的责任,或者在挑战教师自身的能力,这是别有用心的恶毒伎俩,警惕呀!

更何况,学是学生的事,而教师呢,是学习的辅助者,我们需要厘清这个"分工",而不是全部工作都由教师来承担。我不知道你能理解我的意图吗?教育需要解放学生,更需要解放教师,不把教师从替代和包办中拉出来,从控制和被控制的课堂上拉出来,从繁重的教学任务中拉出来,从讲和表演里拉出来,就有可能导致师生的"两败俱伤"。传统教育正在干一件"害了教师、毁了学生、没了未来"的勾当,我们必须站出来去改变!天下兴亡,我的责任。因而我们这些改革者,都背着狂妄、神经的名声。

我希望你还是要多研究高效课堂,它实在不是一个简单的教学概念,而是一个教育概念,要看透高效课堂背后的东西,那就是教师为本、学生第一。这八个字里蕴含着我全部的教育教学思想。它包含两个层面:一是把学生当人,即相信学生、解放学生、利用学生、发展学生;二是把教师当人,在教育教学管理上,必须要真正实施:相信教师、解放教师、利用教师、发展教师。尤其是相信学生和利用学生,教师做起来很不容易,这不仅在挑战教师的教育思想,也在挑战教师的教育教学技术、智慧和艺术。其实,能完成对自身的超越,对教师是个大考验,因而教师真正"专业化"发展则有了意义!同样,校长敢于把教学的"权益"还给学生,也是一大考验,好在这些年我们在尽可能地影响着校长们,课改说穿了关键在校长!

我们必须清醒地认识到,离开了学生,教师则没有意义,同样离开了教师,教育则没有意义!

如果不能从以人为本的角度来理解、解读高效课堂,而仅仅认为一切为了高效,这样的"高效课堂"是对我的误读和侮辱!

任何好的教育都会"殊途同归";课改不是"占山为王"。我很看好你,也希望你更加大胆地敢于改革,去尝试新的有生命的教育,没有生命谈何诗意?

让全天下课改人联合起来,让教育从此多一点人性,多一点温暖,多一点诗意!

炳　亭

第二封信:课改不是"李炳亭"

赵老师以及某校长网友:

非常感谢你们一直对高效课堂的关注,更感谢对我本人的关心。但我依然希望,能否不把对我个人的质疑和课改缠在一块呢?我觉得这样或许更能客观一些,我实在不想让你们因为讨厌我而累及到课改!

如果放在新课改之前,在"那个时代",我们的一些地方还真的是领先全国的,比如考什么教什么、如何考就如何教,比如苦学、苦撑、苦熬,比如猜题、押宝,的确是很有心得的。"那个时代"我们都是牺牲品,或者说我们都曾经集体"助纣为虐"!就像我们不能单单只会控诉"文革",却独忘记了你也曾经是一员"红卫兵"猛将。

"要命"的是,我们很多人还停留在"那个时代",仍然以为教育就是高升学率。有些人为了"教育家"的名头,一版十几万、一年N多次地刊登"软文"!我当然不是偏执地批评"登"软文,这等周瑜黄盖的事,一个愿打,一个愿挨,一个为钱,一个为名,由他们苟合去吧。坦白说,我们《中国教师报》之所以取消"软文"版(不排除有些人打着《中国教师报》的名义做软文),不是和钱有仇,而是我鄙视热衷这种行为的人。所以,有时候课改真不是简单的改革,它实在是一种战斗,是君子对小人、无私对有私、有良对无良、正义对邪恶、道德对缺德、人性对兽性、人本对专制的战斗。或许就是这样的"不包容"、"不宽容"、"不妥协"让我得罪了不少的"人",这样的人自然要联合起来,明里暗里对付我。常用的手段就那些,还用我一一列数吗?无中生有、造谣中伤、诬告陷害……我要是怕,就不会选择战斗,而且我还要一斗到底!

不否认我是课改人,而且是一个坚定的、有理想的课改人,我课改的理想是实现师生共同的发展,让教育摆脱应试教育的束缚,实现真正的人本。我鼓吹的课改,不是"李炳亭"的谬论,更不是让课改学校只会做"李炳亭"忠实的追随者,高效课堂的一切都发自于新课改的基本理念:自主、合作、探究。如果说高效课堂有创新,那是基于新课改理念下的实践创新;如果说高效课堂有突破,那是基于对传统课堂教学行为的突破;如果说高效课堂受欢迎,那是基于它符合了教育教学的规律,散发着人性、人文、人道的光芒;如果说高效课堂被质疑,那是因为它超越了很多人的经验、认识;如果说高效课堂被诬陷,那是因为它动摇了很多"名师"、"名校"、"教育家"的根本利益,它在改写新的教育格局。

高效课堂不只是一所杜郎口,同样也不只是崔其升或者李炳亭,现在高效课堂已由当初的星星之火,燎原了整个基础教育界。如此众多的实验校,我不可能保证每一所学校的"高效课堂"都符合我们的理念、要求,这是实话,十个手指还不一般齐呢,我无法保证课改没有差异。

但如果某些人从中专门找出某所学校的某节课堂有问题,就自以为揪住了李炳亭的"软肋"、"马脚",那实在可笑至极。因而,面对这样别有用心的"质疑",我从来是不解释、不搭理,这并非表明我的什么"怯意",也不单纯就是我天生的"孤傲",或者"对牛弹琴",而是有些人他原本就是来搅和事的,他反的是我。这些人也只能反我,如果反课改,那实在要求他要具备相当的研究素养,他压根不懂教育,又不重视实践,觉得高效课堂不好,又道不出个四六来,更拿不出什么实践的东西呈现给大家,就只能选择做"软文"或者反我了!

但我必须说,在我们身边更多的是好校长、好学校、好教师。他们毅然选择了课改,是真改而不是假改,是为了对生命负责,而不是借改革沽名钓誉!

炳 亭

第三封信:民族的就是世界的吗

某先生:

您给我的邮件已收到。我的确曾经在樊城批评过传统文化,而且还要求我的所有实验校少"招惹"孔子,正如您所说,我的确偏激了。

教育一直以来有两个方向,一个是指向专制,一个是指向人本,也可以换个说法,一条指向应试教育,一条指向素质教育。我们反对应试教育,表面上看是反对"一切为了升学",实质上真正要反的是"专制"——不把师生当人!如果看不透这点,就"反驳"说素质教育也需要考试,那么,我只能说你过于迂腐,或者说你目光还不够远大。

你说民族的就是世界的,这句话我不太同意,但有些"民族的"的确是"世界的",比如圆明园的那些宝贝,现在很多都是"世界的"了,敦煌洞穴里的绘画,也是"世界的"……中国积贫积弱很多年,为什么我们"民族的"却成为"世界的",我不知道你有多少思考?所以,不要老跟着喊"民族的就是世界的",人云亦云只能证明我们缺少独立思考的能力。当然这不是你的错,错在传统教育对人思维力的伤害。

为什么有些"民族的"却依然是"中国的"?比如应试教育。应试教育为中国独有,够民族的吧,为什么却不能成为"世界的"?这表明人家"那个世界"有自己的判断力。其实,日本曾经"世界"过中国的应试,比如八十年代,日本也学着中国教育这样搞,但搞来搞去,人家发现了危害性,于是断然"脱中入欧",坚决不再搞了,现在,全世界独剩中国一家了,够"民族的"了吧。

因此,要成为世界的,首先要看民族那东西的"方向"。应试教育不能成为世界的,是因为它在整个人类都开始追求民主、尊重、平等、自由时,是"逆向"而行的,这叫典型的"一意孤行",这样的"行"是自绝于人类,也只能导致一个结果:自取灭亡!

是继续维护"专制",还是呼唤"人本"?

如果你是既得利益者,而且又缺少基本的济世救人情怀,那你一定是维护专制的。

如果你良知未泯,又痛恨专制,有慈悲情怀,那么,你一定会"偏激"。

马克·吐温说:偏激的人离幸福最近。更何况,什么是偏激,你比别人看得远,因此别人就说你偏激。说你偏激的人大是些蠢物、吃货和平庸之辈,一般是这样,理解不了,便讪讪地小声说一句"偏激",以此遮掩自己的无知和浅薄。常被人说偏激的人,一定是这个时代最为卓越的人,但我是个例外,我被人说成偏激,往往是因为我说话太多,又不太善于顺着人家的意思说,一味顺着人家说我以为也是缺乏独立思想的蠢物、吃货、平庸之辈!

而孔学是什么,又是用来做什么的?它唯一的功能是让你在受不了时学会安眠自己,当然,怀着善意看孔学,它或许是试图让每一个人通过自我的修身养性来完成对整个社会的约束,但你依然要清楚,这一切都只不过是专制者的企图——扼杀革新乃至革命!孔学是民族的,如果他也是世界的,何劳我们费尽心机拿钱办孔子学院?如果是宝贝,强盗的逻辑就是一个字:抢!圆明园难道不是例证?站在某种角度,我还可以说孔学是挡在通往"人本"教育路径上的绊脚石,什么非礼勿听、什么君君臣臣……是民主的毒药,饮鸩止渴是愚蠢的,如果你非要指责我反孔,那只能说你毒瘾不小。一味信孔的人,不是偏激是偏执狂,是别有企图的专制的帮凶,是人类的公敌!但我无法阻止一些人信孔,就像通往天堂和地狱,有两条路,要去往哪里,自己选择。

好了,我们没必要再做无谓的争执,我反孔,看的是他背后的东西,正如我反对应试教育,我倡导教育要革命,其实也是期望革命能带给我们的孩子什么。我没指望所有人都能理解,但我必须说,所有有良知的人正在相互呼应,相约从改变课堂开始——这或许是一条道路!

炳 亭

第四封信:证书多的是好老师吗

网友高老师:

"凡是不能自我发展、自我培养和自我教育的人,也就不能发展、培养和教育别人。"这句话曾被很多人作为教师专业化发展的理论支撑来加以引用。必须肯定一个低水平的教师显然是无法"教"出高水平的学生的。请注意,我说的是"教"。

放在一个特定的语境里,这句话是"真理"。

但放在一个特殊的语境里推敲这句话,也未必一定是"真理",正像三角形的内角和是180度是"真理"一样,真理有时候也需要一个前提,譬如把三角形画在马的屁股上呢,它的内角和还是180度吗?更何况,人类对真理的认识往往会受到时代的局限,正像霍金"否定"相对论,而爱因斯坦又"否定"的谁呢?真理就是这样不断被超越,你不能总是以亚里士多德为"标准",或者言必"孔子"。教育的发展史也是一部"否定史"。夸美纽斯的班级授课制是对个别教学模式的否定,几百年之后,个别教学模式又开始对班级授课制反过来加以否定。我们还可以举出很多这样的否定或者否定之否定,比如对中国教育影响深远的凯洛夫,是基于赫尔巴特的批判,而赞可夫又是对凯洛夫的继承!我们还可以这样说,如果没有批判就不会有超越,如果没有创新就不会有发展。

在"旧"的教育理念主导时代,教师的"知识水平"的确决定着学生的"学业水平",这是毫无疑问的。但一个世界性的研究难题是,如何提升教师的知识水平,从而期望能"水涨船高"而带动学生的学业水平发展呢?或者这样说,"旧"的教育理念比较迷信和信任"教",他们认为,不教,岂能让学生学会?

在中国,纵然是新课改已经推进11年了,然而讳莫如深的是,谁都不愿意说新课改大部分的确还停留在"理念"的争议上,事实上,很多教师依然在教学操作上沿用着"旧"的那套东西,依然是应试教育占据着主导地位,"名校"依然在千百次重复着挖名师、抢生源的老把戏。素质教育距离我们的期望尚遥遥无期。我们中的很多人依然固守在自我设定的囚笼里,白痴一样地不断念叨:不"教",能会吗?

如果一定要"教",我们必须加以分析:1.谁教?如果你认为教是教师的专利,那么,否定学生教自己的同伴显然是不太了解新课改的。2.教什么?如果你认为教知识就是教育,那么,学生的生命构成除了知识,还有别的内容吗?一个忽视生命状态的教育显然是没人性、不道德的。3.用什么方式教?灌输加训练,老师讲、学生记?这种老掉牙的原始教育手段是否还适应现代社会的要求?用200年前的手段教今天的学生,如何让他去面向未来？4.你如何确定你教会了？考试！考试！即便是真的会了,那么,这样的知识生成了学习能力没有？能支撑他一生的发展吗？

我这样分析,是想说明——仅仅单方面靠提升教师"教"的水平和能力,却忽视学生的"学",忘记学生主体,恐怕是一条绝路！

但教师作为一个"新"角色——发展者必须得到发展,如果说"旧"角色是"教者"的话,"发展者"这个新角色无疑给教师赋予了全新的生命质感。尊重教师的首要体现是不再一味逼迫教师苦教,逼迫教师献身、牺牲,人本教育要求教师要按照自己的兴趣、愿望发展自己,而不是作为提升学生学业成绩的"工具"去夜以继日地研究考试。"研究考试"不能作为"发展",甚至连表象也不是,同样,教师为此编辑的"著作"和写作的"论文",也不能作为发展的"标准"而被人津津乐道！

事实上,很多教师不能理解这个角色富含的价值和意义。他们总是习惯于"对立"地看问题,比如,你要鼓励其发展,他们就会尽可能地甩脱学生,而埋头于自己的"发展"；比如你要他对学生负责,那他又会毫无怨言地像一个中年得子的妇女一样,替代包办学生的一切。总之,他不能真正理解"兼而得之"这个人文色彩很强的词汇包含的教育主张。

现在,我可以给论文和证书多的老师下一个结论了。如果他是一味埋头于自己的发展而单纯仅为了获取证书,那么,他一定不是好老师；如果你是在"兼而得之"的前提下获取的,那么,我们一定要对这样的人肃然起敬！说明他是一个有理想、不甘平庸的人,这样的人不是太多,恰恰是太少,教师群体里有这样的人在,是教育的大幸！

其实,我是借此鼓励更多的教师要敢于放手发动学生去学,不学,什么时候也学不会！

"凡是不能自我发展、自我培养和自我教育的人,也就不能发展、培养和教育别人",这句话是对的！但抛弃学而信奉教,就是错的！而且是十分错的。

炳亭

第五封信：我因"西方教育"而沮丧

网友上官先生：

您与我讨论国际教育，我回答说不想再交流。您因此误解我是不是有一种"民族自大"情结，不仅是与您，其实我和很多人在交流中都会有一种莫名的苦恼，我觉得教育这么"简单"的道理，为什么对我们中国的教育人却似乎深奥难懂？如果不是我们缺乏理解力，那又是因为什么？我以为答案只有一个：它超出了我们的经验常识。

这很可怕。更可怕的是，如果你承认人家的"它"是对的，那么就意味着你必须改变自己。可我们又是一些不太乐意于改变自己惯用的东西并为之自负的人，即便是因此而深受其害，却也乐在"害"中，这可怎么办呢？

教育其实就是一些基本的常识！

比如"从儿童出发"，也就是做到"目中有人"，我们做不到，还是不想做？我们的眼睛，却也果真看不到学生的痛苦还是对这样的痛苦见惯不怪呢？

比如我说传统教育如何如何，立马有人跑来我博客，讲孔子云云，而且还斩钉截铁地说孔子的教学法就是"传统"的。我真的要对这样的无知或者"指鹿为马"哭笑不得了。如果孔子果真是"传统"的，那我打他就没错！其实，这才是典型的黑白不分的所谓"民族情结"，你千万不能说"传统"半个不字，否则那些人就像被人挖了祖坟一样跳脚起来。

我说传统不好，是因为它实在罄竹难书。你必须清楚我所谓的"传统"语境，我是说要看到传统课堂"背后"作祟的东西，我是说以"专制"面目出现，而不把"人"当人的传统，是以"升学"为唯一"质量"和"意义"旨归的传统，我没说传统课堂的教学方法是多么的不可取！不是有人说孔子的"有教无类"、"因材施教"吗？问题是，如果教育思想观念是错误的，那么什么先进的教学手段,都只能导致错误的结果!难道不是吗?一旦方向错了,只能越走越远!

可我们不太习惯于看教育的"方向",因而我们越来越不习惯于思考什么是教育,我们的观念是陈腐的,我们以为教育就是让孩子多认几个字,多做几道数学题,为了这个"伟大"的目标,我们把牺牲学生的身体当成高尚,把剥夺学生的童年当成了光荣,把扼杀学生的兴趣、创造当成了政绩,我们把犯在孩子身上的种种罪恶当成了功德!遗憾的是,我们却又乐于炫耀这一切,我不说我们丧失了人性,没有了道德,但至少能证明我们对教育缺乏理解,就算是因为我们不懂才如此的莽撞无知吧。无知不可怕,可怕的是我们正在享受这样丧尽天良的无知,无知正一点点变成了无耻。

吴非这样说:"你可以说你以为可以这样做,你可以说你只会这样做,你也可以说有利益需要你这样做,你甚至可以说没有办法,因为有人要你这样做……但是,你不可以说这就是'教育',因为这个词可不能玷污。"

可我们正在玷污,且继续不知疲倦、变本加厉地玷污!

玷污!玷污!!玷污!!!当一个行业的不少人开始把玷污当做一种时尚的正当时,那么,这个行业所呈现的颓势、无良、肮脏,也便约等于在"加速"推动着改革了。只是这样的"推动",让人无法还保持着冷静,乃至于无动于衷,正像有人劝诫我的"冷静点",因为我看到的是,"刽子手"的心从来没颤过、手从来没软过,于是我绝望。

但绝望是暂时的。总要在沮丧之后像一头愤怒的公牛。我知道我一个人成就不了什么,我知道还有更多的人在扛着教育的希望发足狂奔,我知道在暗夜里有人在用泪水清洗伤口,我知道很多的暗箭正朝向我们蓄势待发,但孩子们在等着我们,他们气若游丝,度日如年,望眼欲穿……

如果说我有"民族情结",那我就是一直想,让中国的教育从此充满了人性,让中国的孩子从此不再是世界上最苦、最累、最不开心、最没创造力的孩子！

教育，其实就是从"常识"出发，而不是整天忙着为自己的无知、无良、无德寻找借口！

炳　亭

第八章
鼓与呼

当你躺下睡大觉的时候,世界却在发生着变化。

——托马斯·费里德曼

享受教育

——为《享受新课改》序

很多教育人习惯于抱怨体制。当然,教育正饱受体制的掣肘,但我们也应看到,体制的问题也许是人的问题。比如,校长就是一所学校的"体制",要不怎么会说,一个好校长就是一所好学校呢,教师同样也决定着一个班级组织的体制。或许正因此,我们才常讲,有什么样的教师就有什么样的教育,有什么样的教育就有什么样的国家。

中国的教育正经历着一场前所未有的变革。它比较能引人思考的是,课改到底是改什么?甚至也可以继续引申来展开另一个讨论,课改是改技术还是改观念,是改良还是改革?其实,凡事一旦牵连到观念,自然就变成了"人"的问题了,因而,与其说课改是在改观念,不如说是在改造人!

教师是教育的牺牲品吗?如果教育习惯于牺牲教师,则显然是违背"人本"的。然而,长期以来,我们早就天经地义地嘱托和要求教师要安于牺牲,要不,我们为什么总把教师比喻成那些悲情的角色呢。教师,再也不可跪着教书了。

可教师不跪着教书,难道就心安理得地让学生跪着学习吗?

当我们一直在倡导教育是"人学"时,其实就是在努力促使着教育教学回到"儿童学"上,把研究和认识学生当成最重要的课程。什么教育都不可以坚持"反儿童"或者"专门与儿童作对",否则,这不仅远离了真正的"教育学",也严重违背了教育的人性和道德。然而,传统的课堂教学就是这样,以控制儿童为目的,把灌输、训练、替代、包办演绎到了极致,它让很多学生"生不如死"。请问,在这样的课堂上,能实现我们美好的教育意图吗?当一种教育过分漠视生命的状态时,那它实在无法称之为教育,而"享受"课堂乃至于"享受"教育自然是一种奢望,我们能找到什么办法,让教师乐教、学生乐学呢?

从"生不如死"到"乐在其中",恐怕不单单是词汇的切换,它是教育思想和教育行为变革的结果。我的梦想是让中国的学生怕下课,它同样也需要一个大前提,那就是"颠覆"旧课堂,在"人本"、"学本"、"生本"的框架下,发挥学生的主体作用,激发学生的学习动力,重建我们的"新课堂"。

我去过长垣一中初中部,他们的"双层四环"课堂就是从学生出发,注重发挥学生主体作用,围绕着"学"来构建的,他们的课堂具有三个特性——自主性、生动性、生成性。孩子们在这样的课堂上表现很优异,是在"享受"学习,是在成长自己。这部书的后半部分,孩子们的那些文字,是真实、温暖和感动的,我建议那些尚在怀疑课改的教师,不妨试着读一读,换一种学生的视角看问题,也许他们能帮助我们弄清楚一些原本不复杂的道理。我越发觉得谁轻视学生,谁就在犯最愚蠢的错误。

教育必须满足师生共同生活和成长的需求,这在一般人看来很难,而"享受"教育则更像是一种痴人说梦。我们不是不主张教师付出,相反,教师一旦离开了职业精神的担当,则无法成其为伟大。问题是,我们能否燃烧自己照亮别人?或者,通过发展学生从而成就自己?我们能找到这个关键吗?在这部书里,教师们无论是"华丽转身",还是"坚守的美丽",抑或是"没有硝烟的战争",都给人以启发和思索。教师是课改的主体,行动才有价值。我相信,凡是读过这本书的人,都会和他们一样有着挑战自己、超越人生的共鸣。

这部书的作者,都是些课改路上走来的豪迈、真诚、热爱教育的人,我想或许正是源自于共同的课改信仰才让他们找到了教育的幸福,他们在"享受"属于他们的教育,因而倍感他们的可亲、可爱、可敬。课改的路没有终点只有起点,但我坚信,这些找到了幸福的老师们,会一直走下去,我也相信他们的教育生活,会因为课改,而更加绚丽多彩。享受教育则不仅是一种浪漫,也便成了一种高度!

课堂之道在学
——为《问道课堂Ⅱ：解读现代课堂常识与行动》序

课改到底要改什么？

刨根问底，真正的争论其实是围绕"改技术"与"改观念"而引发的。

在保守者看来，课堂如果推倒重构，显然是鲁莽和不科学的，他们的建议是可以适当调整改进教学手段和课堂结构，但离开教师的传授和表演，既无法教会学生，更无法展现学科的魅力。事实上，在真正的课改人看来，这样的改良无疑是在重走曾经失败的老路。

在改革者看来，改良即便能对课堂效益的提升有所帮助，但仍然无法满足对学生的学习能力、情感态度、精神成长等更有意义和价值的追求，而至于是教会还是学会的问题，则无需争议，因为课堂教学的一切都应该是基于围绕学、设计学、服务学。他们把"学"空前上升到一个从未有过的高度上去认识、研究和推崇，并以此来建构他们的课堂学和教育学。在他们的新课堂建构里，改造观念成为他们推动这场教育变革的核心和关键，离开了新课堂的再造，什么样的改良都不可能从根和本上解决真正制约教育教学发展的问题。

改革者试图从根本上为自己的衔枚疾进找到坚实的支撑。一方面，他们找到了一大批长于行动研究的案例学校，诸如山东杜郎口、江苏昆山前景教育集团、河北围场天卉中学、陕西宜川中学、河南郑州102中学、辽宁沈阳立人学校……雄辩的事实告诉我们,唯有改革才能发展;另一方面,他们又尝试性构建自己的"学理",即对基于课堂教学之"道"的探究——到底是教为本、学为辅,还是学中心、教为辅?"教本"与"学本"彼此的教育思想和观念支撑又是什么?

其实,如果我们能够有一双慧眼,应该看到课堂的两大支撑:一、它是教师教育教学思想和观念的具体呈现;二、它包含了教师对学生生命成长方式的认知。因而,不同形态和内容的课堂,凸显出来的是教师不同的思想和观念。在改革者看来,"学本"课堂的支撑是"人本"的教育思想。因而,课堂与其说是在调整结构、改进方式方法,不如说是为了让教育回到"人学"上,从儿童出发,遵从儿童的学习天性、情感特点和认知规律,放手发动自学,让课堂呈现知识的超市、生命的狂欢。在这样的框架下研究教与学的技术,无疑是在尝试把"道"与"术"的贯通结合,当然,这仍然难免遭受有些人的质疑,好在正有越来越多的教育同道正在追求课堂的质变,追求教育的人文和道德价值,我们有理由相信,曾经的课改星火,正在燎原着整个中国教育。

课堂之道在"学",那么,如何围绕着这个核心价值来建构、组织、评价新课堂呢?相信这本书就有了它的价值。

这本《问道课堂Ⅱ》是我们推出的第二本课堂"新"书。之所以说它"新",是因为它承载着我们对教育的主张和解读、期望和梦想。两年来《现代课堂周刊》作为《中国教师报》的一张名片,它在广大读者中享有美誉,被称为"课改说明书",很多学校每周的教科研活动,都是围绕着《现代课堂周刊》"学、研、用、评"展开的,说它在很大程度上"领导"着当下某些地区、学校的课改,并不为过,也颇让我们欣幸。

《问道课堂Ⅱ》是《现代课堂周刊》的"选秀"版本,配得上"精益求精"这个词。作为一家把教育当做"信仰"的国家级媒体,我们的期望是用课改来改变教育,我之所以要作序,实在是因为这本书花费了我们的心血,我觉得值得一读!

"认识"教育

——为《高效课堂探索》序

我一向认为,课改没有想象得那般难,与其花工夫怀疑争执,不如潜下心来去实践里验证。更何况,我们的案头既有现成的理论在,又有鲜活成功的案例在,那么,如果依然止步不前,就只能说明观念认识出了问题。

如果我要说教育人必须首先"认识"教育,肯定会有很多人会嗤之以鼻,可事实是有些人教了一辈子的书,却未必真正理解教育就是"人学"所涵括的深刻意义。可现实却是在很多地方,依然有太多的教育者,在可悲地继续充当、扮演和制造着功利和工具教育的奴仆,那些可怜的孩子们,他们的权益、个性、尊严、生活乃至于生命,就是在这样的教育中一点一点沦丧消逝的。

教育必须把学生当人,甚至我们都可以试着这样概括,"教育即从儿童出发"。儿童既是教育的对象,又是教育的起点和目的。千万不能把教育弄成是"专门与儿童作对",这句话非常重要。否则,教育则无法成其为教育!教育的第一使命便是"发现儿童",而这个"发现"意味着的是研究、接纳、包容,是满足他们的好奇心和展示欲,是"准允"和"遵照"儿童的方式,甚至是放手让学生去犯错。试想,没有对教育这样的认识理解,教育人缺乏胸襟和情怀,丧失对儿童必需的爱和尊重,岂能有学生的学习、生活、成长,岂能寻找到温润的、自然的、幸福的教育,岂能有创新成果和终身发展?

学习即经历。可我们依然会搬出一大堆借口来堂而皇之地剥夺学生的学习,比如学生不会学,比如影响教学进度,比如大班额问题等等。显然,学生不会学是因为我们不让学的结果,而至于教学进度,则蕴含在磨刀与砍柴的辩证关系当中,所谓因为班额大不课改更讲不通,请问,传统的灌输式就适合大班额了?表面看起来,霸占和阻扰学生"自学"是剥夺了学生的学习权,其实更是剥夺了学生的生活和成长权。正是基于此,我在我的实验校提倡研究和出台三部"法典":学生学习法、学生生活法、学生发展法,以此来划定某种"边界",捍卫学生原本就应拥有和实现的"天赋神权",以便于让我们的教师们在教育教学中"有法可依"。纵然有千般借口,我一直以为,教师的使命就是坚决捍卫学生生活和学习的权利!

当然,传统教育对"人"的伤害,不仅体现在学生身上,而教师更是首当其冲的受害者。许多年来,我们牺牲了一批又一批的教师,到头来却并未能换来教育的发展。必须把教师当成"发展者",使其在人生尊严的舞台上站起来!我们说,既不能让学生跪着学习,更不能让教师跪着教书。"以人为本"这句话支撑起来的是这样的教育思想:教师为本、学生第一!

欣喜于蓬安县教研室的课改同道们精心编辑的这部书,尤其是"高效课堂探究"这个书名,很容易激起我对课改行动研究的一些思索。必须借此声明,课改实在不是改方法,而是换观念,当然这句话还可以确指为课改不是改良而是重建。

重建什么?重建基于"人本"的教育教学观念。因而,我主张的高效课堂实在不是一个教学概念,而是一个相对完整的"教育概念",它有三大系统组成:一是围绕"学中心"构建的教学系统;二是围绕"解放"构建的文化系统;三是围绕"以学评教"构建的评价系统。"三足鼎立"撑起高效课堂。

或许有人说教育不单是课堂问题,但教育的问题必须回到课堂上才有可能找到解决方案,或者说课堂改革是为了让学习和成长"发生"在学生身上,一切与学生割裂开来的教育都只能是一厢情愿的说教、强迫、灌输、威逼。蓬安正拒绝着这样的"教育",因而他们才会选择向着课堂深耕,这样的方向和路数无疑是对的。这部书,是走在探索路上的蓬安课改人,呈现给我们的新观念与新思想、新课堂和新教育、新行动与新理论。蓬安教育最大的启发是,撬动教育变革的支点在课堂,从这层意义上看,解决教育的诸多问题,似乎并没有想象的那样艰难!

其实,我比较看重的从来不是来自书本里的刻板的"理论",但我敬重的一定是从实践的田野里"结晶"出来的有生命力的理论,这部书的可贵之处恰在于此。这些年,蓬安课改风生水起是源于他们对真教育的不断求索。蓬安课改人所付出的艰辛和收获的欣喜,如今就深深浅浅地记录在这部书里了。这部书是有光芒和温度的,因为蓬安课改人关注和研究的是基于"人"的教育,因而我对这部书充满着敬意。

课改是一项关乎民族和国家未来的大计,我呼吁全天下课改人要敢于"联合起来"。我对这部书的寄托是,它不仅应该是蓬安几年课改成果的探索总结,更应该是蓬安教育走向全国的一张名片,那么,我们就从这部书开始,走进蓬安,认识教育!

教育原本很简单

——为程丽娥老师《听最美的声音》作序

教育的希望在教师。

有什么样的教师就有什么样的教育,有什么样的教育就有什么样的学生。

可长期以来,因为教育教学观念的陈腐落后,导致了教育的严重异化。或许有人会说,教育的问题很复杂,也不单单是观念的问题,比如还有关于体制的问题、评价的问题等等。

事实是,中国教育一直真正缺乏"以人为本",因而我们中的大多数人,才会把教育解读为控制和管束,才把教学解读为灌输和训练。当教育开始远离了人的本性,脱离人的基本需求时,教育也便远离了儿童。成人对儿童世界的野蛮开垦和侵占,是今天教育悲剧性根源所在。那么,这哪里又是体制的问题?纯属异化教育对儿童缺乏尊重,对民族缺乏责任的结果,更何况,每个教育人都是一个"小体制"呢。

真正的教育说穿了就是一句话、五个字:从儿童出发。这句话隐含的教育劝诫是,任何一个教育者,都必须去"发现儿童"——认识儿童的语言、性格、天性、需求等等。儿童是教育教学的"主体",儿童世界里的一切都应该成为教育教学的内容。这样的教育才配称为"人学"。没有对儿童的"发现",岂会有儿童的"发展"!

或许正是基于对"非儿童"教育的失望,近年来,《中国教师报》才倡导重回教育的原点,去体悟和理解关于学校、教师、课堂的三大基本概念。我们认为,教育的希望在"新教师",唯有"新教师"才会有"新课堂",有了"新课堂"才能有"新学校"!

而新教师则必须树立"三个观":教育即人学的教育观;以学评教的教学观;学生是最重要的教学资源的学生观。

程丽娥老师就是这样一位"新教师"。

这部书稿,严格说来,只是她作为教师朴素的生活叙事,但已经足以打动和感染我了。

在这部书稿里,程丽娥老师诠释着这样几个角色——激励者、创造者、发展者、幸福者。

"教师对学生的爱,可以点燃学生心灵的火花,融化学生心头的冰霜,激发学生的兴趣,唤醒学生的自信心,调动学生学习的积极性,从而提高教师的教育教学效果。"读这部书,便走进了她斑斓绚丽的世界,便美丽着她的美丽,幸福着她的幸福了。那是她的"城堡",她是那座城堡的"女王",自然、恬淡、真诚。这样的教育人生才具有"真实的高贵"。这样一部记录着她生活的书,有着日记般的"私密"性,因而又是真实而不做作的,朴素的而不是卖弄的,富有人性的而不是说教的。

其实,做一个新教师并不难。就像程丽娥老师说的,"爱是教师职业道德的核心",她的成长告诉我们:"没有带不好的班,没有不能教的学生。我带过的班,被公认为班风好的班级。有的班被评为省、市、县、校级先进班级。这其中包含了我全部的爱。我认为爱能产生教育艺术和方法。"

做一个程丽娥这样的老师也不难。她说:"教师要想赢得学生发自内心的尊重,首先必须真诚地尊重学生。因为尊重只能用尊重来换取。自从当了班主任后,我就将全部的身心投入到这神圣的工作之中,凡是要求学生做到的,自己都首先做到。凡事都率先垂范,尽职尽责。我和学生一起做操、跑步、跳绳、打球、唱歌、跳舞、做游戏……"当然,程丽娥老师还告诉我们,一个优秀的、受学生欢迎的教师,还要善于反思自己,和自己较真,"容不得平庸"。

而至于教学,实质上问题和出路并不在教学本身,更不能误以为教师站在讲台上表演就是所谓的"教学艺术"。教学的本质就是要求教师研究如何服务于学的问题,或者换句话说,教师的本分就是如何为学生的学创设"必要条件"。在这部书里,程丽娥老师为厘清"教师角色"和转变教师的教育教学观念,做出了很多有价值的探索。

那么,程丽娥老师的这部书,则显示出了出版的意义:不是读者对照自己的一面镜子,而是走进"城堡"的一把钥匙。每个人都可以有自己的"城堡",每个教师都可以做自己幸福的"女王"。

我在想,假如每一个老师都能像她这样,那我们今天的教育会是什么样的?而做程丽娥老师的学生,又该是一件多大的幸事呀!

我相信很多人在读过这部书之后会恍然大悟,教育原本就很简单。

课堂是什么

——为《多元互动高效课堂》序

教育的问题其实就是课堂的问题。要不然我们这批课改人不会死揪课堂捻针尖,更不会把"教育之病"概括为"课堂并发症"。然后长期以来,我们总是习惯于把教育与教学分而处之,却独忘了课堂原本就是"整体教育"最直观的呈现,课堂的问题解决不了,什么素质教育都是"伪素质"的教育。这道理其实很通俗,学校以课堂实施育人,可我们的太多课堂并不合格,不仅在时间效率上十分低下,更是因为缺少人性关爱和精神自由而导致"营养"不全,以这样的课堂来哺育学生,结果可想而知。

对于校长而言,他的主要工作就是严把课堂质量关,因而我们说校长必须扎根课堂,研究课堂或者因课堂而引发的教育问题,如:学生为什么厌学乃至于厌世?为什么有些学生不愿意发言?为什么有的学生总在苦学却成绩提升不明显?教师的专业化水平和教学成绩是正比关系吗?备课到底是备教材、备大纲、备教法还是备学生、备学情、备学法?可以取消作业吗?减负是减量还是"增趣"……如此不一而足,而要解决这些比较棘手的问题,恐怕还是得回到课堂上去。

课堂是什么?对于这个很"低级"的常识性问题,这么多年来我们却一向不屑于认真研究。从学生生命存在的现实角度,我们必须接受"课堂即情感"这个观点,学生的生命是由无数个45分钟组合成的,因此教育人有责任让课堂"狂欢"。狂欢是一种生命状态,唯有这样的高峰体验才可以让学习乐在其中。狂欢的具体表现就是"动",而这个动当然不只是要身动,还包括心动和神动,当然真正好的课堂一定是动静相宜的。从学习的本质上说,课堂即生态,对于教师而言,他的主要职责其实不在于具体一节课让学生学会什么,而在于必须思考如何让学习"发生"。所谓生态,意指教师要尽可能"创设营造学习的"条件和可能性。关于这一点,梭罗在《种子的信仰》里阐述得很清楚:"如果你在地里挖一方池塘,很快就会有水鸟、两栖动物及各种鱼类,还有常见的水生植物……"梭罗接着告诉我们,这是为什么呢?原来是"自然"在往里填东西。因而,教师就是挖池塘的那个人!

这是我读王素敏、张静贤两位先生的大作而想要表达的。这么多年来,张登中学在肖海涛校长的引领下,致力于课改的探索,成绩不菲。在我读这部书稿时,感动始终穿越内心。我在想,是什么支撑着张登人一路前行的?教育人如果离开了对教育本质的敬畏,离开了对育人这份高尚职业的信仰,教育终究会因为远离了人本底线而异化为功利和奴役,那样的教育则无法成其为教育。而至于所谓的课堂模式,我以为,当教育人的观念开始朝着"尚学"和培养"学力"发生倾斜时,模式就开始变得不太关键了,模式只是一种课堂操作的基本规定,它承载的是一些基本教学常识,它规范的是教与学的双边行为。如果观念不变,而单纯过分地执迷于模式本身,课改只能左支右绌,破绽百出。千万别干给马车换发动机的蠢事,可现在很多学校正在干这样的事。课改又哪里是换工具?而是"改头换面",不改头岂能换面?

肖海涛校长围绕学构建的这方教育"池塘"正彻底地让同样是农村中学的张登中学发生着我们期待的巨变!我看重的恰恰是它引发的这种变化,正如本书所概述的:"学生的道德品质有了很大的提高,由于实行学生自我管理,学生的集体意识明显增强,团结互助,减少了矛盾冲突,学生打架现象大大减少,学生之间、师生之间更加和谐";"老师们这一年多的进步甚至超过以前十几年的总和,而这些正是课改后教师们最大的收获。现在的老师们,在历经多年的平淡之后又迸发出勇于改革、不断前进的热情;现在的学生们在自主地学习,在激情地表演,在竞争中进步,在快乐中收获,每一张笑脸都充满激情!可以这样说现在张登中学的学生真的怕下课"。这或许是我写这篇序的根本动因吧。我甚至建议我们的校长们,要好好读读这本书,并且研究一下张登中学的这场课堂变革,张登中学能行,我们为什么不行!

渡船这个意象

——为《高效课堂导学案设计》序

兴许是早年有过写诗的经历,我一直对于"秋水"和"渡船"之类的意象有好感。

野渡无人舟自横,是怀才不遇的无奈,而望穿秋水,则是换一种心境的期待。我期待什么?除了教育,大概已经没有什么东西,可以让我欣喜、癫狂或者哽咽、悲愤的了。鬓角华发,老了。怕老,所以才惜时如金。

对于我的团队,我只能说,我们都不是专业的教育研究者,但却在干一件很多人不愿意干的事。我曾经这样说,我们玩不了理论,也不太懂得教育的艺术,我们中的很多人都没有研究员、博士之类的头衔,只是一些擅做不擅讲,也不怎么会写的"基层"教育人,我们的"层次"很低,只能做别人不太有兴趣做的苦活、累活、脏活,探索一些最被人瞧不上的教学步骤、学习方法、课堂模式等等,因此,我们自己承认,我们一直奉为宝贝的"高效课堂"是当代基础教育界层次最低、难登大雅之堂的教育,它甚至都没有资格称为流派。我们也不太敢去争这些,一是底气不足,二是没有时间,因为有那么多学校的那么多老师们,在等待着想和我们研究研究他们教学中遇到的问题。对于我们而言,从教学问题出发,解决实际问题永远是我们坚守自己的理由。

我们反对教教材和学教材,主张把学习还给学生。我们认为,比知识更重要的是培养学生的学习能力。可学习能力总需要一个"来源",这个来源只能是"导学案",要不,我说导学案是"渡船"呢。其实,这样一个比喻,已经很能说明导学案的功能了,它首先是个载体,它承载的当然不仅是能力,还要有知识目标和情感目标,可光有目标没有导向的具体途径,或者压根儿没有"导"能,好比是从济南到北京,需要有路有车才可以,没有路要车何用,可有了车却不能开同样没有意义。

因而,对于导学案来讲,它顶重要的是必须具有"功能",如果单纯从字面理解也没有错,"导"是引导;"学"是目的,"案"是设计。然而,遗憾的是,很多人仍然没有理解这个意图,把导学案变成了习题集。如果说我们反对学教材,那么,当然也应该反对"学导学案",只为了应试的"案",不管打什么名堂,统统都不是好东西。

对于课堂教学而言,其实顶低级的就是"惟知识"的讲授课堂,不教而教才是高级的课堂,或者换句话说,那些不需要教就能让学生学会的教师才是好教师。不教而会,这种可能性只能来自于渡船——摆渡。其实,靠摆渡过河还不能称得上我所说的"学习能力",仍然算是借助外力,因此,要明白,导学案实在不是目的主体,它只能是工具和手段。从这层作用上说,或许导学案终究有被取消的那一天,前提当然是当每个学生会学时,是不需要导学案的,取消导学案是一种理想。

导学案相比传统的教师教案,它主张"服务于学",它最终极的追求是"会学"和"创学",因而,它一定是变传统的研究教材、研究教法为研究学生、研究学情、研究学法,变教学目标为学习目标,变传统的教师课堂为学生课堂,变传统的"惟教"为"惟学"、"惟师"为"惟生",是教师新课改理念下的二次课程开发,那么,这样说来,导学案又很难被取缔。

这本书是海晨写的,我只是对一些观点和表述做了些修订,做合著者有些名不副实。

海晨原来是一所中学的校长,有着很多年的教学管理和实战经验,人才难得。他加盟我们团队一年有余,眼界和视野均有了很大提升,这本书既是他教育再实践的一大成果,也是我们团队教育思想的积累和沉淀。我是很看重这本书的,不仅因为它是目前国内第一部比较系统论述关于导学案的专业性教育书籍,而且还具有很强的操作指导性。我一向有个判断,好书都应该具有"说明书"那样的功能,让读者拿过来可以照葫芦画瓢,因而,这本书本身就具有"渡船"功能。

这本书是海晨的第一艘船,但一定不是最后一艘。干事业历来就是这样,登得了船,就不再是眼望秋水,而是望着上岸。

学习是一种品格
——为郑州教师博客文集《做幸福的老师》作序

"当你躺下睡大觉的时候,世界却在发生着变化。"说这句话的人叫托马斯·费里德曼,美国人,他曾经写过一本书《世界是平的》。在这本书里,这位著名学者告诫我们,因为通讯手段的发达,整个世界的差距正日益缩小。假如世界真是平的,那么,我们该怎样"变"?

教师,很大程度上是作为一个国家的希望而参与到世界文明进化链条中,前提是教师必须敢于担当这个使命与责任。教育是一份需要良知的事业,教育人的良知决定着教育的营养与品格。因此,我们才惯常这样概括,有什么样的教师就有什么样的教育,有什么样的教育就有什么样的国家。

可长期以来,我们对教育与教师的尊重显然仍不够,你不能全凭喊一些口号,教育可能不止是口号而更多考验的是付诸怎样的行动!看今天教师的待遇便知道教育的地位,看教师的生存状态便知道教育的品质,因此,无论给予教育与教师多么的重视都不过分!

我们必须尊重教师,"优先"教育。"教育的希望在教师",这是温家宝同志说过的,我相信他的原意一定不是在呵责教师,把教育的"病因"一股脑儿地强加给教师。可现在就有很多人一直这样干,总是把教师当成教育的"原罪者",这不符合科学发展观,甚至还包括无限放大"教"的功能和教师的"作用",这其实也是"教师原罪说"的延伸呀。教师是一个特殊职业,这句话没错,但支撑这个观点的是教师首先是一个"普通人",从"人本"的角度来看,教师需要过一种幸福而简单的教育生活。

过什么样的生活首先取决于教师自身的愿望。我是说教师要不要这样的生活呢？因而,教师的生命自觉将起到根本性作用。然而,遗憾的是,有些教师却一直缺乏这样的生命自觉,自然"育人"的事就无从谈起了,我们只能剥离生命与血肉来谈论知识与分数。正像马斯洛晚年哀叹的:"在一个一米五房间里量身高,所有人都不超过一米五。"这样的教育显然是不"道德"的！因此,我们必须呼唤"新教师"的诞生,我甚至很愿意这样下一个结论,教育的希望在新教师。

那么,阅读与写作,则可以协助教师完成心灵与生命的进化,这些结集而出的文字就变得很有意义,我觉得它是一场灵魂进化的长征。这些文字,正生动地向我们讲述这场长征与众不同的经历,那些句号或许是我们圆睁着的漫漫长夜里探究的黑眼睛;而叹号是间或的一丝惆怅的叹息;逗号呢,代表着有些事还没有完成;顿号则是又多了一层顿悟;分号就相当于一段情感的总结;那些省略号,总让我们感到意犹未尽……

教师正是在这样不断的学习中来完成精神腾越的。当我们把学习列为一种最主要的素质时,那么学习力则成为教师生命中不可缺少的重要品格。

不学习,怎么能成为一个"新教师"呢！

一个区域教育的实践样本
——为《课改立场》作序

2010年8月18日,一个很喜庆的日子。《中国教师报》8版联动重磅推出了以"郑州变法"为题的郑州市教育局区域教育发展的典型经验。报道产生的巨大反响着实出乎我们的预料,时至今日,仍然有很多读者给报社寄发评论,不少教育媒体同行见面也总不忘夸我"策划得好",每次我都赶紧解释,郑州这个典型不是我们"策划"出来的,它是从实践的"田野"里自然生长出来的。

这几年,媒体关于区域教育的报道本就不多,自然也鲜有真正好的典型出现。河北省邯郸市算是比较成功的一个,因此,不少人愿意把郑州拿出来与邯郸做个比较。如果非比不可,我只能这样表达我的看法,窃以为邯郸改革更侧重于"外部均衡"上的突破,而郑州之变则是触及"内涵发展"的创新,两者路径不同,但方向基本一致——以信仰者的虔诚,去探寻教育的本质和规律。邯郸和郑州,就这样以主动求变的方式,完成了教育改革的自我"救赎",用一场彻底的教育"革命",回答了许多人至今都可能不太理解的疑问。

对于当下中国教育的现状而言,教师教得苦,学生学得累,过度的知识灌输导致学生生命创造力的泯灭,我无意再数落那些"罪孽",逼人跳楼的教育必须改革,教育的底线难道不是保全学生的生命吗?除了"变",难道还有第二种选择不成？但在一向恪守传统的中国，谋变何其难矣。鲁迅先生说过，连搬动一张书桌都要流血，更何况，流了血也未必搬得动。要是没有一点殉道者的精神，敬畏生命的慈悲，天降大任于斯人的使命感，谁敢"惹火烧身"？

这么多年搞课改，我个人的体会是五味杂陈，当很多人都在抱怨教育缺钱缺机制时，我的感触是我们或许更缺的是教育的责任和良知。我当然赞成教育要坚定不移地推进体制改革，但有时候体制改革了也未必能解决你课堂的问题，况且，我一向以为体制的问题其实是每个人的问题。否则，为什么邯郸和郑州能改，而我们许多地方却不能改？邯郸和郑州能成，而我们即便改了却不能成呢？因而，我很愿意这样下一个结论，当我们说有什么样的教师就有什么样的课堂，有什么样的校长就有什么样的学校时，那么，有什么样的局长或许就有一方什么样的教育！

我很欣赏郑州市教育局翟幸福局长的那句话，是他亲口告诉我，并且印在我对他的访谈里，他说："改，难免出现问题，但不变，注定是死路一条。"这句话带给我的悲壮感，让我目光湿润。在中国教育特殊的背景下，"敢垦未垦之疆域"，发生在邯郸和郑州的两场教育变法，就注定了"先行者"的基本的价值，也许现在还不是盖棺论定的时候，就像中国教育学会初中专业委员会理事长李锦韬先生所评价的那样："或许若干年后，我们才能渐渐明白它巨大的意义。"

抛开郑州变法的新闻价值不谈，来自于实践田野、鲜而活的郑州经验，至少把区域教育均衡发展，从预设和理念阶段，向实践和操作推进了至为关键的一大步。因此这个典型的标志意义在于，郑州给予了我们一种实现素质教育的"可能性"，与其称之为可能性不如直接叫做"郑州之路"，它给人的启发性其实不是在"发"上，而是更多在"法"上。这个"法"呈现出来的是具体清晰的脉络，为我们展示出的是一条有着精准指向，可抵达目标的"路径"，因而我说它是一个易于学习的"实践"样本。

郑州变法的爆破点在课堂，其精巧之处也在于此。长期以来，在很多人的认知习惯里，总把区域教育归类于颇为宏大的形而上的课题，因而国内目前对区域教育发展的研究尚停留在论述层面，而谈及课堂，又往往率性地归入形而下的微观操作技术上，这样形成的巨大教育落差，导致多年来教育发展的严重搁浅甚至蜕化和异化。或许正是看到了症结所在，郑州市教育局才敢于回到原点上看问题，这个原点只能是课堂，"给我个支点，我要把地球撬动"。客观地说，郑州变法始于课堂，围绕课堂，开放课堂，建构课堂，则绝对不失为一次新颖独到的有益尝试。

在郑州教育人的字典里，课堂必须直面和拷问关于"道德"的核心问题，这样的问题随处可见，诸如教师一讲到底的课堂道德吗，不让学生自学的行为道德吗，不关注学生学习状态的课堂道德吗，等等。郑州变法是郑州教育人的一种智慧，这种智慧就体现在聚焦和锁定课堂道德上，以常人不甚重视的教学行为问题切入，来撬动和引发"教育观念"的变革，进而围绕着"学生主体"建构一套全新的教育教学体系，着实起到了四两拨千斤的效应。郑州变法之好，好在因其呈现出来的"通俗性"和实用性，则更便于为广大教师所接受，并较大幅度提升了教师的专业自觉，从根本上解决了课堂教学的诸多难题，改善了师生生命生存质量，营造了教育发展的良性生态。

现在，郑州经验就要结集出版了。借此机会，我要对那些对教育改革怀有畏惧的人说几句话。多研究"郑州变法"，或许你能有所感悟，但教育人一旦离开了"责任"、"良知"、"信仰"，学谁都效果不大！教育的差距或许正在这三个关键词里。

附 录

高效课堂的 22 个基本概念

1. 教育

一句话,教育即"人"学。这句话的隐喻是教育必须"从儿童出发",尊重儿童的天性、权益、成长规律,教育必须"对儿童负责",包括对儿童的身体负责。教育不是管制而是放手,不是囚禁而是放生,不是爱的摧残,而是自然生长。不是培养奴才、汉奸,而是培养热爱生活、尊重生命、富有责任、敢于担当的公民!

2. 学校

《中国教师报》曾经以"好学校是一方池塘"、"发现童年"为题解读过关于好学校的主张。我依然引用梭罗的这段话来说明好学校是什么样的:"如果你在地里挖一个池塘,很快就会有水鸟、两栖动物及各种鱼,还有常见的水生植物如百合等等。你一旦挖好了池塘,自然就开始往里面填东西……"据此,我们可以总结说:好学校即生态,它应该或者说必须为儿童的成长创造一切必要的条件!

3. 教育家

在一个以应试为主体的教育体系当中,是没有纯粹意义上的"教育家"的,教育家绝对不应该是"杀人魔王",更不应该是抓升学率的高手,离开了"育人"和"以学生为本",是没有教育的,遑论教育家了。今天有些自称"教育家"的人需要深刻反思自己的行为。

《中国教师报》曾报道《李镇西突破》,名满天下的李镇西为什么突然选择了"自我否定"? 李镇西告诉了我们在一个以变革为主题的教育大背景下,什么样的教育人才有可能成长为教育家。那就是热爱教育、敢于超越、创新,勇于行动。教育家应该是行动家、改革家、思想家,还应该是一个对国家的未来负责任的人,而不是一味发展自己的人!

4. 教学

一句话:教学生学。

教必须服务于学。

教学的一切目标、设计、环节、流程都应该围绕学来建构,也可以简称为"三个学":为了学、设计学、服务学。

5. 课改

说穿了即变教中心为学中心,以此重构教学关系。

往深层上说,课改当然不是改方法,而是改观念。因此,课改不是改良,是颠覆,是重建。

6. 教师

要知道教师这个角色之于一个人的成长和一个国家未来前途的重要性。有什么样的教师就有什么样的学生,还可以说有什么样的教师就有什么样的未来。教师不是控制者,不是传授知识的人,当然更不应该成为学生发展的牺牲者,那他是什么?

当我们知道任何一个母亲都不能替代自己的儿子感冒发烧时,我们也应该知道教师的价值和作用,是体现在为学生的学习和成长创造条件上,而不是替代和包办学生的学。

不能替代学生的学有以下三个理由:第一,学习即经历;第二,作为成人的教师和作为儿童的学生,在学习认知规律上完全不同,成人是从经验出发处理问题,而儿童是必须有经历才可以形成经验;第三,任何一个人都有自己的知识短板和认知盲区,教师唯有借助学生才可以帮助自己把短板补长!

那么,当教师不是一个知识的灌输者时,他的作用到底是什么?

用二八定律来划分:教师80%的作用是点燃、唤醒、激励学生(我解读成"为李大娘报仇"),20%是掌握课堂教学的流程。据此,我们可以概括为这样一句话——"教师即条件",是基于学生的学习需要的条件。

我们讲,真正的好教师一定是作为一个发展者而存在的。作为教师,请千万不要忘记这八个字"发展学生、成就自己",通过发展学生来完成自我成就,而不是一味去成就自己。

7. 教师专业化与教学艺术

教师专业化是围绕"发展学生、成就自己"而必须探讨和达到的手段、目的,它不是仅仅体现在对知识的讲授和对教材的研究和把握上,或者说不是体现在展示和卖弄所谓的"知识素养",而是体现在如何让学生"学会、会学"上,体现在对学生、学情、学法的研究和指导上。

必须对教学艺术这个词予以"拨乱反正",教师全部的教学艺术不是指教师在讲台上的表演,而是指教师如何调动、点燃、激励学生的学,这个词被概括为"利用学生"。

8. 课堂教学的流程

任何好课都必须是从学生自主开始的,因而大凡好课普遍具有这样的流程共性:自学(独学、对学、群学)、展示、反馈。

9. 教师是否可以讲

可以讲,按照好课的三步流程,教师的讲必须是基于学生的"先学"之后,也就是在展示环节,通过学情调查,围绕展示暴露出来的问题进行反馈。其实,不是讲,而是组织反馈!也就是"对症下药"、有的放矢!

10. 课堂

当我们说"教师即条件"时,你也可以把课堂解读成这样一句话——

"课堂即生态",把"好学校是一方池塘"联系起来理解,其实"教室就是一个小社会",是"学校的缩影"。当我们说学生的成长在课堂上,那么课堂必须关注学生的生命状态,教师有责任让学生在课堂上快乐起来,那我们还可以据此概括,"课堂即情感"。

"知识的超市,生命的狂欢"。这十个字是对我们理想的课堂最精准的概括。

11. 学校文化

教育即成长。因此,学校必须为儿童的成长"创设"和"提供"条件。

文化即可能性,是为种子发芽提供所需要的一切条件。这句话告诉我们,文化不应该是囚禁、扼杀、剿灭,是解放、开放、催生。一切的学校文化都必须基于这样的需要,解放时间、体力,解放思维、创造,解放人性、生命。我们依然再重复一遍:好学校是一方池塘,也可以说好学校是一方菜园,校长、老师们,请让萝卜、白菜自然生长吧!

12. 教育人需要什么样的教育教学思想

相信学生,解放学生,利用学生,发展学生。

具有这样的教育教学思想的教师即完成了角色的转变,成为新教师。

13. 关于四新

新教师、新课堂、新学校、新学生

14. 为什么有些老师不受欢迎

旧的教育教学思想只能培养出"旧教师",旧教师在教学关系上,是给予者;在师生关系上,显然是作为控制者出现的,是一个"与学生对立"、"与学习为敌"的人!

15. 教育质量

学生的课堂生存质量即教育质量。或者这样表述:学生的生命质量即教育质量。

16. 教学水平

教师的教学水平即学生的学习水平。

17. 管理

一切管理与评价的核心都是激励,而不是惩戒!

18. 好课的六大共性

学生的课;动静结合的课;注重展示的课;遵循流程要求的课;师生相长的课;注重情感的课。

19. 评课的"李五条"

看状态、看参与、看流程、看效果、看师德。

20. 教师的教育动力

六个字:责任、角色、道德。

21. 区域教育推进

课改四步路。转变教师角色是关键,唤醒教师的责任是核心,至于课改"术"的问题,实在是小儿科。

22. 一些基本的规定

教师誓词、学生誓词

22个视角看"教育"

1.北京一宠物店老板,因为孩子淘气,整天被老师呼来唤去,每一次都免不了挨训。某一次,他在向老师认错之后,委婉地对老师讲:我琢磨着,教育首先应该是基于对教育对象的"尊重",比如我,是开宠物店的,我是真心把狗当人,而你们呢,却老是把人当狗!

2.济南动物园里的一位师傅对人讲,我这里是采用了"重点中学"的分班管理模式,即把猴子分一笼、老虎分一笼,剩下的那些鸟们,反正也成不了什么大器,就又凑合起一笼。猴子是快班,就配备水平高的老师,老虎呢,俱都属于脾气暴躁,而且是危害性很强的"问题"学生,可要严加看管。他又补充说,其实学生压根是用不着管的,比如这座猴笼,我们没安排什么,它们自己就选出了"班长",并制定了自己的"班规",设计和组织了自己的"教学课程"和"活动课程",活得无忧无虑、自由自在,真是令人羡慕呀!

3.我故乡李庄一了不起的农民对我说:你是"搞"教育的?我说是。他又说:咱俩是同行。然后顿一顿,又接着说:你是"种植"孩子,我是种植庄稼,目的呢,都是为了让他们长好。

他再继续说,我琢磨着,种庄稼应该和教书差不多,你无法替庄稼生长,种地人的"天职"其实就是为庄稼的"自然生长"创造条件,你可以"拔苗助长",但却违背了自然规律,这叫"逆天而行"。你要了解农作物的生长特点,善于在每一个生长期的"节点"上帮助它们免除病虫害的侵扰,这很关键,除此外就是学会"守望",等待着他们成熟。当然,这不是他的原话,我是根据他所表达的意思整理出来的。

4.一白发老人对报社附近某小学校长说:你们可是整天嚷嚷着要孩子听你们的?我想啊,你们整天一个个满面愁容、苦大仇深、凶神恶煞、语气严厉的样子,我们岂敢让孩子听你们的,万一将来和你们一样可咋办?你们老师得空就想法子做家教挣钱,将来我孙子也学着你们一天到晚往钱眼里钻?老太太最后来的一句话更让人震惊,她说第斯多惠在《德国教师指南》中说过"凡是不能自我发展、自我培养和自我教育的人,也就不能发展,培养和教育别人",校长一时语塞。她对我讲到这件事时,神情凝重,面含羞愧。

5.一婚介所大姐说:教师就像媒婆,扯上线还有你啥事?赶紧走人,剩下的就是人家的事了,爱咋的咋的,甭瞎操心。如果硬生生拉郎配,非让人家按你的想法去做,那保证歇菜。恋爱不需要经验,最关键是用心!

6.麻将馆老板说,你们教书的真是笨蛋,不就是分组吗,来我麻将馆看看不就明白了?四人一组,每个组都是一个独立的学校单元,也就是你们常说的"小班化",小组就是"小班化",当老师的要注意:敢于让他上桌,按照自己的理解和要求"选择与建构"自己的牌局,不让他打,他啥时候也学不会打牌的。

7.邻居家的小狗一到院子里就跷着腿向每一棵树撒尿,邻居解释说:只要是生命,就有权益意识。对于教师而言,你必须清楚哪些是属于孩子的,教师要尽可能减少对儿童世界的占领或者野蛮开采,儿童应该拥有儿童的领地,让儿童用自己的方式去享受属于自己的生活。

8.我老婆开始每天认真学习北京电视台的"厨艺"节目了,她半辈子不太会做饭,或者说做饭的"技术"较差。现在按照菜谱做,果然色香味有较大变化,所以,教师上课还是要遵照"流程",要不,就会像我老婆原来做饭一样,那叫"不靠谱",而不是"艺术"!还是保持点对"艺术"的敬畏较好,先掌握了"技术"再说。

9. 小区的花工每天手里拿着张虎口大开的铁钳子咔嚓咔嚓,每次看见他我都想起名校的校长们,如果你以为教育就是"修剪"、"雕塑"、"塑造"的话,那所有的花草都会流泪喊疼!

10. 一修车铺师傅这样解读"教学",他说,教师上课也应该学我修车,哪儿出了问题"修"哪儿。教师无需先讲,而且多讲无益,你等他"自学",并且耐着性子让他"展示"学习过程,这就等于我修车时先查找"毛病"是一个理。他暴露出了问题你再揪住问题作"反馈"!所以教师的讲是为了解决问题,就像我修车,是为了把毛病修好,而不是为了单纯展示我的"手艺",手艺再高,车修不好就跑不起来,那算白搭。修车师傅很好总结和应用了课堂教学的"流程",而且解读清楚了教师的讲是为什么服务的问题。

11. 我的司机小李总结出开车基本的步骤和要素:先把钥匙插进孔里;踩着离合器挂挡;起步后需要掌握好方向,最好别乱晃乱扭;加油门、换挡;遇到险情时踩刹车。我说这就是课堂教学的基本要求:第一步不就是"点燃"吗;第二步是按照流程组织课堂;第三步,把握学习目标;第四步,中间要穿插反馈;第五步是做好达标测评。无他,小李可以当老师了。

12. 朋友的儿子大宝和二宝是一对双胞胎,俩小子都还不会说"人话",但每天总要为了屁大点事争来争去,叽里咕噜,他们说的啥大家听不懂,但他们自己却全明白,有时候"呜哇"到开心处,两个人流着哈喇子狂笑,有时候说不到点,就又彼此撕扯,神奇不?其实儿童有儿童的语言,有他们独特的情感表达和沟通编码,教师千万不可用超越"儿童"的方式教化他们,否则教育就是"专门和儿童作对"!

13. 我的一位法官朋友说:教学有啥难搞?不就是约等于我审案子吗?你事先让学生仔细阅读"案宗",然后再以小组为单位,相互"提审",教师只做一个"终审"角色。这个法官朋友教给我一种教学法:提审式课堂。我想这样的课堂一定没谁睡得着觉,而且学习达成度也一定不低。可惜的是,我们很多人缺少创新思维,因此教育才表现得过于"守旧"。

14. 包子铺老板说:什么叫特色,特色就是我们家的"蟹肉包子",别人的就没我家的这味道。所以,学校特色从来不是"大而全",而是"一招鲜"。至于给吃包子的顾客倒碗白开水,那是基本的服务常识,有些学校也把"倒白开水"当成特色,那就显得可笑了,所以,画画、舞蹈、武术、跑步这类是"常识"。

15. 杂技团的小姑娘说,俺的狗熊会跳舞,你们为何没人说是素质教育,或者说俺家的狗熊素质真高?小姑娘的话对我们教育人有警醒性。因此,技能不能简单地称之为素质,技能可以靠训练得来,而素质则是一种修养、境界。

16. 一大妈去银行办理财,工作人员刷拉拉就掫饬出份什么表格让老太太签名,大妈急了,对小伙子说:你咋和老师上课似的,我这里还糊涂着呢,你搞的是你自己的名堂,我签哪门子名呢!

17. 一医院陪护对大夫的治疗方案指手画脚,大夫哭笑不得,委婉地对陪护说:我们彼此都有自己的专业。意思是说陪护不懂得医术。陪护反驳说:那你也不能用你的"专业"把病人往死里整呀。陪护说的其实蛮有道理,患者本来是因为左小腿骨折入院,而大夫却把患者全身CT了一遍,最后告诉陪护说病人的扁桃体稍微有些炎症。

18. 一父亲的"教育经":如果让霍金参加演讲比赛,他可能永远是最后一名;如果让姚明跑马拉松,那是典型的"暴殄天物";如果让我儿子每门功课都考60分,那就是往死里逼他。他儿子天生大脑发育不全,对他而言,假如儿子能生活自理,已经是最大的奢望了。因此,教育必须因人而异,适合的和合适的才是最好的,也可以这样说教育从来不是把短板补长,而是让长处更长。这个世界上,每一个生命,其实都有自己的"长处",即便是大脑发育不全的孩子,比如这个父亲就说,"别看我儿子的智力可能有些问题,但他特别爱笑"。爱笑的人幸福指数一般较高,他可能比一般的孩子更能感觉到幸福、快乐。

19.一群小朋友在一起玩上课游戏。其中一个孩子厉声对其他人喊:站起来！然后,他又命令:伸出左手,接着他举起一根棍,逐个敲打伙伴的手心,旁边一大人赶紧阻止。这个扮演老师的孩子委屈地说:我们的老师就是这样教我们的呀,我错在哪里了？

20.用传统课堂教学的方式谈恋爱:等着上课铃响起就开谈,然后男先发问,女用标准答案回答,接着等教师重复标准答案;然后,改由女发问,男再以标准答案回答,教师再一次重复至少一遍标准答案……如果这样谈恋爱,人类将断子绝孙！

21.一酒鬼说:喝酒这么有趣的事,女人们怎么能知道？女人们说:逛街这么有趣的事,男人们怎么能理解？没人天生就是酒鬼,也没人天生喜爱逛街,所谓兴趣,都是培养出来的。

22.老婆是别人的好,孩子是自己的好,那是因为对老婆怀有"挑剔",对孩子怀有"欣赏"！

图书在版编目（CIP）数据

高效课堂理论与实践：我们的教育学/李炳亭著．—济南：山东文艺出版社，2012.7
ISBN 978－7－5329－3683－0

Ⅰ.①高… Ⅱ.①李… Ⅲ.①课堂教学—教学研究—中小学 Ⅳ.①G632.421

中国版本图书馆 CIP 数据核字（2012）第 016993 号

高效课堂理论与实践
——我们的教育学

李炳亭　著

主管部门	山东出版传媒股份有限公司
出版发行	山东文艺出版社
社　　址	山东省济南市英雄山路 189 号
邮　　编	250002
网　　址	www.sdwypress.com
读者服务	0531－82098776（总编室）
	0531－82098775（发行部）
电子邮箱	sdwy@sdpress.com.cn
印　　刷	山东德州新华印务有限责任公司
开　　本	710 毫米×1000 毫米　1/16
印　　张	19.5　插页/2
字　　数	238 千字
版　　次	2012 年 7 月第 1 版
印　　次	2014 年 2 月第 2 次印刷
书　　号	ISBN978－7－5329－3683－0
定　　价	35.00 元

版权专有，侵权必究。如有图书质量问题，请与出版社联系调换。

发现教育智慧
助力教师专业化成长
致力于高效课堂模式的推广与应用
服务于"新学校""新课堂""新教师""新学生"

教育发现书系隆重推出

类 别	书 名	作 者
高效课堂	高效课堂理论与实践——我们的教育学	李炳亭 著
	杜郎口"旋风"（修订版）	李炳亭 著
	高效课堂22条	李炳亭 著
	高效课堂九大"教学范式"	李炳亭 著
	我给传统课堂打0分	李炳亭 著
	课改立场：一个区域教育的实践样本	李炳亭 褚清源 张志博 著
	高效课堂导学案设计	张海晨 李炳亭 著
	问道课堂：高效课堂理念与方法的26个追问	李炳亭 褚清源 著
	问道课堂Ⅱ：解读现代课堂常识与行动	郭瑞 梁恕俭 主编
	发现高效课堂密码（修订版）	于春祥 著
	中国当代课改档案	李炳亭 洪湖 著
	善待杜郎口——李镇西教学随笔	李镇西 著
	民主教育在课堂	李镇西 主编
	教育即道德	田保华 著
班主任修炼	发现班主任智慧：追求充满人性的教育	郭文红 著
	班级问题诊断	高影 编
	治班有招	高影 编
	治班有道	高影 编
	问题学生诊断	高影 编
校长修炼	活的教育	陶三发 著
	学校智道	褚清源 著
	校长之道	姚文俊 著
	学校管理智慧：教师成长	吴盈盈 编
	学校管理智慧：管的艺术	吴盈盈 编
	学校管理智慧：找到学校的魂	吴盈盈 编
	学校管理智慧：校长成长	吴盈盈 编

教育发现书系隆重推出

类 别	书 名	作 者
教师成长	师道：为师亦有道	马朝宏 主编
	蒋自立与自我教育	蒋自立 著
	李平老师讲语文	李平 著
	做幸福的老师	翟幸福 主编
	使人成为人	司家栋等 著
	课堂问题与争鸣	叶飞 编
	教师成长密码	叶飞 编
	问道中国教育：仰望教育的天空	雷振海 李炳亭 编
	问道中国教育：撬动教育的支点	雷振海 李炳亭 编
	问道中国教育：追寻教育的幸福	雷振海 李炳亭 编
	问道中国教育：改变教育的思维	雷振海 李炳亭 编
	问道中国教育：追溯教育的原点	雷振海 李炳亭 编
区域课改之殷都样板	殷都样板：小学低年级导学案点评	姚文俊 金耀林 主编
	殷都样板：小学英语导学案点评（3—6年级）	姚文俊 金耀林 主编
	殷都样板：小学数学导学案点评（3—6年级）	姚文俊 金耀林 主编
	殷都样板：小学语文导学案点评（3—6年级）	姚文俊 金耀林 主编
	殷都样板：中学导学案点评	姚文俊 金耀林 主编
	为了学生的学	姚文俊 金耀林 主编
	分数大变脸	姚文俊 金耀林 主编
	做智慧教师	姚文俊 金耀林 主编
	模式就是生产力	姚文俊 金耀林 主编
	"主体多元"在殷都	姚文俊 金耀林 主编

地 址：山东省济南市英雄山路189号山东文艺出版社　　邮 编：250002
购书热线：0531—82098775　　投稿信箱：jiaoyufaxian@126.com
投稿热线：0531—82098789　　读者交流QQ群：69362448

教育发现

教育发现